エンジニアが学ぶ
金融システムの
「知識」と「技術」 第2版

大和総研
フロンティア研究開発センター

SHOEISHA

本書内容に関するお問い合わせについて

このたびは翔泳社の書籍をお買い上げいただき、誠にありがとうございます。弊社では、読者の皆様からのお問い合わせに適切に対応させていただくため、以下のガイドラインへのご協力をお願い致しております。下記項目をお読みいただき、手順に従ってお問い合わせください。

●ご質問される前に

弊社Webサイトの「正誤表」をご参照ください。これまでに判明した正誤や追加情報を掲載しています。

正誤表　https://www.shoeisha.co.jp/book/errata/

●ご質問方法

弊社Webサイトの「書籍に関するお問い合わせ」をご利用ください。

書籍に関するお問い合わせ　https://www.shoeisha.co.jp/book/qa/

インターネットをご利用でない場合は、FAXまたは郵便にて、下記"翔泳社 愛読者サービスセンター"までお問い合わせください。
電話でのご質問は、お受けしておりません。

●回答について

回答は、ご質問いただいた手段によってご返事申し上げます。ご質問の内容によっては、回答に数日ないしはそれ以上の期間を要する場合があります。

●ご質問に際してのご注意

本書の対象を超えるもの、記述箇所を特定されないもの、また読者固有の環境に起因するご質問等にはお答えできませんので、予めご了承ください。

●郵便物送付先およびFAX番号

送付先住所　〒160-0006　東京都新宿区舟町5
FAX番号　　03-5362-3818
宛先　　　　（株）翔泳社 愛読者サービスセンター

はじめに

金融業とITの変化

　銀行業・証券業・保険業などの金融業におけるITへの投資額は非常に大きく、金融業は「IT装置産業」としての一面も持っています。これは、金融業は本質的には「情報のやりとり」を実現するためのサービスであり、大量の情報を信頼性と安全性をもって高速にやりとりするためにはITへの投資が欠かせないためです。多大な工数・費用を費やして完成したわが国の金融業の各種システムは、その完成度の高さに関して世界に誇れるものでした。しかし、このような金融ITの世界にも大きな転機が訪れています。パブリッククラウド、データサイエンス、ブロックチェーンといった新しいIT技術が次々と生まれては進化し続けている中で、金融業はIT装置産業としてこれらの先端ITをどのように活用し、収益につなげていくのかが問われています。

　一方、本業の金融ビジネスでも、金融業界はビジネスモデルの変革を迫られています。1990年代後半から2001年にかけての金融ビッグバン以降、証券業におけるネット証券のような異業種からの参入、オープンAPIを活用したEmbedded Finance（組込型金融）のようなFinTech企業の台頭など、金融ビジネスという業態の垣根を飛び越えるような動きが進展してきました。これに加えて、近年の低金利、少子高齢化の急激な進展、世界的なESG投資の普及など、金融業を取り巻く経済環境は大きく変化しつつあり、これが金融機関の経営に大きな影響を及ぼしています。

金融分野のエンジニアに何が必要か？

　ITとビジネスモデルの両面において大きな変革期にある金融業界で

すが、金融業界のシステムに携わるエンジニアは、今後どのような知識、スキルを身に付けていけば良いのでしょうか。まずは、「金融とは何か」を理解する必要があります。変革が発生してはいますが、金融の基本的な機能に大きな変化はありません。まず、金融の基本的な機能を十分に理解することで、現在起きている変革を容易に捉えられるようになります。また、現在の金融業における各種システムの成り立ちと構造についての理解も必要です。その上で、先端IT全般についての基本的な理解と応用の勘所、さらには、金融業界では特に高いレベルが求められるセキュリティ対策に関しての知識を身に付ける必要があります。

　本書を一読することで、これらの、これからの金融分野のエンジニアとしての必要条件をすべて満たすことができます。後は、十分条件として、それぞれの現場に即した専門性を高めていくことで、エンジニアとしてのスキルを高めていっていただきたいと考えます。

本書の構成

　本書は、金融分野のエンジニアにとって必要とされる基本的な知識を、7つの章にまとめています。

　第1章では、エンジニアが知っておくべき金融の基本と、メインフレームに始まり最新のAPI・クラウドコンピューティング・データサイエンスなどに至るまでの金融ITの歴史を、コンパクトにまとめています。

　第2章では、銀行、クレジットカード、証券、投資、保険といった代表的な金融業のコンピュータシステムについて解説しています。各業態で用いられているコンピュータシステムは非常に多様ですが、本章を一読することで、それぞれの概要を把握することが可能です。

　第1章と第2章は、金融分野のエンジニアが知っておくべき前提知識です。これを踏まえて、第3章から第5章では、これからの金融ITを考えていくために必要な最新の技術として、データサイエンスとブロックチェーンに焦点を当てて解説します。

　第3章では、金融ビジネスで活用されているさまざまなデータサイエンス・AIについて詳述しています。今や、データサイエンス・AIはあ

らゆる業界で活用されていますが、特に金融業界では、古くから金融工学やアクチュアリー業務などでデータ分析が実践されてきており、データサイエンス・AIに関する知識は必須です。本章では、機械学習の基本から応用までをわかりやすく解説するとともに、人材・組織についての考え方および倫理面での課題などについても説明しています。

　第4章では、金融ビジネスにおけるデータサイエンス・AIの活用事例を紹介します。顧客分析とパーソナライズドレコメンド、個人や企業に対する与信審査、相場操縦の不正検知などの先進事例を解説します。

　第5章では、金融インフラへの活用が期待されているブロックチェーンを取り上げています。最初にブロックチェーンの歴史・分類について簡潔に触れた上で、イーサリアム、Cordaといった代表的なブロックチェーンの特徴を説明し、実際のビジネスの応用事例（暗号資産、ステーブルコイン・CBDCなど）を紹介しています。

　第6章はサイバーセキュリティです。サイバー攻撃は年々増加し、かつ、巧妙化・複雑化が進んでいます。金融に限らずあらゆる業態で、サイバーセキュリティは今や経営者が自らリーダーシップをとって取り組むべき重要な課題となっています。本章では、サイバーセキュリティの概観から、さまざまなサイバー攻撃とその対策の動向、今後の展望について、わかりやすくまとめています。

　最後の第7章では、量子コンピュータなど、今後、金融分野への応用が見込まれるであろう最先端のテーマを取り上げています。これらの動向を把握しておくことが、エンジニアにとって将来への備えとなります。

　本書は、大きな変革が進んでいる金融・IT業界の最先端の動向を取り込むべく、2019年1月に発刊した書籍を全面的に加筆・修正したものです。本書が、金融業界のシステムに携わるエンジニア、あるいはこれから金融分野で活躍したいと考えているエンジニアにとって、実践的な知識の獲得に役立ち、ひいては金融業界のシステムの機能や競争力の向上の一助となれば幸いです。

2023年11月　株式会社大和総研　執筆者一同

目　次

第1章 金融ビジネス、金融ITの変遷と現状

第2章 金融業界のシステム

第3章　金融ビジネスを支える データサイエンス手法

第 **4** 章
データサイエンスによって実現される金融ビジネス

第 **5** 章
デジタル資産とブロックチェーン

第6章 金融業界におけるサイバーセキュリティ

読者特典ダウンロードのご案内

読者の皆様に「金融IT用語集」をプレゼントいたします。
以下のサイトからダウンロードして入手してください。

https://www.shoeisha.co.jp/book/present/9784798180908

※特典データのファイルは圧縮されています。ダウンロードしたファイルをダブルク
　リックすると、ファイルが解凍され、ご利用いただけるようになります。

●注意

※特典データのダウンロードには、SHOEISHA iD（翔泳社が運営する無料の会員制度）
　への会員登録が必要です。詳しくは、Webサイトをご覧ください。

※特典データに関する権利は著者および株式会社翔泳社が所有しています。許可なく
　配布したり、Webサイトに転載することはできません。

※特典データの提供は予告なく終了することがあります。あらかじめご了承ください。

●免責事項

※特典データの記載内容は、2023年10月1日現在の法令等に基づいています。

※特典データに記載されたURLなどは予告なく変更される場合があります。

※特典データの提供にあたっては正確な記述につとめましたが、著者や出版社などの
　いずれも、その内容に対して何らかの保証をするものではなく、内容やサンプルに
　基づくいかなる運用結果に関してもいっさいの責任を負いません。

第 **1** 章

金融ビジネス、
金融ITの変遷と現状

金融とは?

金融と金融機関の役割と機能

▍金融の役割

　金融とは、お金が余っている主体（資金余剰主体・資金運用者）から不足している主体（資金不足主体・資金調達者）に「**お金を融通**」することです。そもそも、お金はモノやサービスの価値評価（価値の尺度）や入手する際の支払手段（交換手段）、将来の生活や企業活動に備えた貯蓄の手段（保存手段）としても使われます。

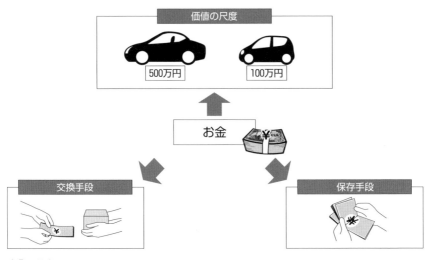

◆「お金」の機能

　お金は人・企業の間を転々と流通（転々流通性）し、貯蓄もすべての人・企業が均一に保有しているわけではありません。企業が生産設備を拡張したくても、お金がなければ購入することはできず、企業活動は停滞してしまいます。お金の必要な人・企業にお金を融通する金融は、人・

企業が滞りなく活動するためのサポート役といえます。

　お金の融通は、さまざまな主体間でさまざまな経路で行われます。取引の主体は大きく分類すれば、家計、企業、政府に分けられます。取引の経路については、資金運用者が資金調達者に直接お金を提供する場合（**直接金融**）と、金融機関が媒介する場合（**間接金融**）があります。直接金融は、資金運用者が資金調達者の発行する株式や債券（有価証券）を金融・資本市場で購入する形式です。一方間接金融は、資金運用者が銀行に預金を預け、銀行が貸出を行う形式が典型的です。

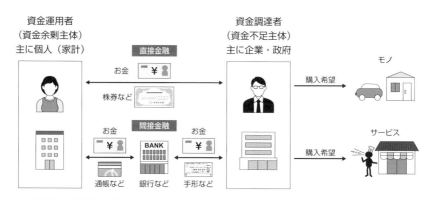

◆**直接金融と間接金融**

金融機関の種類と役割

　主体間のお金の融通を仲介し、手数料を得ているのが金融機関で、銀行、証券会社、投資信託委託会社、保険会社などがあります。

　銀行は**預金により資金を調達し、それを基に個人や企業へ貸出を行うこと**が伝統的なビジネスで、間接金融の代表例とされています。貸出業務には証書貸付や手形貸付、当座貸越など、さまざまな形式があります。また、主体間の資金の移動を仲介する**為替業務**（送金、振込、口座振替など）も行っています。為替業務には、国内間かつ日本円で取引を行う**内国為替**と、日本円と外国通貨間で取引を行う**外国為替**があります。

◆銀行の預金・貸出業務

　証券会社は、直接金融における主なサービス提供主体です。一般的に、**①ブローカー業務**、**②ディーラー業務**、**③アンダーライティング業務**、**④セリング業務**が証券会社の四大業務といわれています。

　ブローカー業務は、資金運用者の売買注文を流通市場に取り次ぐ業務を指します。ディーラー業務は、証券会社自身が投資家となり、流通市場で売買を行います。アンダーライティング業務とセリング業務は、どちらも新規または既存の有価証券を広く投資家に販売する業務です。アンダーライティング業務では、企業が発行する有価証券を証券会社がすべて買い取って販売を行う（買取引受）、または売れ残った有価証券を証券会社が買い取る（残額引受）ことで、有価証券の売れ残りリスクを証券会社が負います。一方、セリング業務はアンダーライティング業務と似ていますが、証券会社が有価証券の売れ残りリスクを負わないという違いがあります。

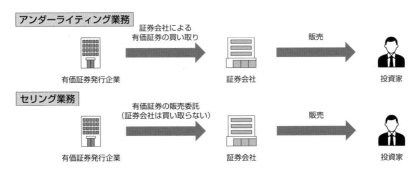

◆アンダーライティング業務とセリング業務の違い

投資信託委託会社は、投資運用業を行う会社のひとつです。具体的には、投資家から募った資金を投資信託（ファンド）で運用する**ファンド運用業務**を行い、一般的には運用会社とも呼ばれます。投資信託委託会社は、投資家と有価証券の発行主体の間に介在する点から間接金融の一種とされています。一方、投資信託は主体間で取引が可能という直接金融の特徴もあわせ持っており、市場型（直接型）間接金融と呼ばれることもあります。なお、投資信託委託会社の運用指示に従って証券の売買を行うのが、信託銀行などの**信託会社**です。信託会社は、投資信託によって集めたお金を実際に管理する役割があります。

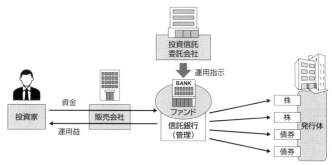

◆**投資信託の仕組み**

保険会社は保険の契約者から保険料を集め、特定の事象（病気、事故など）の発生時に保険金を支払います。契約者が資金を出し合うことで、事故などの通常は起きない事象が発生した場合でも、資金不足に陥るリスクを軽減する仕組みであるといえます。保険会社は備えるリスクに応じて、死亡に備える生命保険、事故に備える損害保険、介護に備える介護保険などを取り扱っています。また保険会社は、保険料を有価証券などで運用して保険金の支払いに備えており、間接金融の役割を持っています。

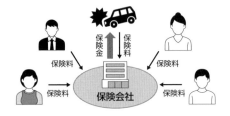

◆保険の仕組み

金融の機能

　これらの金融サービスの根底にある機能は、①**決済**、②**資金供与**、③**資金運用**、④**リスク移転**に分類できます。

　①決済とは、主体間で資金を移動することを指します。財・サービスを購入した際には、購入者から販売者にお金を移転する必要があります。金融機関は、その移転をスムーズに行うためにさまざまな決済サービスを提供しており、銀行による為替業務はその代表例です。最近ではキャッシュレス決済関連サービスを専業とする電子決済等代行業者や資金移動業者のほか、少額決済のインフラを提供する企業なども出てきています。日本円などの法定通貨と暗号資産間のやりとりを媒介する暗号資産交換業者も、決済サービス提供業者のひとつといえるでしょう。また、金融商品取引の清算機関のように、証券取引所で成立した有価証券の売買に基づく資金の移動の指図を行うことも決済のひとつです。

　②資金供与とは、資金を集め資金調達者に貸し出すことで、銀行預金や銀行貸出がその代表例です。主体間でのお金の融通では、期間や金額など需給のミスマッチが存在します。銀行はそのミスマッチを解消するために、さまざまな特性の資金を集め（プーリング）、資金調達者が必要とする期間・金額に合わせて（大口化、長期化）資金を貸し出します。銀行以外にも貸金業者（クレジットカード会社、消費者金融など）や、信用取引の決済に必要な資金を貸し付ける証券金融会社なども資金供与を行っています。

　③資金運用とは、資金運用者が金融商品（株式や債券といった有価証

券など）の購入などを通じて資金調達者に資金を供給することを指します。資金運用に関連するサービスは、仲介業務を行う証券会社や、投資信託の運用指示を行う投資信託委託会社や投資顧問のように受託資産の運用、情報提供・投資助言サービスを提供する金融機関が主に提供しています。また、信用格付け業者、証券取引所、金融商品取引の清算機関など、金融・資本市場の運営に関わる業者も資金運用の担い手です。

　④リスク移転とは、予想通りにいかない可能性（リスク）への保障・補償を行うことで、生命保険や損害保険がその代表例です。保険は病気、死亡、事故といったリスクに対する保障・補償といえます。また、デリバティブ（金融派生商品とも呼ばれ、株式、債券、為替などの原資産から派生した金融商品、2-4参照）のように、有価証券などの価格変動リスクを抑制するような金融商品もリスク移転の一種といえ、証券会社や銀行が提供しています。

　以上の4つの機能は互いに独立しているわけではなく、複数の機能にまたがる金融商品もあります。たとえば預金を例にとると、当座預金は①決済手段であると同時に②資金供与の原資でもあります。また、定期預金は②資金供与と③資産運用の双方の面があります。

◆金融機能の分類

機能	サービスの例	主な金融サービスと商品	主な提供者
決済	・財・サービスを購入した際のスムーズなお金の移転 ・送金・受取りのネッティング処理	当座預金、キャッシュレス決済、暗号資産	銀行、電子決済等代行業者、資金移動業者、暗号資産交換業者、金融商品取引清算機関
資金供与	・さまざまな特性を持つ資金の収集（プーリング） ・資金不足主体のニーズに沿った資金提供（大口化、長期化）	貸付、定期預金、クレジットカード	銀行、貸金業者、証券会社
資金運用	・金融商品売買の仲介 ・運用指示・受託資産の運用 ・情報提供・投資助言サービス ・金融・資本市場の運営	株式、債券、投資信託、預金、デリバティブ	証券会社、投資信託委託会社、投資顧問、信用格付け業者、証券取引所、金融商品取引清算機関
リスク移転	・病気、死亡、事故などのリスク保障・補償 ・有価証券などの価格変動リスクを抑制	生命保険、損害保険、デリバティブ（先物、オプション）	保険会社、証券会社、銀行

1-2 金融サービスの提供

状況に合わせて変化する金融サービス

金融機関の業務範囲

　日本において金融サービスを提供してきた主体は、銀行や証券会社、保険会社といった金融機関であり、時代を超えて大きな変化はありません。戦後の復興期から高度経済成長期にかけて、日本は製造業を中心に発展してきましたが、製造業は多額かつ長期の設備資金が必要でした。また、雇用創出のために中小企業を支援する上で、安定的かつ円滑な資金供給が求められてきました。

　こうしたニーズに応えるために、金融機関の業務範囲は、長期資金融資向け・短期資金融資向け金融の分離（長短分離）、銀行・信託銀行（銀信）／銀行・証券会社（銀証）の分離、金利・外国為替の制限など、細かく規制されました。つまり金融機関の専門性を強化することで、安定的な金融サービスが提供されたのです。政府の規制により銀行貸出を中心とした資金供給システムを構築し、経営基盤の弱い金融機関でも存続できるように考慮されていたことから、この金融行政は**「護送船団方式」**とも呼ばれます。また、民間金融機関による金融サービスの提供が困難に陥った場合に対応するため、公的金融機関は民間金融機関を補完する役割を担ってきました。しかし、日本経済が高度成長期から安定成長期へと移行した1970年代半ば以降は、経済構造の変化に伴う形で日本の金融サービスの提供方法にも以下で説明する３つの大きな変化が発生しました。

金融の市場化とリスクの多様化

　1970年代半ば以降、日本では２つの「コクサイ化」が進展したことが、大きな転換点といえます。コクサイ化とは、**①国債の大量発行開始**（国

債化）、②**グローバル化の進展**（国際化）です。①は、1970年代に発生したオイルショックで落ち込んだ経済をテコ入れするための資金調達として行われた国債の大量発行を指します。国債の主な保有者である銀行が低利回りの国債を抱えきれなくなったことが、国債の市中売買、ひいては国債の流通市場の発展につながりました。当時は金利に対する規制がある中で、国債の流通市場の発展は金利の市場化（ニーズに応じた変化）を促すきっかけになったといえます。②は、固定されていた為替相場が1973年に変動相場制へと転換したことを皮切りに国際化が進み、外国為替取引やクロスボーダーでの証券投資の規制が徐々に緩和されたことを指します。特に、1980年代前半にはアメリカからの外圧もあり、金融・資本市場の対外開放が徐々に進んでいきました。

　2つのコクサイ化がもたらしたものは、日本における「**金融の市場化**」（金融サービス全般におけるニーズを基にした価格やサービスの提供）です。これにより、企業や政府の資金調達は有価証券を発行する形式が増え、海外との資金や資本のやりとりも活発化しました。一方、需給に応じて有価証券や通貨の価格は変動するため、資金供給者には債券や株式、通貨の売買における価格変動リスクにどう対応するか、という論点が登場します。価格変動リスクへの対応については、先物やオプションなどのデリバティブのような、市場を通じた手法が1980年代から発展していきました。

　2つのコクサイ化を契機に、銀行は国債の店舗窓口での販売（窓販）やディーリングといった証券業務への参入が進みました。また、証券会社も中期国債ファンドと決済口座を組み合わせた資金総合口座の提供を開始するなど、金融の市場化に沿った金融サービスの提供が進展しました。

テクノロジーの発展に伴う金融業のシステム装置産業化

　ITの発展に伴い、金融機関におけるシステム導入が加速度的に進んだのも1960年代後半から1970年代にかけてです。そもそも、金融業で取り扱う商品はお金や金融商品であり、情報のやりとりが本質的なサービスといえます。つまり、金融業は**情報産業**であり、ITの発展の恩恵を

受けやすい業界と考えられます。

　金融機関のシステム導入は、段階的に進められました。詳しくは本章の後半で説明しますが、主な流れは次の通りです。まず、1960年代の第一次オンライン化では、**金融機関内の各業務におけるコンピュータ処理**が導入されました。1970年代半ば以降の第二次オンライン化では、**業務間の連動処理**や**金融機関間の連携（ネットワーク化）**が進められました。

　そして、1980年代以降の第三次オンライン化では、前項で述べた市場化の進展に伴い市場での取引量が増加し、**システムの巨大化や複雑化**が進みました。その後は、インターネットの利用拡大や情報セキュリティ対策など、幅広い分野でテクノロジーの活用が広がりました。こうしたテクノロジーの活用が金融機関の業務運営の効率化、さらに提供するサービスの拡大につながっています。インターネットバンキングなどがその一例ですが、規制の変更などと合わせ、テクノロジーに優位性のある企業の金融業参入、つまりは参入障壁の低下にもつながっています。

金融規制の緩和に伴う担い手の収斂・多様化

　金融の市場化やテクノロジーの活用に加えて、日本の金融機関に大きな影響を与えたのが1990年初頭の**バブル崩壊**と1990年代後半の**金融規制改革**です。日本は1980年代後半の資産価格上昇から一転し、1990年代初頭に株価と不動産価格が暴落した結果、金融機関の経営状態が悪化し、破たんが相次ぎました。金融機関の体力が落ちている中で、追い打ちをかけるように進展したのが**日本版金融ビッグバン（金融規制改革）**です。

　日本版金融ビッグバンとは、1996年に日本政府から公表された金融システム改革を指します。具体的には、証券手数料の自由化や金融持株会社の解禁、時価会計制度の導入などです。証券手数料の自由化は、金利上限の撤廃に次ぐ価格規制の緩和といえますし、金融持株会社の解禁は業務規制の撤廃です。日本版金融ビッグバンによって「護送船団方式」は完全に終わりを迎え、多様な金融サービスの提供が可能になりました。

　日本版金融ビッグバンを契機に金融機関の合従連衡も進みました。たとえば、現在の「メガバンク」のひな型は1990年代以降の合併によって

形成されました。これはバブル崩壊に伴う経営状況の悪化と、日本版金融ビッグバンに対する危機感の表れともいえます。また、新たなプレイヤーも登場しています。たとえば、インターネット専業の証券会社は、1990年代に家庭用インターネットの普及が進む中で、オンライン上で安価な手数料設定により個人投資家を取り込んでいきました。

　日本の金融ビジネスに大きな影響を与えた3点の変化は独立しているわけではなく、互いに影響し合いながら、日本の金融機関のビジネスモデルにインパクトを与えてきました。中でも、変化の中心にあるのは**金融の市場化**です。テクノロジーの導入や規制改革も金融の市場化が進む中で急速に進展し、その結果として市場化が再度進展するという循環をもたらしたといえます。こうした市場化の傾向は、日本だけで起きていたわけではなく、英米といった金融先進国では先んじて進められてきました。ただし、2000年代半ば以降は、次節で述べるように金融の市場化の行き過ぎが問題視される時代へと大きな転換点を迎えることとなります。

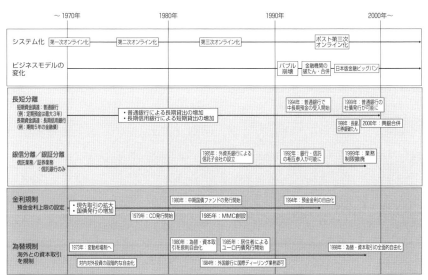

注：長銀：日本長期信用銀行、日券銀：日本債券信用銀行、興銀：日本興業銀行、CD：譲渡性預金（Certificates of Deposit）、MMC：市場金利連動型預金（Money Market Certificate）

◆金融規制変化とテクノロジー発展に伴うビジネスの変化

1-3 金融ビジネスの転換点
世界金融危機が大きく変えた金融サービス

リスクのアンバンドル（分離）の進展

　金融の市場化は1970年から2000年代初頭にかけて急激に進み、金融ビジネスもそれに沿って発展していきました。しかし、2007年から発生した世界金融危機によって、市場化を前提とした金融ビジネスは大きな転換を迫られることになります。

　まず、金融の市場化やグローバル化が進む中で、リスクの所在が多様化しました。市場取引では価格が変動することから、そのリスクにいかに対応するかが問題となりました。たとえば、銀行が管理していた信用リスクや流動性リスクは、市場化が進んだことにより、投資家が直接対処しなければならないリスクへと変化しました。こうしたリスクを管理するために、金融資産の価格付け、最適な資産構成をもたらすポートフォリオ選択といった、リスクを定量的に評価する**ファイナンス理論**が用いられました。ファイナンス理論は1950年代以降発展してきましたが、実務上は膨大なデータ処理が必要であるため、ITの発展が伴った1980年代以降に本格的な活用（金融工学の実用化）が始まりました。

　金融工学の実用化が進んだ結果、倒産（デフォルト）時に債権価値を担保するCDS（Credit Default Swap）などの、さまざまなデリバティブやレバレッジ商品、証券化商品が作られました。これにより、個々のリスクを切り離して管理できる「リスクのアンバンドル（分離）」が進みました。ここでいう証券化とは、ある資産から生じるキャッシュフローを裏付けとした資産担保証券を発行することを指します。銀行は証券化を通じ、保有している流動性の低い貸出債権を実質的に売却し、リスクを切り離すことが可能になりました。また、CDSは特定の資産を保有したままで信用リスクのみを分離させ、発行者のデフォルトに対する

「保険」の役割を果たします。つまり、CDSを通じて、市場性の低い資産を保有せずに信用リスクのみを取引することが可能になりました。

　こうしたリスクの分離は、債権保有者のオフバランス化（財務諸表から資産を除外する）ニーズや投資家のリスクヘッジ（リスク回避）ニーズを満たしました。金融機関はデリバティブを取り入れる一方で、ITを活用し、自動的に注文のタイミングや数量を決めて高速で売買を繰り返すプログラム取引などを行い、市場での取引を通じて大きな収益を得るビジネスモデルを作り上げていきました。

　その一方で、リスクが分離された結果、リスクをモニタリングするインセンティブが薄れてしまう「**モラルハザード**」が発生しました。また、証券化が繰り返し重層的に行われた結果、格付け会社や投資家などによるリスクの評価が困難になりました。リスクの分離がもたらした負の側面が顕在化したのが、2007年からの**世界金融危機**です。不動産価格の下落を契機に、信用リスクの高い不動産ローン債権（**サブプライムローン**）の証券化商品に対する信用不安が一気に高まりました。これを保有していた世界の投資会社などの資金繰り悪化を経由して、大手銀行や証券会社に対する信用不安へと連鎖しました。さらに金融機関のCDSを販売していた保険会社にもその影響は波及しました。

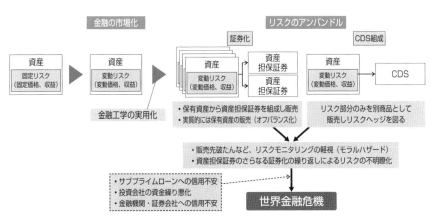

◆**金融の市場化から世界金融危機への流れ**

世界金融危機をきっかけとした規制の強化

　リスク評価の不完全さから適切なリスク管理が困難であったこと、市場を通じてその影響が世界に広がったことなどから、世界金融危機は「無秩序な金融の自由化」が招いたものといえます。そこで、秩序ある金融の市場化に向けた取り組みが進みました。

　これは金融安定理事会（FSB：Financial Stability Board）やバーゼル銀行監視委員会（BCBS：Basel Committee on Banking Supervision）などの国際的な機関による規制強化であり、グローバルな金融機関に対する自己資本比率規制の徹底、自己勘定でのトレーディングやハイリスクな取引に対する規制の強化、実効的な破たん処理計画の整備、デリバティブ市場の透明化がその代表例です。これによりリスク管理が徹底され、グローバルに展開している金融機関を中心に金融機関の健全性が高

◆世界金融危機以降に強化された国際的な金融規制

	規制の内容	具体的な規制
バーゼル規制 （BIS規制）	• 自己資本の質・量の向上を通じた健全性確保 • 銀行システムにおけるレバレッジの拡大抑制（自己勘定でのトレーディングやハイリスクな取引に対する規制強化） • ストレス下での十分な流動性の確保	• 自己資本比率規制 • レバレッジ比率規制 • 流動性規制
大きすぎて潰せない （too big to fail） 問題への対応	システム上重要な金融機関が秩序だった破たんを行うための枠組みを整備	• グローバルなシステム上重要な金融機関（G-SIFIs）の選定 • G-SIFIsに対する追加的な自己資本を要求 • 破たん時に備えた損失吸収力（TLAC）の確保を要求
店頭デリバティブ市場改革	デリバティブを通じた危機の波及を抑制するため、店頭デリバティブ市場の透明性・安全性を改善	• 店頭デリバティブ取引の清算集中義務の強化 • 中央清算されない店頭デリバティブ取引の証拠金規制の導入
シャドーバンキング規制	ヘッジファンド、マネー・マネジメント・ファンド（MMF）といった銀行以外の主体に対する規制の強化	• 銀行のファンド向け出資、大口エクスポージャーなどに対する規制の強化 • MMFの基準価額算定方式の改革 • 証券化商品の情報開示

まりました。

　その反面、金融機関のビジネスモデルは困難に直面しました。規制強化により自己資本の増強が必要になるなど、資金調達コストが上昇しました。また、ハイリスクな取引への規制強化により、市場取引で大きな収益を得ることも難しくなりました。加えて、各国中央銀行の金融緩和政策による低金利の環境は、債券保有や銀行貸付などによる収益を低下させ、ビジネスモデルの劣化が懸念されることとなりました。世界金融危機後の先進各国の金融ビジネスは、いかにビジネスを変革して収益性を回復させるかが大きな課題となりました。

金融ビジネスの再構築
変化の中心は金融DXとESG投資

金融DXで変貌するビジネスモデル

　世界金融危機後の金融ビジネスの環境は、FinTech（FinanceとTechnologyを組み合わせた造語）企業の台頭により大きく変化しました。FinTech企業が台頭した背景として、世界金融危機後の規制強化により既存の金融機関の金融機能が劣化する懸念があり、代替する金融の仕組みを望む機運が高まった点や、スマートフォンの普及などが指摘されています。

　整理するとFinTech企業は、既存の金融機関の業務をアンバンドル（分離）し、特定の金融業務に特化したサービスを提供する企業ということができます。

◆FinTechによるアンバンドルの例

　たとえば、決済・送金の分野ではスマートフォンのアプリ上で行うサービスが該当します。スマートフォン上で提供される銀行サービスは**デジタルバンク**と呼ばれ、さらにデジタルバンクは銀行免許の有無により**チャレンジャーバンク**（有）や**ネオバンク**（無）とも呼ばれます。

　資金調達には、機械学習モデルを用いて算定し、個人や中小企業など
に融資を実行するものがあります（4-3参照）。また、銀行などを介さず
に、お金を貸したい人と借りたい人をつなぐサービスである、**P2P（Peer
to Peer）レンディング**と呼ばれる個人間金融サービスも生まれました。

　資産運用には、スマートフォンのアプリ内で口座の開設から株式など
の取引まで完結できる**スマホ証券**が挙げられます（2-4参照）。その他に
も、**ロボアドバイザー**（4-6参照）による資産運用の自動化や、資産の
保有状況をアプリケーション上で管理できる**PFM**（個人財務管理）な
どがあります。

　これらのサービスを提供するFinTech企業が台頭した一方で、既存
の金融機関も**金融DX**（Digital Transformation）に取り組んできました。
金融DXを通して、対面アドバイスなどの既存サービスの付加価値を向
上させることや、デジタルチャネルの強化により新しい顧客層にリーチ
することが目指されてきました。

　金融機関のDXは自前で行うだけでなく、FinTech企業などと連携す
る例も多く見られます。その方法としては、買収や資本提携を行うほか、
BaaS（Banking as a Service）と呼ばれるサービスを提供する例も増え
ています。BaaSは金融機関の機能を**API**（Application Programming
Interface）を経由して他社に提供するサービスで、B to Bのビジネスと
いえます。さらにBaaSを活用することで、非金融業者のビジネスに金
融サービスを組み込み、日常使っているサービスの中で金融サービスを
利用できる**Embedded Finance**（組込型金融）への潜在的ニーズが高ま
りつつあります。金融機関にとっては、非金融業者が有する顧客基盤や
ブランド力を活用することで、新しい顧客を開拓できる可能性がありま
す。さらに、顧客接点が多様化したことで得られたデータを活用してい
くことも今後期待されています。

　BaaSの提供などは、顧客接点を非金融業者が握る一方、金融機関は
お金を流すだけで追加の収益を上げられなくなる「土管化」が当初から
懸念されてきました。ただ足元では、既存の金融機関が自社サービスの
付加価値を高めることで完全な土管化は回避しつつ、金融と非金融が連

携することでお互いを補完しようとする動きも進んでいます。

このように、金融ビジネスの姿はDXを中心にダイナミックに変化しており、現在も最適な金融ビジネスモデルを探っている段階といえます。

浸透するESG投資

金融DXに並ぶ近年の金融業界のトレンドとして、**ESG投資**が挙げられます。ESG投資はE（Environmental）、S（Social）、G（Governance）といったサステナビリティに関する非財務情報を考慮して投資を行う手法です。ESG情報を取り入れ、財務情報からは得られないさまざまなリスクや成長可能性を考慮することにより、長期的にリスク調整後リターンが改善すると期待されています。ESG投資は機関投資家にとってマイナーな投資手法ではなく、既に一般的なものとなりつつあります。また、個人投資家がESG投資を行うためのファンドも増えています。このようにESG投資が注目されるようになった背景のひとつとして、世界金融危機を経てのショート・タービズム（短期主義）への反省があるといわれています。

ESG投資の普及を進めるにあたり、各種制度の整備が進められています。そのひとつとして、**TCFD**（Task Force on Climate-related Financial Disclosures：気候関連財務情報開示タスクフォース）などの非財務情報開示基準があります。ESG投資を行う上では、企業が開示する非財務情報が重要な判断材料となりますが、これらの開示はTCFDなどに沿って行われます。こうした非財務情報の開示は上場企業を中心に進んできているものの、いまだ十分ではないといわれています。また、ESGに関する論点も広がってきており、たとえば環境の分野では、当初から注目されていた気候変動だけではなく、生物多様性などについても重要な開示情報となってきています。求められる非財務情報開示の対象分野が広がるにつれ、企業が開示を行う負担も重くなります。そうしたことを背景に、ESGデータの収集や管理、可視化、分析を支援するシステムを提供する企業が出てきています。

ESG投資を行う際の主要な判断材料として、ESG評価機関が提供す

る**ESG格付け**も挙げられます。これは、企業の公開情報や個別のアンケート情報を基にESGの取り組みを評価し、数字や記号で表されるもので、ESG投資が拡大する中で重要性が高まっています。ただし、ESG格付けは評価機関によって結果にバラツキがあることが指摘されており、評価方法についての透明性の確保が求められています。

　また、ESG投資の普及が進むにつれて、ESGを考慮しているとうたいながら、実際には考慮していない「**ESGウォッシュ**」が課題として認識されており、規制の導入が進められています。

　このようにESG投資は課題も多いものの、サステナビリティを重視する大きな潮流は継続していくと見られます。他方で、開示や規制対応の負担が増していくことも想定され、金融機関や企業は注視が必要です。また、そうした課題に対処するためのサービスが今後さらに注目されることも予想されます。

金融システムの相違点と共通点

金融システムに共通する特色を知る

金融システムは業界ごとに異なる（相違点）

　「金融ビジネス」（金融業）には、銀行、クレジットカード、消費者金融、証券・投資、保険などの業界があり、ビジネスの仕組みはそれぞれでかなり異なります。このため、これらの仕組みを実現している「金融サービス」も業界ごとに異なり、取引の種類、取引量、処理の仕方や速さ、関連する法規制などが違います。この金融サービスの一翼を担い、コンピュータ処理を中心とし、ユーザーとの接点となるユーザーインターフェース（画面や帳票など）、そしてシステムの保守運用などを含む「金融システム」も業界ごとに異なった特色を持っています。したがって、金融システムの知識と技術を学ぶ際には、**業界ごとに分けて捉えることで理解が深まります**（各業界のシステムは第2章参照）。

金融ビジネス（金融業）				
銀行業界	クレジットカード業界	消費者金融業界	証券業界	保険業界
・銀行 ・信託銀行 ・協同組合金融機関 ・ゆうちょ銀行			・証券 ・投資信託 ・投資顧問	・生命保険 ・損害保険
	少額決済業界			

◆金融ビジネスと業界の区分

金融システムに共通する特色（共通点）

　前述のように、業界ごとに金融システムは異なりますが、俯瞰して捉えると共通する特色が見えます。

　第1の特色は、**金融ビジネスは「信用」が最重要であり、そのビジネスを支える金融システムにも高い「信頼性」と「安全性」の確保が要求されること**です。たとえば、入出金記録が誤っていたり、ATMが停止したり、送金・着金が遅延したりすると、個人生活や企業活動に直接的に影響します。また、証券取引市場への発注に支障が出れば、適正な価格形成に影響が出たり、投資家の収益が大きく変化したりします。このように、金融サービスにおける過誤や障害は影響を及ぼす範囲やその度合いが大きい場合があり、マスコミでも大きく取り上げられることがあります。また、顧客情報や金銭取引情報などの機密情報が漏洩し改ざんされれば、顧客や取引先に被害が出る可能性があり、金融機関にとって最も大切な要素である信用を損なうことになりかねません。さらに、過誤や障害の回復に時間がかかったり、多くの人手が費やされたりすると、その金融機関におけるサービス全体に影響が出たり、顧客からの損害賠償などに発展したりする危険性もあります。このため、金融業界ではシステムでも信頼性と安全性を確保するさまざまな取り組みに対して不断の努力がなされています。

　第2の特色は、**金融ビジネスは規制の強い業種であり、金融システムも多様な関連法規制への遵守が求められていること**です。金融ビジネスは社会基盤の最も重要な構成要素であり、それを安定的に稼働させることは、国民と企業および国家にとって不可欠です。また、お金は国境を越えて動き回るので、マネーローンダリング（犯罪等による収益の出所を隠蔽するための取引）およびテロ資金供与対策（AML/CFT）などの国際的な合意への対応も必要とされます。このため、金融ビジネスは、世界中どこでも、国家の管理や監督が強い規制業種となっています。社会的な環境変化に合わせたり、既成の仕組みを変えたりするために法規制は変更されますが、金融システムも対応が必要とされるケースが多くあ

ります。また、業界における取引慣行や安全対策などの指針やガイドラインの変更などにも対応する必要があります。

したがって、システムの現場では、影響のありそうな法規制などの動向を把握しながら、対応の要否を確認し、その影響度を常に分析しています。また、対応が必要と判断した場合には、その法規制の施行日を期限とした「制度対応プロジェクト」を立ち上げます。制度対応は、それに関連するビジネスに携わっているすべての金融機関に影響するので、ITベンダーにとっては新たな顧客や新規のサービス提供に結び付くビジネスチャンスとなります。

第3の特色は、**金融システムは大量のデータを高速で処理する仕組みであり、リアルタイムかつ広域であること**です。大手金融機関の基幹系システムは1日に何十万件もの取引を処理し、全国の金融機関を結ぶ全銀システム（全国銀行データ通信システム）は、1日に700万件以上の取引を扱っています。1つの取引は、その取引フローに従っていくつもの個別システムで処理されるため、全体を合計するとトランザクション数やデータ量は膨大になります。

大手銀行の場合は、それぞれが全国に数千台のATMを設置し、利用者も相当な数になります。また、多くの顧客が同時に操作していてもATMは素早く反応します。日本では紙幣不足や故障などで使えないATMはめずらしいですが、その状態を維持するための金融機関の保守負担はかなり大きくなっています。海外と比べると、一般的に日本の顧客からの品質に対する要求レベルは厳しく、ATMが使えなかったり、その反応が遅かったりするとクレームを受ける可能性が高くなります。また、証券会社は顧客の注文を証券取引市場へ取り次ぎますが、これを遅滞なく行うことは適正な価格形成のために重要です。高頻度取引（HFT：High Frequency Trading）で取引データを送受信している機関投資家は、可能な限り高速で取引をしています。そのため各社の開発競争は、ミリ秒（1千分の1秒）レベルからナノ秒（10億分の1秒）レベルにステージが移ってきています。

これら3つの特色に加え、顧客の要望の多様化、金融ビジネスの多角

化、国内外での競争の激化などにより、金融機関はビジネスの優位性を大きく左右するITの活用を進めざるを得ない状況です。このため、金融システムは複雑かつ大規模になっていき、IT投資の絶対額も大きくなるとともに、金融システムに関わるエンジニアもかなりの数になっています。この結果、金融ビジネスは、他の業種に比べ設備投資に占めるIT投資の割合が大きくなり、「装置産業化／IT産業化」しているといわれています。

　金融は保守的なイメージもありますが、金融システムはエンジニアに挑戦しがいのある環境を提供しています。金融システムは幅広いビジネス領域をカバーし、システム構築やシステム投資の規模も大きく、多種多様なITを駆使でき、AIやデータサイエンスなどによる先駆的な取り組みにも積極的な土壌があります。金融業界に所属する、またはIT業界の専門家として金融システムをサポートするエンジニアにとっては、活躍できるチャンスが豊富にあります。

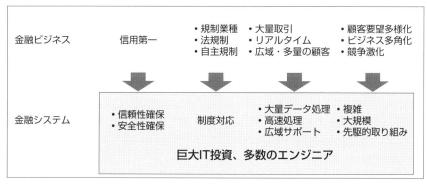

◆金融システムの特色

金融システムの
システム化ニーズ

多様な要因から発生するニーズを分類する

システム化ニーズのカテゴリー分け

　システム化ニーズ（システム化への要求）は、自社の競争優位性の確立や社内外における環境の変化へ対応するために、新たな商品やサービスを立ち上げたり、既存の商品やサービスを進化させたり、法規制やIT環境の変化に対応したりすることなどとなります。これらのシステム化ニーズは、「①ビジネスで攻めるため」「②ビジネスを守るため」「③法規制に対応するため」「④IT環境に対応するため」の４つのカテゴリーに分けて捉えることができます。個々のニーズがどのカテゴリーに当てはまるかを見分けることで、そのニーズの位置付けや性質をより明確に認識できます。

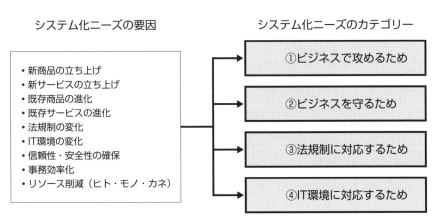

◆システム化ニーズの要因とカテゴリー

①ビジネスで攻めるためのシステム化ニーズ

　経済、市場動向、消費動向などの社会経済情勢は刻々と変化しており、その状況下で、金融機関の顧客である企業や個人の要望も変化し続けています。また、近年のITの進化は著しいものがあり、ITを活用できるか否かはビジネスの成否を大きく左右します。このため、金融機関は、新たなビジネスチャンスをものにするため、また変化する顧客を自社に引きつけ続けるために、ITを積極的に活用して競争に勝ち残ろうとしています。

　競争には攻めと守りの両面がありますが、ビジネスで攻めるためのシステム化ニーズとしては、「新商品や新サービスへの対応」「顧客のロイヤリティや満足度の向上」「他企業との連携による新サービスの展開」などがあります。

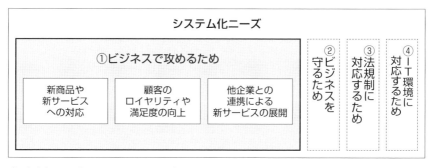

◆ビジネスで攻めるためのニーズ

　新商品や新サービスへの対応には、新商品や新サービスを販売促進するためにシステムを構築するニーズは当然ありますが、近年、金融工学を用いて商品開発をしたり、AIやデータサイエンスを活用して市場や顧客を分析することで新たな顧客層を獲得したり（第4章参照）、ブロックチェーンを活用してデジタル資産を管理・取引したりする（第5章参照）など、先端分野の知識と技術を活用する重要性はますます高まっています。

また、顧客のロイヤリティや満足度を向上させるため、UX（ユーザーエクスペリエンス）を高めたり、UI（ユーザーインターフェース）を刷新したりする施策へのシステム化ニーズは多くあります。たとえば、これまでバラバラに提供していたサービスをワンストップで利用できる新たな仕組みを提供する、"ユーザー目線"で使い勝手やデザインを刷新する、オンラインとオフライン（リアル）のチャネルを総合的に連携強化する、などはこの部類です。

　他企業との連携による新サービスの展開に関しては、金融機関同士、または金融機関と他業種企業とのアライアンスやデータ連携が広がっています。地方銀行間の連携、銀行と証券会社との業務提携、金融機関とFinTech事業者のデータ連携などが次々と発表されています。

②ビジネスを守るためのシステム化ニーズ

　1-5で解説したように、金融ビジネスは信用が第一であり、**金融システムの「信頼性」と「安全性」を確保すること**は、ビジネスを守るためのシステム化ニーズの最重要事項です。また、「業務の合理化」もビジネスを守るためのニーズになります。

　システム構築は、システム化ニーズに基づき、要件定義が行われ、設計、開発という段階を経て、実際にユーザーに利用されるシステム運用・保守の段階に入りますが、そのすべての段階で、「信頼性」と「安全性」を確保する仕組みと体制の確立を勘案して進める必要があります。

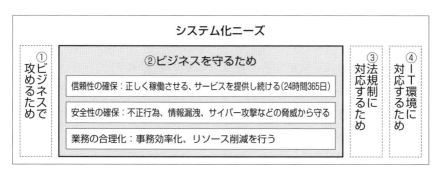

◆ビジネスを守るためのニーズ

システムの信頼性とは、「正しく稼働し、サービスを提供し続ける」ことです。この信頼性を確保するには、ソフトウェア、ハードウェア、ネットワーク、データセンターなどの冗長化や、BCP（業務継続計画）、バックアップ、障害訓練など、システム全体に関わる施策が必要です。

次に、システムの安全性とは、「不正行為、情報漏洩、サイバー攻撃などの脅威から守る」ことです。不正行為は多岐にわたりますが、業種ごとのビジネスに合わせた防止対策を組み込むことがシステム化ニーズです。近年は、AIを活用して不正検知や審査の精度を高めたり、効率化・省力化を図ったりする取り組みが広がっています。情報漏洩は、内部者によるもの、外部者によるものの双方に対応する必要があります。また、サイバー攻撃は増加の一途をたどっており、ランサムウェアやDoS攻撃（Denial of Service attack）は大きな脅威となっています。総合的な情報セキュリティ対策を行うことは、最重要かつ必須のシステム化ニーズです。

業務の合理化は、「事務効率化」や「リソース（ヒト・モノ・カネ）の削減」などであり、システム化ニーズの要因となります。このニーズは金融に限らず、あらゆるビジネス分野においてコンピュータが利用される前から多々ありました。1950年代に金融システムが登場した際も状況は同じであり、このニーズを満たす取り組みは現在まで絶え間なく続けられています。

③法規制に対応するためのシステム化ニーズ

法規制への対応は「**制度対応**」と呼ばれ、システム化ニーズがしばしば発生します。金融関連の規制法としては、金融商品取引法、銀行法、保険業法、信託業法などがありますが、税制改正や電子帳簿保存法改正などもニーズの要因になります。たとえば、税率が変われば、その変更をシステムに反映したり、新たな税が導入されれば、システムの画面や帳票にその欄を加えたりします。他にも、給与のデジタル払い解禁では労働基準法が改正されるなど、金融ビジネスが影響を受ける法規制の改正はさまざまなケースで発生します。

加えて、監督官庁などによる規制、指摘、要請が要因となるシステム化ニーズもあります。たとえば、監督官庁や監査法人からの指摘事項に対応するためのシステム化ニーズ、監督官庁が個々の金融機関に要求する業務水準に沿うためのニーズなどです。資産管理、与信管理、売買審査、バーゼル規制（BIS規制ともいう）、マネーローンダリングおよびテロ資金供与対策（AML/CFT）への対応などからもシステム化ニーズが生まれます。

　また、金融業界における自主規制機関等が定めている指針やガイドラインなどへ準拠するためのシステム化ニーズがあります。たとえば、金融情報システムセンター（FISC）が定めている金融システムの導入や運用に関するガイドラインである「FISC安全対策基準」に準拠するなどです。

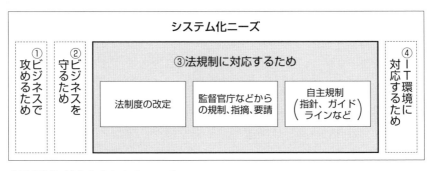

◆法規制に対応するためのニーズ

④IT環境に対応するためのシステム化ニーズ

　IT環境に関連する要因にはさまざまなものがあります。たとえば、故障したハードウェアの交換、古くなったり保守期限を超過したりするハードウェア・ソフトウェア・ネットワークの更改、ソフトウェアのバージョンアップやパッチの適用などによりシステム化ニーズが発生します。また、処理速度の高速化やデータ量の増大に対応するためのハードウェアやネットワークの増強、システム接続している外部サービスの仕

様変更や終了に伴う対応などからもニーズが発生します。

　また、近年、クラウド化は大きな流れであり、プライベートクラウド、パブリッククラウド、また複数のクラウドを特徴に合わせて使い分けるマルチクラウドの導入が増えています。クラウド化の目的は、コスト削減、拡張や縮小の柔軟性の確保、用意されているツールなどによる機能向上や利便性向上、運用管理のアウトソースなどさまざまです。クラウド化の流れは今後も続くと予想されるので、これに関連するシステム化ニーズは、当面、量も範囲も増え続けそうです（詳しくは1-9参照）。

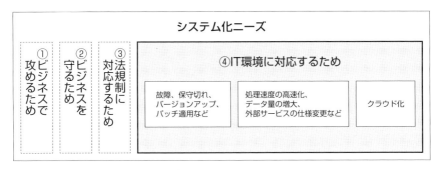

◆IT環境に対応するためのニーズ

金融システムの発展と金融システムの構造

金融システムの構成要素を理解する

金融システムの登場と発展

　金融機関は、事務の増大や複雑化、コスト削減などに対応するために、古くからITを活用してきました。1950年代は、バッチ処理による自動化で省力化・省人化を実現しましたが、その範囲は事務の一部に限られていました。1960年代に、コンピュータの機能と処理能力が向上したことにより、オンラインリアルタイム処理が可能になり（第1次オンライン）、システム利用者が組織全体に広がりました。その後、銀行や証券では、第2次オンライン、第3次オンライン、ポスト第3次オンラインへと基幹系システムを進化させています。

　顧客との接点は、ITの活用により大幅に広がりました。旧来は、来店、訪問、電話、郵便、FAXなどでしたが、CD（現金自動支払機）、ATM、PCによるオンライン取引などが加わりました。また、通信環境が向上して、インターネットも普及したことで、スマホ取引、Webサイト、電子メール、SNS、チャット、Web会議なども顧客接点に加わりました。さらに、タブレットやノートPCなどのモバイル端末で行うことができる業務範囲も拡大し、顧客に商品やサービスを紹介することにとどまらず、身分証明書や手書きサインの読み込みなどが可能となり、新規顧客登録や契約締結などを客先で完結することが可能になりました。加えて、サービス時間も徐々に拡大し、現在では、ATMやオンライン取引などは24時間利用できることが当たり前になっています。

　システムインフラとしては、初期に導入した事務用電子計算機は、1960年代に汎用電子計算機（メインフレーム）に代替されました。その後、1990年代にクライアントサーバー型の分散システムが普及し、UNIXやLinuxなどのオープン系ソフトウェアの利用が広がったのに続

いて、日本では、2000年代にプライベートクラウドの活用が始まり、2010年代以降はパブリッククラウドの利用が急速に拡大しています。金融機関の現在の基幹系システムは、メインフレームや分散システムで稼働していることが主ですが、パブリッククラウドへの移行が進められている例もあります。

　金融市場インフラとしては、1973年に全銀システム、1984年にCAFIS（Credit And Finance Information System）、1988年に日銀ネットが稼働を開始しました。その後も、決済照合や清算、統合ATM、株券電子化などのインフラ整備が進んでいます。

　統合ATMは、金融機関が保有するCD/ATMを相互接続するものであり、他行ATMの利用、他行への振込に伴う口座確認などを可能としました。また、株券電子化（**株券ペーパーレス化**）は、紙に印刷された上場企業の株券を無効として電子的に管理するものであり、株券の紛失や盗難、偽造株券などのリスクを排除するとともに、紙の株式の交付や受渡しがなくなるなど、金融機関と株主に大きな効率化をもたらしました。

　なお、当初、金融機関でのIT活用の目的は、事務効率化やコスト削減であり、この目的に沿ったビジネス改革は現在まで絶え間なく続けられています。その後、営業員支援、顧客サービス向上などが目的に加わり、近年は、AIやデータサイエンスなどの活用により新商品や新サー

◆金融システムの歩み

31

ビスを開発したり、ビジネスを効率化したりするなどの取り組みが盛ん
です。

　金融システムの適用範囲の拡大、外部システムとの接続による自動化・
省人化、スマートフォンなどを利用した顧客による金融システムへの直
接アクセスは、金融機関全体の事務効率化とコスト削減に大きく貢献し
たのと同時に、顧客の利便性を格段に高めました。一方、金融システム
は、複雑化・大規模化の一途をたどり、現在では全体像を捉えることが
非常に難しくなっています。こうした状況にある金融システムへの理解
を深めるため、以下で金融システムの構成要素を見ていきます。

金融システムを取り巻く環境

　まずシステムを取り巻く環境を考える上で、システムに近い周辺から
見ていきます。その中心に**データセンター**があります。

　データセンターの内部に目を向けると、金融システムは、個々の業務
アプリケーションソフトウェアごとに設計が異なりますが、大きくは、
利用者や接続先にサービスを提供している**本番システム**と、本番システ
ムの障害時などに代替する**バックアップシステム**に分けられます。

　次に、データセンターに目を向けると、金融機関は、広域災害などに
よるデータセンターの被災に備えて、遠隔地に**BCPセンター**を設け、

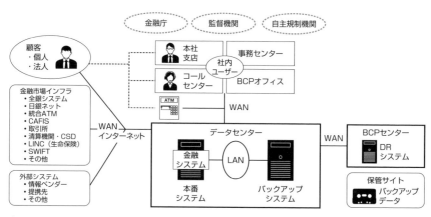

◆**金融システムの利用者と接続先**

ディザスタリカバリ（DR）システムを置いています。このDRシステム
がバックアップシステムを兼ねるシステム構成もあります。さらに、遠
隔地にバックアップデータを保管しているケースもあります。

　続いて、データセンターの外部に目を向けると、金融システムは、顧
客と社内ユーザーに利用されており、決済機関などの金融市場インフラ
や情報ベンダーなどの外部システムに接続されています。外部接続に利
用されるネットワークは、個人客はインターネットであり、法人客や金
融市場システム、外部システムは、それぞれの用途に合わせて、専用線
などの**WAN**（Wide Area Network）やインターネットなどが使われて
います。

金融システムの構成

　金融システムは、金融ビジネスのコアとなる業務を直接的にサポート
するものであり、金融機関における基幹系システムを中心としたシステ
ムの集合体です。金融機関は、この金融システム以外に、人事給与など
の社内業務システム、電子メールなどの情報共有ツールなどを利用して
います。

　金融サービスは、業務内容に応じて、**フロントオフィス業務**、**ミドル
オフィス業務**、**バックオフィス業務**の３つに分類できます。フロントオ
フィスは営業などの収益を上げる部門、ミドルオフィスはリスク管理や
取引照合などを担当し、バックオフィスは決済や報告書作成などを行い
ます。この業務分類に沿って、金融システムもフロントオフィスシステ
ム、ミドルオフィスシステム、バックオフィスシステムの３つに分ける
ことができます。また、顧客情報や商品情報などのシステム全体で共通
して利用するデータを扱うマスター系システムがあります。

　しかし近年では、ITシステムを、**SoE**（System of Engagement）、
SoR（System of Records）、**SoI**（System of Insight）の３種類に分け
て考えることが多いようです。大まかには、フロントオフィスシステム
とミドルオフィスシステムはSoE、バックオフィスシステムはSoRに
分類できます。SoIは、ビッグデータなどの蓄積された情報を分析して

何らかの有用なインサイト（洞察）を得るためのシステムであり、金融機関における取り組みが増えています。

　また、システムを処理形態の観点で見ると、データ処理をリアルタイムに実行する**オンライン処理**と、データをまとめて一括して処理する**バッチ処理**があり、さらに、両方の処理特性を混在させた**センターカット処理**（オンライン・バッチ処理）があります。

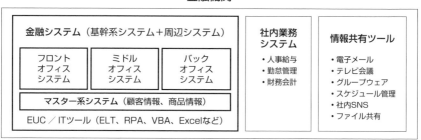

金融機関

金融システム（基幹系システム＋周辺システム）			社内業務システム	情報共有ツール
フロントオフィスシステム	ミドルオフィスシステム	バックオフィスシステム	・人事給与 ・勤怠管理 ・財務会計	・電子メール ・テレビ会議 ・グループウェア ・スケジュール管理 ・社内SNS ・ファイル共有
マスター系システム（顧客情報、商品情報）				
EUC／ITツール（ELT、RPA、VBA、Excelなど）				

システム処理形態：オンライン処理、バッチ処理、センターカット処理

◆金融機関が利用しているシステム

システム構成の変化

　金融システムのシステムインフラは、1960年代のメインフレームの登場、1990年代の分散システムの普及、2000年代のクラウドの利用拡大という道を歩んできました。一時期、「メインフレームは絶滅寸前の恐竜」などと言う人もいましたが、メインフレームは技術革新と低価格化により現在でも多くの金融機関で使われています。なお、大手金融機関は自社単独で基幹系システムを稼働させていますが、複数の金融機関がシステムを共同利用するサービスも数多くあります。

　金融システムで処理するデータ量は増加の一途をたどり、それらを保管するストレージも変容してきました。磁気テープやHDD（ハードディスクドライブ）は以前から使われてきましたが、専用のファイバーチャネルによるネットワークを利用した**SAN**（Storage Area Network）

や、LANを利用してファイルを共有する**NAS**（Network Attached Storage）も普及しました。また、**仮想データストレージ**や、データ量の増加に対して柔軟に対応できる**クラウドストレージサービス**なども登場してきています。なお、磁気テープは、大容量かつ低価格で長期保存にも適するメディアとして進化を続けており、現在もバックアップデータの保管などに使われています。

◆システムインフラとその構成要素

システムインフラ	メインフレーム	分散システム	クラウド
年代	1960年代〜	1990年代〜	2000年代〜
ハードウェア	自社所有 （オンプレミス）	自社所有 （オンプレミス）	クラウド事業者所有、仮想サーバー
主要OS	ハードウェアベンダーに依存	UNIX、Linux、Windows	Linux、Windows
主要プログラム言語	アセンブリ言語、COBOL	Java、C言語系列	Java、C言語系列
データベース	バイナリ	RDB	RDB、NoSQL
ストレージ	磁気テープ、HDD	磁気テープ、HDD、SAN、NAS	クラウドストレージ

ネットワークの変化

ネットワークは、構内（**LAN**：Local Area Network）か広域（**WAN**：Wide Area Network）かに分かれます。

まずLANは、1980年代まではベンダー独自の通信方法でしたが、1990年代にイーサネット、TCP/IPに統一されていきました。

またWANは、通信会社が提供する高価な専用線でしたが、X.25、ISDNやフレームリレーなどの広域パケット網を利用し、仮想的に自社専用の通信網を構築する例も多く見られました。1日当たり数回など接続頻度が少ないサービスを中心に、利用ごとに回線交換サービスに接続し（ダイヤルアップ）、データを送信する例もありました。これは、銀行と一般企業との通信、クレジットカードの通信などが一例です。また、2000年代にADSLの普及と光ファイバー網の敷設地域の急拡大により、高速・低遅延・広域化し、IP-VPNや広域イーサネットなどの利用もで

きるようになりました。加えて、インターネットVPNにより、専用線よりも安価に仮想的な私設ネットワークの構築が可能になりました。

　インターネットの普及の影響は大きく、Webやメールなどのアプリケーションが普及し、利便性向上、業務効率化、コミュニケーションの円滑化などが進みました。オンラインバンキングやオンライントレードの利用が拡大し、顧客はいつでも好きなときに金融サービスを利用できるようになり、為替レートや株価などもリアルタイムに取得できることで利便性が格段に高まりました。一方、金融機関にとっても顧客サービスにかける手間と時間が大幅に削減されました。

　加えて、移動体通信網の発展があり、モバイル端末を利用した金融サービスが拡大しました。たとえば、客先から自社システムにアクセスして商品情報を提供したり、契約を締結したりすることなどができるようになりました。移動体通信網を利用した**IoT**（Internet of Things）としては、自動車の運転状況をセンサーで常時モニターし、それを保険料に反映するサービスなどの例があります。通信速度は、飛躍的に向上し、デジタル通信が開始された第2世代移動通信システム（2G）では最大64Kbpsでしたが、第5世代（5G）では最大20Gbps（20,000,000Kbps）といわれています。

　近距離無線通信には、無線LAN（Wi-Fi）、Bluetooth、NFC（Near Field Communication）などがあります。非接触ICカードによる決済では、NFCやFeliCa（ソニーが開発したNFCの一種）が使われていま

	～1970年	1980年	1990年	2000年	2010年	2020年
(LAN)	ベンダー独自方式		イーサネット TCP/IP		（近距離無線通信） Wi-Fi Bluetooth NFC	
(WAN)	専用線	広域パケット網 ダイヤルアップ	インターネット	ADSL 光ファイバー網 IP-VPN 広域イーサネット インターネットVPN		
			（移動体通信網） 2G モバイルパケット通信	3G	4G	5G

◆ネットワークと通信技術の変化

す。FeliCaは、日本では、交通系ICカード、各種の電子マネーなど幅広く利用されています。

端末の変化

端末は、接続されたシステムからの文字の表示とキーボード入力のみが行えるダム端末（業務用専用端末）から、マイクロプロセッサの進化と低価格化により普及が進んだPCに移行しました。PCは、業務端末としての機能に加え、PC本体で文書作成などの事務処理ができるようになり、画像や動画、音声などを扱うことも可能となりました。加えて、システム上のデータを、電子データとして**EUC**（End User Computing）に取り込むことが可能となり、業務効率化が大きく進展しました。1990年代にインターネットが普及し、Webブラウザの利用が拡大するとともに、その表現力や機能の向上が大きく向上しました。また、移動体通信網の発展やスマホアプリの普及などにより、タブレットやスマートフォンなどのモバイル端末の利用が拡大しました。

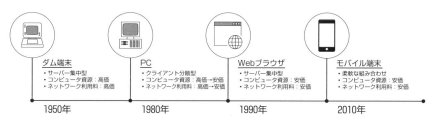

◆端末の推移

情報処理手法の変化

金融機関でシステム開発に利用されるプログラム言語や手法も時代とともに変化してきました。1950年代は、機械語に近いアセンブリ言語（低水準プログラミング言語）でしたが、その後、COBOLやC言語などの高水準言語の利用が広がりました。また、Javaに代表されるオブジェクト指向言語が出現し、現在では広く普及しています。また、インター

ネットやスマートフォンの普及に伴い、HTMLやJavaScript、AIを利用するためのPythonなどが使われるようになりました。加えて、近年は、プログラミングに精通したIT人材がいなくてもアプリケーションなどを開発しやすくした**ローコード**や**ノーコード**といった手法が注目されています（7-1参照）。

システム開発のプロセスは、システム開発の規模によりますが、**ウォーターフォール型**が広く使われています。加えて、顧客や社内ユーザーの要求にスピーディに柔軟性を持って対応するために**アジャイル型**の開発も利用されるようになりました。この2つの開発プロセスは、向き不向きがあるので、個々の開発案件に適したものを選択することが重要です（1-11参照）。

データの管理手法として、初期のメインフレームでは独自の形式でデータを管理していましたが、次第に**関係データベース（RDB）**の利用が広がりました。現在では大半のシステムがRDBを利用しています。近年は、これまで金融システムで扱ってきた**構造化データ**に加え、ドキュメント／テキストデータ、音声データ／画像／動画、電子メール、ログデータなどの**非構造化データ**を含めたビッグデータを分析してビジネスに活かそうとする動きがあり、NoSQLをはじめとした非構造化データベースの活用が注目されています。

信頼性と安全性の確保

金融システムは、メインフレームや高性能サーバーなど信頼性の高いインフラで稼働させます。また、**本番システム**と**バックアップシステム**を用意し、本番システムに障害などが発生した場合には必要に応じてバックアップシステムに切り替えます。また、**デュアルシステム**という、2組のシステムが同時に処理を行い、片方で障害が発生しても、もう片方が稼働を続けるシステム構成もあります。

ネットワークやデータセンターは冗長化しています。メインのデータセンターとBCPセンターは、通常、複数の専用線で接続されています。また、BCPセンターには、**ディザスタリカバリ（DR）システム**があり、

それが稼働するときに備えて、メインのデータセンターから本番システムのデータが伝送されています（スタンバイデータ）。また、インターネットや重要なWANへの接続も冗長化しています。加えて、さらなる安全対策として、バックアップデータを遠隔地の保管サイトに運搬または伝送するケースもあります。

ビジネスの現場である本店や支店が被災したときに備えてBCPオフィスを用意したり、モバイル端末や在宅勤務環境を活用したBCPを導入したりして、いざというときの業務の継続性を確保しています。

情報セキュリティや物理的セキュリティに関する対策もさまざまに講じられています。情報セキュリティ対策には、FW/WAF（ファイアウォール／Webアプリケーションファイアウォール）、IDS/IPS（侵入検知システム／不正侵入防止システム）、データや通信の暗号化、認証、ゼロトラストセキュリティなどがあります（第6章参照）。また、物理的セキュリティには、警備／監視カメラ、消火設備、電源冗長化／ジェネレータ、耐震対策などがあります。

従来、システム障害は起こしてはならない、という価値観が強かったと思います。しかし、システム障害をもたらす可能性のあるリスクを根

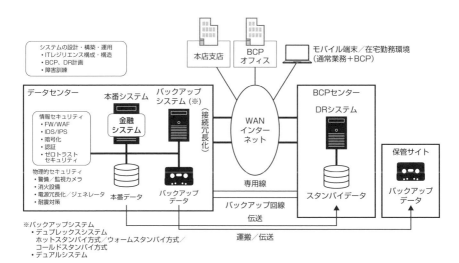

◆信頼性と安全性を確保するシステムの構成要素

絶することは不可能、もしくは膨大なコストと時間がかかり、割に合いません。このため、最近は「障害が起きにくい構成・構造にする」「障害の予兆や発生を検知し、迅速に復旧・業務継続できる構成・構造・運用にする」という考え方を前提として**ITレジリエンスを確保すること**が重要であるといわれています。このITレジリエンス確保のためには、システムの設計、構築、運用において、予防策や検知策を組み込む必要がありますし、BCP（事業継続計画）やDR（ディザスタリカバリ）計画、障害訓練も重要な要素です。

資格試験から見るエンジニアの役割の多様化

　エンジニアの役割は、情報技術が進化し、コンピュータシステムの適用範囲が拡大することに伴い、かなりの変化を遂げました。古くは、システム設計者（プランナー）、システム開発者（プログラマー）、システム運用者（オペレーター）ぐらいの大雑把な分け方をされ、会社に1つある中央集権的なシステム部門に所属していました。現在は、役割が多様化したことに加え、システム部門だけでなく、ビジネス部門にもエン

1969年	1986年	1994年	2023年
第一種情報処理技術者 第二種情報処理技術者	第一種情報処理技術者 第二種情報処理技術者 特種情報処理技術者 情報処理システム監査技術者	第一種情報処理技術者 第二種情報処理技術者 システムアナリスト アプリケーションエンジニア プロダクションエンジニア プロジェクトマネージャ ネットワークスペシャリスト データベーススペシャリスト システムアドミニストレータ システム運用管理エンジニア システム監査技術者	基本情報技術者 応用情報技術者 ITストラテジスト システムアーキテクト プロジェクトマネージャ ネットワークスペシャリスト データベーススペシャリスト エンベデッドシステムスペシャリスト ITサービスマネージャ システム監査技術者 情報処理安全確保支援士 情報セキュリティマネジメント ITパスポート

ベンダー資格
- クラウド（AWSなど）
- データベース（Oracleなど）
- ネットワーク（Ciscoなど）
- パッケージソフト（SAP、Salesforceなど）
- OS（LPICなど）
- プログラム言語（Javaなど）
- その他（MCPなど）

公的機関・協会資格など
- AI資格（G検定など）
- データサイエンティスト検定
- ITコーディネーター
- ITIL（ITサービスマネジメント）
- CISA（情報システム監査）
- PMP（プロジェクトマネジメント）
- その他

◆エンジニアの資格試験

ジニアが所属するケースが多く見られます。

　エンジニアの資格試験として経済産業省が認定する「**情報処理技術者試験**」は1969年に創設され、エンジニアの役割の拡大と多様化に合わせて、これまで10回以上の見直しが行われてきました。たとえば、システム監査の重要性に対する認識の高まりを背景に1986年に情報処理システム監査技術者が加わり、専門分野の広がりと深化を背景に、1994年にプロジェクトマネージャ、ネットワークスペシャリスト、データベーススペシャリスト、1996年にはマイコン応用エンジニア（現・エンベデッドシステムスペシャリスト）が追加されました。そして、情報セキュリティ対策の重要性が増したことを背景に、2001年に利用者側のセキュリティ知識・技術を認定する情報セキュリティアドミニストレータ（現・情報セキュリティマネジメント）が新設され、2006年に開発者側の資格としてテクニカルエンジニア［情報セキュリティ］（現・情報処理安全確保支援士）が加わりました。また、他の情報処理技術者試験でも情報セキュリティ分野の出題が強化されてきました。加えて、現在では、ベンダーや公的機関・協会などが主催する資格試験が多数あります。

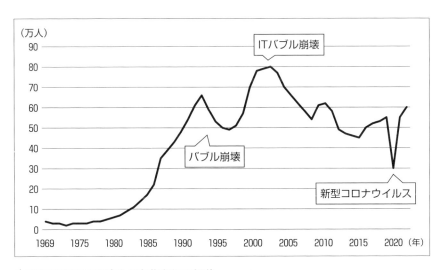

◆情報処理技術者試験の応募者数の推移

金融システムをサポートするエンジニアたち

　金融システムは、多くのコンポーネント（ソフトウェア、ハードウェア、ネットワーク、ツールなど）から構成され、それらが複雑に連携しながら稼働しています。金融システムは、長い歴史の中で改変や新規機能追加などが積み重ねられてきたことにより、大規模かつ入り組んでいる構造であることが少なくありません。このため、これらのサポートを担うエンジニアの役割も多岐にわたり、専門性が要求され、人数も多くなっています。社内エンジニアだけでなく、ベンダーやメーカーなどパートナー企業からの社外エンジニアも多く携わっています。大手金融機関では、1社だけでエンジニアが数千人もの規模になります。

　金融機関におけるIT人材の分類の仕方はいろいろあり、確定されたものはありませんが、大きくは次のようになります。

　まず、システム全体を統括する**CIO**（Chief Information Officer：最高情報責任者）がいます。また、欧米で2010年代以降に企業のDX（デジタルトランスフォーメーション）を担う**CDO**（Chief Digital Officer：最高デジタル責任者）を配置する企業が増え、日本の金融機関にも同様の動きが出てきています。

　次に、ユーザーのシステム化ニーズを把握し、システム設計につなぐまでを担当する**ビジネスアナリスト**（BA）、**システムアナリスト**、**システムコンサルタント**がいます。この三者の役割は重なる部分が多く、これらの呼称も明確に切り分けて使われているわけではありません。

　続いて、システムを構築して運用するという観点では、システム設計、システム開発、システム保守運用の3つに大きく分けられます。また、それらをサポートする、情報セキュリティエンジニアなどのさまざまな分野のスペシャリストたちがいます。

　また、新たにシステムを構築したり、既存システムを変更したりする際に、その目的を達成するためのプロジェクトが組成されますが、それを取り仕切るのが**プロジェクトマネージャ**（PM）です。そのPMの下で、プロジェクトの規模によりますが、複数のプロジェクトリーダーと、そ

の下にプロジェクトメンバーが入ります。なお、プロジェクトチームの構成は個々のプロジェクトの目的に沿って決められ、ユーザー部門のメンバーが入ることもありますが、入らないこともあります。

　加えて、先端技術の研究やそれらのビジネスへの応用を行うデータサイエンティストやAI技術者などがいます。

　このような多種多様なエンジニアたちが多数で協業し、サポートし続けていることで、金融システムは持続的に発展を遂げながら、信頼性と安全性を確保しつつ、日々のシステム構築と運用保守が続けられています。

◆さまざまなエンジニアたち

金融システムの近代化

金融システムにおける技術の変化

Web APIの活用による金融システムの近代化

　Web API自体の歴史は長く、金融システムの中でも使われてきましたが、金融システムの近代化でも重要な要素です。**Web API**とはHTTPプロトコルを使ったシステム間連携のためのインターフェースであり、リクエストとレスポンスには**XML**や**JSON**のデータ形式が使われます。

　従来はXMLを扱った**SOAP**というプロトコルが使われていましたが、SOAPは自由度が高い反面、煩雑で使いづらい面があります。そのため、近年はサービスのエンドポイント（URI）を利用してアクセスし、HTTPメソッドをリソースの操作に利用することを設計原則とした**REST**という設計方式が使用されています。RESTは、直感的かつシンプルな方式であるため広く受け入れられており、外部との情報連携手段としてWeb APIは最も一般的な手段といえます。

改正銀行法を背景としたオープンAPIの利用拡大

　APIのうち自社のみならず他の企業からもアクセス可能なものは**オープンAPI**と呼ばれます。2017年5月に「銀行法等の一部を改正する法律」が成立し、①電子決済等代行業者に対する規制の整備と、②金融機関におけるオープンAPI導入にかかる努力義務が定められました。

　電子決済等代行業者は「**FinTech事業者**」とも呼ばれ、顧客からの委託を受けて、その顧客と銀行などの間でサービスを提供する業者のことを指します。改正銀行法では、FinTech事業者に対して登録制の導入や金融機関との契約締結義務などの規制を課しつつ、金融機関に対してはオープンAPIに対応できる体制整備を求めており、顧客保護とイノベーションの双方への取り組みを促しています。

オープンAPIへのアクセス方法

　従来、FinTech事業者は**Webスクレイピング**という方法を使用して金融機関へアクセスしていました。WebスクレイピングではFinTech事業者が顧客からログインIDとパスワードを預かり、顧客に成り代わって金融機関のシステムにアクセスします。Webスクレイピング方式ではFinTech事業者側で顧客の認証情報を補完する必要があることから、FinTech事業者側にも高度なセキュリティ対策が求められるという課題がありました。

　一方、オープンAPIの場合、FinTech事業者は**OAuth 2.0**プロトコルを使って金融機関へアクセスします。OAuth 2.0プロトコルでは、顧客による金融機関への認証により発行された**アクセストークン**という一時的なアクセス許可証を利用します。オープンAPIでは、OAuth 2.0プロトコルを利用することによって、FinTech事業者が顧客の認証情報を保有する必要がなくなり、より安全にデータの連携が行えるようになりました。

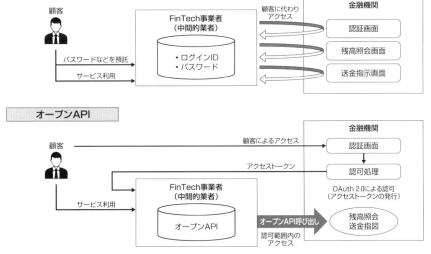

◆Webスクレイピングとオープン**API**それぞれの金融機関へのアクセス方法の概要

認証認可実装の変化

FinTech事業者がAPIを使用して顧客のリソースにアクセスするには、顧客の認可が必要になります。認証と認可は似ていますが概念は異なっており、認証は「相手が正規の利用者か確認すること」、認可は「リソースへのアクセス権限を付与すること」を意味します。認証は運転免許証、認可は鍵によくたとえられます。運転免許証には本人を認証するための効力がありますが、鍵を持っている人は必ずしもその家の所有者とは限らないという具合です。

OAuth 2.0は、顧客のリソースに第三者（ここではFinTech事業者）のアプリケーションが限定的にアクセスできるようにする認可フレームワークです。OAuth 2.0の認証拡張フレームワークとして**OIDC**（Open ID Connect）があります。上記の運転免許証と鍵の関係のように、認証目的（本人確認）で認可トークン（鍵）を使うべきではなく、これらは適切に使い分けていく必要があります。

IDの中央管理

APIの方式は、FinTech事業者向けだけでなく金融機関内部でも利用され始めています。従来、認証認可は各サービスでそれぞれIDが管理されていましたが、サービスが増えるにつれIDの管理が煩雑になるという課題がありました。

そこで、一元的にIDを管理すべく統合するように変化していきました。IDを一元管理することで、ユーザーは一度のログインで複数のシステムへアクセスできるようになります。また、そのようなニーズに合わせてIDを中央管理するサービスも出現してきており、それらは**IDaaS**（ID as a Service）と呼ばれています。

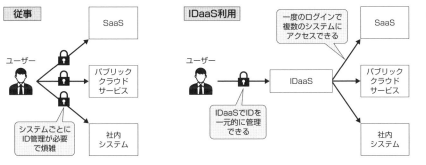

◆IDの分散管理とIDaaS利用による中央管理

API Gatewayの設置

　システム間をWeb APIで連携する場合、共通システムとして**API Gateway**というAPIの管理ツールがよく使われます。API Gatewayは通信の集約・制御、ルーティングや認証認可、APIの管理など、多くの機能を有しており、API Gatewayの背後にある各システムはAPI Gatewayを利用することでWeb API通信に関する機能を独自に作り込むことなく、最小限の労力でWeb APIを公開することが可能です。金融システムでは複数のシステムの間にハブや外部から入口として使われることが多いようです。

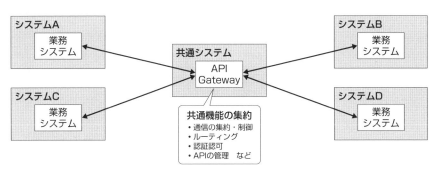

◆API Gatewayを用いたシステム間の連携イメージ

ビジネス要件変化への柔軟な対応と使われる技術

　近年、金融システムでもビジネス環境や顧客ニーズの急速な変化への対応が求められています。Web APIで近年よく使われるアーキテクチャとして**マイクロサービス**があります。マイクロサービスは、複数の独立した小さなサービス群から1つのシステムが構成された状態を指します。マイクロサービスは、システムを独立した小さな単位で分割し、その単位でサービスを開発する考え方で、より柔軟に素早くシステムを改善することができます。

　マイクロサービスを支える技術要素として**コンテナ**の利用があります。コンテナはアプリケーションの実行に必要なコードや実行環境をパッケージングする技術です。コンテナを利用することにより、サービスをそれぞれ独立した環境下で稼働させることが容易になりました。その他、複数のコンテナを一元的に管理する**コンテナオーケストレーション**や、コンテナサービス間の通信制御を行う**サービスメッシュ**など、コンテナは周辺技術も含めて多機能でより使いやすく進化を続けています。

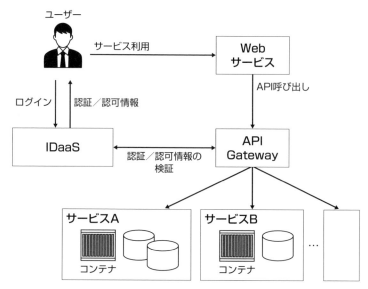

◆マイクロサービスを利用したシステム構成概要

1-9 金融システムのクラウド化の歴史

クラウドサービス利用の変化

クラウドコンピューティングの利用拡大

　クラウドコンピューティングは実装モデルにより、**パブリッククラウド**、**コミュニティクラウド**、**プライベートクラウド**、**ハイブリッドクラウド**に分類されます。

◆クラウドの分類

運用形態による分類	内　容
パブリッククラウド	• クラウド事業者が提供する環境を、企業や組織をはじめとした不特定多数のユーザーがインターネットを通じて共有利用する • ユーザー側の観点では、利用したい機能のみ利用できるとともに、利用コストが相対的に安いというメリットがある
コミュニティクラウド	• 業務や法令順守など共通の関心事を持つ複数の組織で共同利用する • パブリッククラウドよりもカスタマイズ性が高く、プライベートクラウドよりも安価に利用できる
プライベートクラウド	• 自社で構築もしくはクラウド事業者が提供する環境を、1つの企業や組織のユーザーのみが占有利用するサービス • ユーザー側の要件によって機能のカスタマイズが可能であり、パブリッククラウドでは満たせない要求を満たせることがある
ハイブリッドクラウド	上記のうち、2つ以上のモデルを組み合わせて利用する

　2010年代はハードウェア構築・維持運用にかかるコスト削減を目的に、クラウドコンピューティングの利用が広がりました。金融システムでパブリッククラウドが商用利用され始めたのは2010年代後半ですが、それ以前からハイパーバイザーなどのサーバー仮想化技術を用いたプライベートクラウドやコミュニティクラウドは利用されています。

　パブリッククラウドは金融ビジネスを加速させるために非常に強力ですが、利用が難しい場面があります。障壁となりやすいポイントは次の通りです。

・性能要求が高くパブリッククラウドがその要求を満たせない
・対象システムで利用するソフトウェアやソフトウェアライセンスがパブリッククラウドに対応していない
・法や業界、組織独自の規制によりパブリッククラウド上に保管することが困難なデータがある
・周辺システムとの連携が多く、パブリッククラウド移行による変更を受け入れることが困難である

　完全なパブリッククラウド化が困難な場合は、移行が可能な部分を切り出してパブリッククラウドに移行し、パブリッククラウドとプライベートクラウド、またはコミュニティクラウドを合わせて利用するハイブリッドクラウドモデルが採用されます。

マルチクラウド時代へ突入

　複数社あるパブリッククラウドベンダーの中で、金融業界でよく使われる、あるいは候補に挙がるクラウドベンダーは次の通りです。

・**Amazon Web Services（AWS）**
・**Microsoft Azure**
・**Google Cloud（旧GCP）**
・**Oracle Cloud Infrastructure（OCI）**

　複数のパブリッククラウドを利用することを「**マルチクラウド**」と表現しますが、その目的としては特定のクラウドベンダーへのロックインの回避、ディザスタリカバリ、ワークロードに最適なサービスを選定する「良いとこどり」があります。
　2つ以上のパブリッククラウドを扱うのは習得するべきスキルの範囲も広くなるため、いきなりマルチクラウドから始めることは困難です。そのためメインで利用するクラウドを決め、要件に応じて他のクラウドを使うように段階的に進めることが基本パターンとなります。

　金融システムでは多くの既存オンプレミスシステムがMicrosoftやOracle製品などのライセンスソフトウェアを採用しています。Microsoft製品はMicrosoft Azure、Oracle製品はOCIでそれぞれ他のパブリッククラウドとの差別化となる要素を持っているため、恩恵を最大限得るためにはマルチクラウド化の議論は避けては通れないと考えておいたほうが良いでしょう。

パブリッククラウドの活用

　金融システムではオンプレミスとプライベートクラウドを中心としたモデルが多く使われていました。金融業界は他の業界に比べてセキュリティガバナンス関連のチェックが厳しく、特に個人情報保護をはじめ、データを自社データセンターの外に置くことに理解を得ることが難しい面があります。

　そのような理由からパブリッククラウド導入に後れをとっていましたが、近年パブリッククラウドの利用が進んでいます。背景として、パブリッククラウドベンダーが金融業界を取り巻く規制への対応を行っていること、国の定めるルールがパブリッククラウドを視野に入れる形で調整が進んだこと、他業種のクラウド活用事例や国内の有力な金融機関における大々的なパブリッククラウド活用の発表などがあります。

パブリッククラウドが使われる領域

　パブリッククラウドを始めるきっかけとしては、既存オンプレミスシステムのハードウェアやソフトウェアの**EOL**（End Of Life）をきっかけとした移行と、新規で小規模かつ影響度が限定された案件が多数です。

　1-7で紹介したSoEやSoIに分類されるシステムには、相性の良さからパブリッククラウドが活用されています。一方でSoRに分類されるシステム群は特に巨大かつ複雑であることから、パブリッククラウドへの移行は難易度が高く、事例は多くありません。SoRは古いシステムで構成されていることが多く、老朽化によるトラブルのリスクが高まってきています。これは経済産業省が公開している『DXレポート〜ITシス

テム「2025年の崖」克服とDXの本格的な展開〜』にもある通りで、多くの企業にとってレガシーマイグレーションが課題となっています。今後はSoEやSoIのパブリッククラウド案件で積み上げた知識と経験を活用し、SoRのパブリッククラウド化事例も増えていくことでしょう。

┃パブリッククラウドへの移行

パブリッククラウドへの移行の前にまず押さえておくべき重要な要素のひとつとして「**責任共有モデル**（Shared Responsibility）」があります。下図はパブリッククラウドが提供するサービスの分類と、分類ごとにユーザーとクラウドベンダーの責任範囲を示したものです。

オンプレミスシステムではすべての領域についてユーザー側が責任を持ちますが、パブリッククラウドではサービス提供の形態によってユーザーとクラウドベンダーの責任の境界が変化します。

◆責任共有モデルと提供サービスの特徴

提供サービスによる分類	内　容
SaaS (Software as a Service)	・ユーザーにソフトウェアサービスを提供する形態 ・ユーザーは、サーバーやソフトウェアの管理をすることなくソフトウェアを利用できる ・人的な運用コストが低い
PaaS (Platform as a Service)	・ユーザーにソフトウェアを稼働するための開発・実行環境を提供する形態 ・開発したアプリケーションをPaaS環境で稼働させるなど、SaaSと比べてカスタマイズ性が高い ・人的な運用コストがSaaSよりも高い
IaaS (Infrastructure as a Service)	・仮想マシンやネットワークなどのインフラサービスを提供する形態 ・PaaSよりもさらにカスタマイズ性が高い ・人的な運用コストがPaaSよりも高い

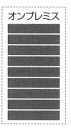
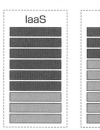
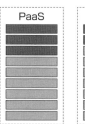
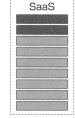

データ
アイデンティティ管理
アプリケーション
プラットフォーム
ネットワーク制御
OS
物理ホスト
物理ネットワーク
データセンター

オンプレミス　IaaS　PaaS　SaaS

ユーザー側の責任範囲
クラウドベンダー側の責任範囲

クラウドリフトとクラウドシフト

　既存システムの移行案件を行う場合、移行の方針としてアーキテクチャに大きな変更を入れない「**クラウドリフト**」と、クラウドの特性を十分に使いこなして恩恵を最大限享受する「**クラウドシフト**」に大別されます。クラウドの特性を活用するアーキテクチャは「**クラウドネイティブ**」とも表現されます。

　「クラウドリフト」の段階では移行前よりもランニングコストが高く付くこともあり、多くの場合「クラウドリフト」は「クラウドシフト」への通過点となっています。

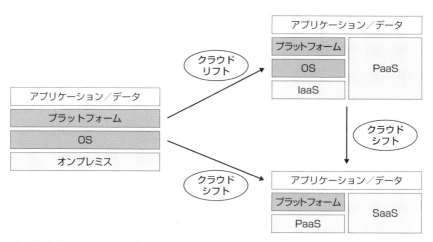

◆クラウドリフトとクラウドシフトの流れ

　クラウドリフトの段階ではIaaSが中心となり、一部PaaSを利用する構成が多いようです。クラウドシフトが進むとSaaSやPaaSが中心となり、ユーザーが責任を持つ層が少なくなることで人的な運用コストが下がります。ただし、新しいサービスを多く取り入れることで学習コストが大きくなるので、組織の技術的な成熟度とのバランスをとることが重要です。

1-10 データサイエンスによる金融ビジネスの変化

データサイエンス活用に伴う金融システムの変化

金融システムにおけるデータサイエンスの必要性

　金融ビジネスでも、既に**データサイエンス**は欠かせないものとなっています。たとえば、大和証券では株価上昇が見込める銘柄を予測するサービスを提供していますが、この銘柄の予測にデータサイエンスが使われています。具体的には、AIモデルにより株価の上昇下降傾向を予測するにあたり、モデルの開発にデータ分析で得られたインサイトが使用されています。

　データサイエンスは、金融ビジネスにおけるサービス開発にも必須の技術であるため、データサイエンスを活用するためのシステムについても理解しておくことが望ましいと考えられています。

　なお、データサイエンスの具体的な手法やビジネスへの活用事例については、第3章と第4章で詳しく解説しています。

データサイエンスに関係するシステムの特徴

　データサイエンスではさまざまなデータを分析するための基盤が必要となります。こうしたシステムの大きな特徴として挙げられるのが、膨大なデータを取り扱う必要がある点と、データ量が一定しない点です。

　データ分析の目的は、データを分析することで、これまで気付いていなかったインサイトを得ることであり、インサイトの数や質を向上させるためには、データの種類や量が多ければ多いほど良いとされます。また、分析するデータの発生頻度もさまざまであり、バイタルデータのように毎時間同じ量が発生するものもあれば、アプリケーションの利用ログのように時間により発生する量が変化するものもあります。

　こうした特性から、データサイエンスに関係するシステムはスケール

が容易であり、かつ従量課金が可能という特徴を持つクラウドと非常に相性が良く、基本的にクラウド上で構築されます。

　それ以外にも、システムに求められる技術も変化してきました。次項からは、データサイエンスで利用されるシステムの概要を示した上で、それを構成する要素ごとに変化の内容を説明します。

データサイエンスで利用されるシステムの概要

　データサイエンスを促進するためのシステムの要素として一般的なものに「**蓄積**」「**変換・加工**」「**分析**」があります。それぞれの役割は下図の通りです。

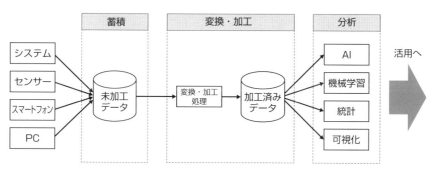

◆データサイエンスを促進するシステムの例

◆データサイエンスを促進するシステムを構成する要素

フェーズ	主な役割
蓄積	・さまざまなデータの源泉から収集したデータを加工せず蓄積する ・未加工の生データを保管しておくことで、さまざまな用途への対応が可能となる
変換・加工	・蓄積されたデータを分析しやすい形に加工する ・不要なデータを除去したり、フォーマットを変更したり、リファレンスをそろえたりといった処理の結果を加工済みデータとして保存することで、効率的な分析が可能となる
分析	・さまざまな手法を用いてデータを分析することで、データからの傾向導出や将来予測などを行う ・価値のある示唆が得られれば、既存のシステムにその結果を反映したり、新たに予測システムを構築したりといった形で活用する

「蓄積」で利用される技術

　データ分析では大量のデータを取り扱うため、それらのデータを蓄積する基盤には膨大な量のストレージが必要となります。従来、ファイル共有のために使われるストレージとしては**NAS**がよく使われていましたが、必要とされるストレージサイズの拡大により、より高い拡張性・信頼性を持つ**分散ファイルシステム**が使用されるようになりました。その後、さらに大量のデータの蓄積が必要となったことで、機能を保管に特化させたより安価なストレージとして**オブジェクトストレージ**が使われれるようになりました。

「変換・加工」で利用される技術

　ここでは加工結果を格納する技術と加工手法を紹介します。

・加工結果の格納先

　加工したデータの格納先といえばデータベース製品です。従来のデータベース製品は、決まった形式のデータをまとめて管理することで大量にあるデータを素早く更新・参照を可能とすることを主な目的としており、さまざまなシステムがデータベース製品を利用していました。

　ところが、これらのデータを分析しようとすると問題が起こります。データ分析ではデータの種類やその関係を知る必要があるため、特定項目のすべてのデータを参照することが求められますが、従来のデータベース製品は、決められた形式でデータを保管する構造のものが多く、分析に必要のないデータも読み込まざるを得ない構造となっていました。このため、データ量が多くなるにつれ、その無駄が無視できなくなったのです。そこで出てきたのが、分析を目的とする**データウェアハウス**（**DWH**）と呼ばれる役割に特化した製品です。データウェアハウス製品はデータ分析に特化したアーキテクチャを保有しており、効率の良い分析を可能とします。データ分析に特化したアーキテクチャのひとつとして挙げられるのが**列指向アーキテクチャ**です。データを行単位ではなく

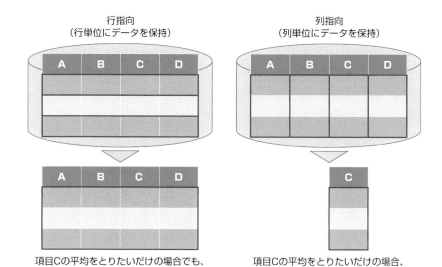

項目Cの平均をとりたいだけの場合でも、
ABDを含めたすべての項目を読み込む必要がある

項目Cの平均をとりたいだけの場合、
Cだけを読み込むことが可能

◆列指向アーキテクチャが優位となる例

列単位に管理することで、分析において多用される集計処理などがより
効率的に実行可能となっています。

・加工手法

　データの加工は、**ETL** と呼ばれるプロセスが主流でした。具体的には、
蓄積された未加工データを抽出（Extract）し、変換・加工（Transform）
してからデータベースに格納（Load）する流れで処理を行います。

　従来は、データベース製品の加工能力の問題や、保管データ量当たり
の料金が比較的高額だったことで、加工によりデータ構造を整えたり、
不要データを取り除くなどしてデータ量を圧縮したりする必要がありま
した。

　技術の進歩により不定な構造のデータもデータベース製品内で加工で
きるようになったほか、比較的安価に大量のデータを保管できるように
なったことで、加工よりも先にデータベースにデータを格納したほうが、
より早く、安く分析が可能となる場合もあることから、先にDWHにデ
ータを格納してから変換・加工を行う **ELT** と呼ばれるプロセスが採用

されるケースも増えてきました。ただし、ETLよりもELTのほうが優れているわけではありません。ELTではDWHでのデータ参照が可能となるタイミングが早くなる反面、データのマスキングや絞り込まれていない状態のデータがDWHに格納されるため、セキュリティ面、コスト面で注意が必要となります。取り扱うデータの量や特性に応じて、適切な加工手法を選択する必要があります。

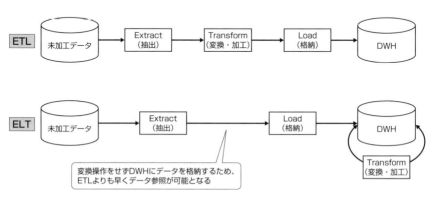

◆ETLとELTの処理の流れ

「分析」で利用される技術

　分析は大きく**プロコーダ用**と**ビジネス用**の2つに分けられます。プロコーダ用とは、コーディングが得意なプロフェッショナルが使うことを想定した仕組みです。具体的には、Jupyter社製品を代表としたNotebookと呼ばれる対話型のプログラム実行環境が使われます。多くのパブリッククラウドでNotebookをベースとしたマネージドサービスが提供されています。

　この他、コーディングに馴染みのないビジネスユーザー向けにさまざまな製品が発表されています。たとえば、機械学習プラットフォームであるDataRobot社のDataRobotや、BIツールであるSalesforce社のTableauなどがあり、こういった製品を用いて分析が行われています。

1-11 新たなシステム構築技術と運用技術

不確実性の高い事業領域におけるシステム開発

ウォーターフォール開発とアジャイル開発

　金融機関のシステム開発では、**ウォーターフォール開発**が広く採用されています。この開発手法は、要件定義からシステム実施までを複数の工程に分けて順番に進めていく点が特徴です。システム開発において品質を担保しながら次工程へとつなげられ、プロジェクトとしても計画や進捗の管理が行いやすいため、現在でもシステム開発の現場で広く使われ続けています。ただし、初期段階でコストとデリバリーを正確に定める必要があるため、変化に対する柔軟性は低い手法です。

　一方で事業環境の変化に柔軟に対応する手法として取り入れられるのが**アジャイル開発**です。アジャイル開発は、イテレーションと呼ばれる短期間の開発サイクルを繰り返す手法です。不確実性の高い事業環境では、継続的なプロダクトの改善を原則とするアジャイル開発が適しているといえます。

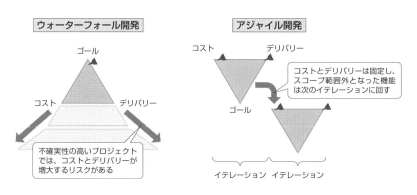

◆**ウォーターフォール開発とアジャイル開発**

アジャイル開発に取り組むために必要なこと

　アジャイル開発に取り組むにあたって、企業の判断プロセスや組織構造が障壁になるケースがあります。アジャイル開発では、開発プロセス中に優先順位の変更や実装方式を変更するピボットを許容することで柔軟性のある開発を実現しています。

　このため、予算を立ててプロジェクトを開始し、計画通り遂行されているかを定期的に確認する従来のプロジェクト管理をアジャイル開発にそのまま適用することは困難です。アジャイル開発に取り組む際は、**組織全体で従来のプロセスや体制を見直し、改革していく必要があること**を念頭に置いておく必要があります。

従来の開発フロー

　従来の開発フローでは、システムの変更を稼働環境にデプロイするために必要な工程の多くが手作業で行われていました。ソースコードの手作業での配置や各工程間での証跡のやりとりが必要であり、デプロイするまでに、人的ミスによる品質面のリスク、コスト、遅延のリスクが課題としてありました。

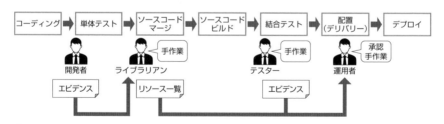

◆従来の開発フロー

CI/CDによる迅速な開発サイクル

　従来のリリース方法の課題解決策として有効なのが**CI/CD**です。CI/CDはGitなどのバージョン管理ツールと統合して利用します。

　CIは**継続的インテグレーション**（Continuous Integration）の略称であり、システム開発の早期に問題を検出することを目的としたプロセスです。ビルドやテストが自動化されることで、リードタイムも短く、開発効率も向上します。

　CD（Continuous Delivery/Deployment）は、**継続的デリバリー**（または**デプロイ**）を指します。CDはCIを基盤としてシステムのデリバリー、デプロイの工程まで拡張したものです。システム運用者は、CIパイプラインで出力されたレポートを基にシステムの変更箇所の品質を確認できます。

　バージョン管理ツールでは、プログラムの変更を記録して管理することができます。バージョン管理ツールは大きく分けて中央集中型と分散型がありますが、現在はGitなどの分散型がよく使われています。バージョン管理ツールでは結合環境や本番環境の状態を管理することができ、開発者がそれらの環境と同期されている場所（ブランチ）へ変更を反映する（コミットする）ことで、CI/CDに関する一連の処理を並列または連続して実行する仕組み（パイプライン）を起動させることができます。

　このように、CI/CDによってリリースまでの工程にかかる人手と時間を削減することができ、迅速な開発サイクルの実施が可能になります。

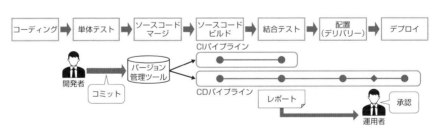

◆CI/CDによる開発フロー

DevOpsの実現のために求められる組織構造の変化

　CI/CDは安定して品質の担保やリリースサイクルの短縮に効果があるほか、開発者と運用者の連携を強化する効果もあります。そのため、

CI/CD は **DevOps** の実現において非常に重要な要素です。

　DevOps とは開発担当（Development）と運用担当（Operations）が相互に協力し合い、開発と運用のプロセスを統合することで短いサイクルでの開発を実現するという考え方です。金融システムでは、システムを安全に運用するための仕組みや、開発部門と運用部門を分離する組織体制がとられていることが一般的であるため、開発と運用の境界の存在がDevOpsの実現のハードルとなります。

　ここまで述べてきたようなCI/CDの仕組みを整え、従来のシステムの安全性を担保した上で、組織としても開発担当者と運用担当者が互いの領域を守るゲートキーパーとして振る舞うのではなく、相互に協力し、迅速にサービス改善に取り組む文化の熟成がDevOpsの実現には必要となります。

1-12 システムの変化により求められる人と組織

求められる組織の変化

エンジニアに求められる素養

　以前は人材の型として、ゼネラリストとスペシャリストという表現がよく使われていました。業界、業務知識、プロジェクトマネジメントや運営に関する能力を中心にキャリアを築くことをゼネラリストと表現し、アプリケーション開発、インフラ構築、運用などの技術に関する能力を中心にキャリアを築くことをスペシャリストと表現していました。どちらの方面でキャリアを伸ばしていくかは二者択一であることが多かったのですが、近年は両軸を有する「T字型人材」や複数の専門性を保有する「Π（パイ）字型人材」という表現も使われています。

　このような変化の理由のひとつとして、技術の習得やサービスの実現が以前と比べて容易になったことが考えられます。たとえば、サービスの実現に関していえば、パブリッククラウドをはじめとしたマネージドサービス、高機能に進化したOSSのライブラリ、フレームワークなど

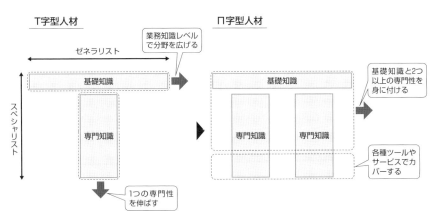

◆T字型人材とΠ字型人材

を活用することで、少ない労力で実現できるようになりました。また、技術的専門性の習得に関しては、インターネット上のドキュメントや教育コンテンツの充実、AIツールの出現などが考えられます。

　近年は特にシステムを支える技術が目まぐるしく変化しています。その変化を取り入れることで企業はコスト削減、信頼性や安全性の確保などのメリットを享受することが期待できます。システムに携わる人はサービス品質を維持、改善するために常にアンテナを張り、それらの技術変化を追い続ける必要があります。

　これからの時代に必要とされるエンジニアの素養として、幅広い知見と専門性、短期間で技術を習得する能力、学習と情報収集の継続が求められます。

CCoEの組成

　企業としては一刻も早く「クラウドシフト」を完了させて、コストやセキュリティなどのメリットを受けたいところです。しかし、クラウドを使いこなせる人材がそろっていないまま仕組みだけをクラウドネイティブ化したとしても、運用面でうまくいかないでしょう。「クラウドネイティブ」アーキテクチャが力を発揮するためのシステムと人の体制を維持していく必要があり、人材の育成や定着など組織側の変化もあわせて考える必要があります。

　一例としてCloud Center of Excellence（以下、**CCoE**）の設置や評価制度の改定、外部からの人材流入など、経営層の協力を前提とした取り組みが有効です。CCoEのような横断的な組織の設置はサイロ化した組織の横のつながりを円滑にする効果も期待でき、効率的な組織の成長を促すことが可能となります。

　CCoEは企業によって定義が異なることがありますが、おおよそクラウドの「推進」「技術支援」「ガバナンス管理」「人材育成」が主な柱となる横断的な組織を指すことが多いようです。金融業界では特にガバナンスを重視する傾向があります。組成の方法も一部の有志が非公式に集い、活動が組織に認められて形になるボトムアップパターンや、経営層

がクラウドを活用する戦略の重要性を理解してトップダウンで組成が進むパターンなど、組織によって異なります。経営層や人事・総務、既存の関連する技術部門など、さまざまな考え方を持つ関係者との調整が必要となるので苦労を伴いますが、CCoE活動を通して企業プレゼンスの向上、社員育成、クラウド構築難易度およびコストの低減、組織の活性化などのメリットが期待できます。

　これからCCoEを組成したいものの何から始めたら良いか迷っている場合は、まずパブリッククラウドベンダーが関わるコミュニティや外部セミナーへ参加して、組織外とのつながりを構築するところから始めると良いでしょう。何か使えるアイデアやヒントが見つかるかもしれません。

第 **2** 章

金融業界のシステム

銀行のシステム
銀行の三大業務とシステム

銀行業務とは？

銀行では、さまざまな業務が行われています。中でも「**預金**」「**貸付（融資）**」「**為替**」は銀行の三大業務と呼ばれ、主要業務とみなされています。本節では、これらの業務を中心に銀行の業務とシステムについて説明します。

個人や法人顧客が預けたり引き出したりする資金を管理するのが預金業務です。預金の種類は、常時引出が可能な**流動性預金**と、原則一定期間引出が不可能な**固定性預金**に分けられ、それぞれ一般的な商品として普通預金と定期預金が挙げられます。

一方、顧客から預かった資金を別の個人や法人顧客へ貸し付け、一定の利子を受け取り、運用するのが貸付業務です。**手形貸付**や**証書貸付**（住宅ローン、自動車ローンなど）、**貸付有価証券**などがあります。

振込による送金など、銀行口座間の資金決済をするのが為替業務です。これは、**内国為替業務**と**外国為替業務**に分けられます。資金決済をする双方が日本国内かつ、日本円での資金決済をするのが内国為替業務です。また資金決済の一方が日本国内で、もう一方が外国である場合や、日本円以外の資金決済をするのが外国為替業務です。

銀行の主要なシステム

銀行システムは、一般的に預金・貸付・為替業務に関わる**勘定系システム**、外国向けおよび外貨関連処理を行う**国際系システム**、国債など運用管理に関わる**資産管理系システム**、外部システムとの接続を管理する**対外接続系システム**、為替や金融商品、顧客情報などを提供する**情報系システム**や一連の**周辺系システム**（営業店システム、ダイレクトチャネ

ルシステム他、下図参照）などから構成されます。

　対外接続系システムは、銀行間の内国為替取引をオンラインで行うための全国銀行データ通信システムや、日本銀行が運営する日本銀行金融ネットワークシステム（日銀ネット）、各金融機関が保有するATM（Automated/Automatic Teller Machine）・CD（Cash Dispenser）などを中継する統合ATM、クレジットカードオーソリゼーション（与信照会）ネットワークのCAFIS（Credit And Finance Information System）などの外部システムと銀行システムとの接続を管理しています。

　銀行システムは非常に大規模なシステムであるため、ここでは重要度の高い勘定系システムと、対外接続系システムが接続する全銀システム、日銀ネットを中心に説明します。

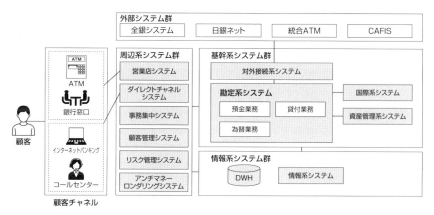

◆銀行システムの全体像

勘定系システムと預金業務・貸付業務

　勘定系システムは銀行の三大業務を処理していることから、銀行業務における最重要の基幹系システムのひとつで、これらの業務の会計勘定を管理しています。これは、一般的な複式簿記による帳簿を管理するシステムと考えることができます。

　預金口座の入出金（預金業務）、手形などによる貸付やその回収（貸

付業務）、口座振込（為替業務）など、あらゆる取引で該当する勘定科目と取引金額が伝票として起票されます。勘定系システムでは、これを勘定科目ごとに仕訳した上で、個々の勘定項目ごとにまとめた元帳やそれらを集約した総勘定元帳として管理します。必要に応じて、預金残高などを管理することもあります。

　勘定系システム上では取引時の処理内容に応じ、**オンライン処理**、**センターカット処理**（オンライン・バッチ処理）、**バッチ処理**がそれぞれ利用されています。ここでは、まず預金業務を中心にこれらの処理を見ていきましょう。

　たとえば、ATMから現金を引き出すと、引出後の残高が画面に表示されます。これは、口座からの入出金の都度、オンライン処理で口座残高を更新して表示するためです。システムでは、まず紛失・盗難登録がされた口座の不正利用ではないかなどのチェックが行われます。そして、出金希望額に十分な残高があれば、取引金額の出金を記録し、その額を残高から引きます。また、現金（資産の減少）と普通預金（負債の減少）伝票も起票し、総勘定元帳に対して適用します。

　センターカット処理はオンライン取引で通常行うような処理を、大量に一括してバッチ処理として処理する方式です。この際、オンライン処理と同様に1件ずつ伝票を作成し処理がなされます。給与振込や利息計算がその代表的な取引です。オンライン処理とセンターカット処理では、そのタイミングによっては、出金・入金の順番次第で口座残高不足と判定され、本来問題のない処理を行えない場合があり得ます。システム構築の際には、このような処理に注意してロジックを調整しています。

　バッチ処理では各種帳票の作成や、勘定系システム以外のシステムに転送するファイルを作成します。たとえば、情報系システムには取引情報などを転送しています。これらを累積し、データを分析してマーケティング活動や不正送金などの異常取引分析に活用しています。また、当日中にオンライン処理で行われた総勘定元帳への書き込みについて、内容を照合の上バッチ処理で再度書き込み、正式版の総勘定元帳を作成する場合もあります。

次に、貸付業務システム処理の概要を説明します。貸付業務は一般的に下図の流れで行われます。

◆**貸付業務の流れ**

銀行は貸付申込みを受領すると、まず貸付の可否を審査するために過去の貸付状況、信用情報、財務状況などを確認し、貸出先の個人や企業が破たんしないかの安全性分析を行います。また、確保できる担保の確認やその評価もあわせて行います。これには、財務分析システムや信用格付けシステム、信用情報照会・登録システムなどを用います。

この結果から担当者は貸出説明用の書面を作成し、関係者に承認を依頼します。これを**稟議**と呼びます。稟議は銀行内の関係者が回覧して承認後、責任者が最終的に決裁します。その後、契約を締結して申込者の口座に銀行から入金、また返済条件に合わせて貸付回収を行います。なお、財務状況や信用状況を基にした審査は一度ではなく、貸出期間中、随時かつ継続的に行われます。

個人や企業そのものではなく、大規模なインフラ事業などのプロジェクトを主体として貸出を行うプロジェクト・ファイナンスも増加しています。この際、プロジェクトの予想収益を評価し、融資を行います。担保はそのプロジェクトの資産を対象にして行われます。

為替業務と全銀システム、日銀ネット

為替業務では、基幹系システムと対外接続系システムを連携して処理を行います。この際、日本国内で主に利用されるのは、**全銀システム**と**日銀ネット**です。

一般社団法人全国銀行資金決済ネットワーク（全銀ネット）が運営する全銀システムは、全国のほとんどの金融機関（1,134法人〈2023年9

月末時点〉）をオンラインで接続しています。そのネットワークを介して銀行間の内国為替取引に伴う為替通知がリアルタイムで行われています。為替通知とは、送金元である仕向銀行と送金先である被仕向銀行との間でやりとりされる送金情報を指します。全銀システムでは1日平均約675万件、約12.2兆円（2023年）の為替通知処理を行っています。

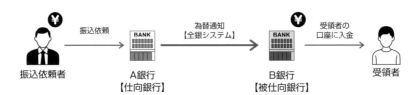

◆送金為替フローの例

　また全銀システムでは、**セントラル・カウンターパーティ**（CCP）としての役割も担っています。下図左側のように、3行がそれぞれ取引をするのではなく、右側のように全銀システムが集中的にすべての取引相手になるとともに、取引を1日ごとに取りまとめ、相殺（ネッティング）して差分のみの決済を行います（清算）。

　この方法により、為替取引は各金融機関と全銀システムの間で完結することになります。これにより取引先銀行が倒産するなどの場合でも、決済リスクの影響拡大を最小限に抑えられています。また、リスク発生時の支払いに充当するため、全銀システムには各金融機関が担保などを差し入れています。

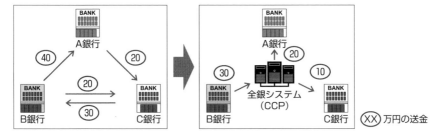

◆**全銀システムにおける資金清算の仕組み**

　こうして全銀システムが清算した決済指図データは、下図のように日本銀行金融ネットワークシステム（日銀ネット）に送信され、資金決済が行われます。日銀ネットとは、日本銀行が運営し、金融機関が日銀に預けている当座預金を用いて資金決済をオンラインで行うコンピュータ・ネットワークシステムです。

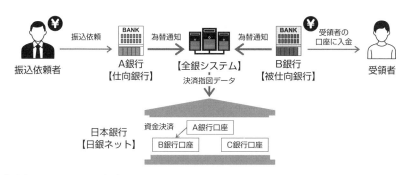

◆**全銀システムと日銀ネット**

　なお、決済金額が1億円以上の大口為替取引の場合、決済不履行のリスクが大きくなるため、全銀システムでは取りまとめ（ネッティング）されず、日銀ネットの**RTGS**（Real Time Gross Settlement：即時グロス決済）によって、取引ごとにリアルタイムベースで資金決済が行われます。たとえば、次ページの図のように、A銀行が支払う1.5億円は他の取引と取りまとめられることなく即座に日銀で資金決済された後、為替通知がB銀行へ送られます。1億円以上の取引は、件数ベースでは為替全体の0.2%ですが、金額ベースで見ると70%程度を占めます。

周辺系システムと情報系システム

　銀行では、三大業務を支援する勘定系システムのほか、銀行業務において重大な役割を果たす情報系システムや周辺系システムが存在します。そして、必要に応じて勘定系システムと連携する形になっています（ハブアンドスポーク構成）。

　まず周辺システムに注目すると、店舗の窓口業務やATM、コールセ

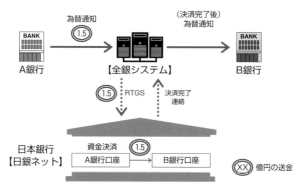

◆1億円以上の為替取引（日銀RTGS利用）

ンター、インターネットバンキングなどの顧客チャネルが挙げられます。これに加えて、各チャネルを管理するとともに、個々の業務向けに必要な情報や提案資料を提供する**営業店システム**や**ダイレクトチャネルシステム**があります。これらのチャネルを通じた各業務で発生する事務処理に対しては、**事務集中システム**が構築されています。

　一方、ガバナンスの観点からは**リスク管理システム**も導入が進んでいます。これにより、収支管理に加え、流動性や財務健全性の確保、貸付先の状況管理、保有する証券の価格変動管理、資金調達のコスト管理などが行われています。

　また内部監査機能として、さまざまな事務作業やシステム処理が正しくなされているか、後日の監査で確認できる必要もあります。そこで、監査証跡を取得し、安全に保管できるような**監査システム**も導入されています。

　さらに、反社会勢力との取引防止やマネーロンダリング対策が重視されてきており、その対応のため、**アンチマネーロンダリングシステム**の活用が進んでいます。

　情報系システムに注目すると、マーケティング実施の観点から見れば顧客データ、取引データ、外部データなどを集約した**データウェアハウス**（DWH）の導入が一般的になっています。**顧客管理システム**（CRM：Customer Relationship Management）との連携により、進学や定年な

と顧客の各種イベントを利用したプッシュ型のマーケティングが実現されています。また、不正取引をチェックする場合にもDWHが利用されています。

◆勘定系以外のシステム

システム名	説　明
営業店システム	• 営業店運営で利用する • 窓口端末やATMなどの各種端末の表示・処理・管理、紙幣・貨幣・伝票などのモノの管理といった、関連するさまざまな業務を行う
ダイレクトチャネルシステム	コールセンター、インターネットバンキングといったダイレクトチャネルを管理し、各業務を効率的で安全に行う
事務集中システム	事務センターに集約された事務作業を支援する
リスク管理システム	• コーポレートガバナンスや各種リスクを管理する • 収支や財務健全性、流動性や貸付先の状況、証券等保有資産の価格変動、資金調達のコストなどを把握・管理し、環境変化やトラブル発生時のこれらの変化（リスク）への耐性を分析する
監査システム	処理の正当性を証明する監査対応で利用する、事務作業やシステム処理の証跡を取得し、それらを安全に保管する
アンチマネーロンダリングシステム	反社会的勢力との取引チェックやマネーロンダリング対策を行う
データウェアハウス（DWH）	• 顧客データ、取引データ、外部データなどを集約する • マーケティングや不正取引状況などの分析活動に利用する
顧客管理システム（CRM）	顧客の各種情報（個人情報、企業情報）や取引履歴、コンタクト履歴などを一元管理する
資産管理系システム	銀行の国債などの資産を運用・管理する
国際系システム	• 外国向け処理を行う • 多通貨・多言語に対応した国際勘定系システムや外国為替システム、SWIFTなど

クレジットカード会社のシステム

クレジットカードにおける決済のシステム

クレジットカードの決済とは？

クレジットカードの決済とは、カード利用者の「信用（Credit）」を基にした後払いの仕組みです。カード加盟店での支払いの際にカード発行会社がカード利用者の代金を無担保で立て替えます。そのため、カード利用者に支払い能力があるかどうか、カード発行会社は事前に信用状況の審査を行います。カード発行会社は、カード加盟店からカード利用時の手数料を得て、さらに利用者が分割払いやリボ払いを選択した場合、利用者から手数料などを得られます。

クレジット決済ではカード発行を行うカード発行会社以外にも、下表の通り関係者が存在します。各関係者の主な収益は手数料収入です。

日本クレジット協会の統計によれば、クレジットカード発行枚数は、3億101万枚（2022年3月末）、年間のクレジットカードショッピング信用供与額は93兆円（2022年）に上ります。一方で、サイバー攻撃やフィ

◆クレジットカードビジネスにおける関係者

関係者と例	提供サービスとシステム
ブランドホルダー（国際ブランド） 例：VISA、Mastercard、JCB、銀聯（ぎんれん）	オーソリゼーションネットワーク提供、決済サービス提供、セキュリティ対応など
カード発行会社（イシュア） 例：三井住友カード、楽天カード、JCB	国際ブランドライセンス契約、カード発行、代金請求・支払い、セキュリティ対応など
加盟店管理会社（アクワイアラ） 例：三井住友カード、楽天カード、JCB	国際ブランドライセンス契約、加盟店契約・管理、代金請求・支払い、セキュリティ対応など
決済代行会社 例：SBペイメントサービス、GMOペイメントゲートウェイ	加盟店契約・管理、代金請求・支払い、セキュリティ対応など
カード加盟店 例：各種商店、ECサイト	――
オーソリゼーションネットワーク 例：VisaNet、Banknet、CARDNET、CAFIS	オーソリゼーションネットワーク提供、決済サービス提供、セキュリティ対応など

ッシングなどによって漏洩・割り出されたクレジットカード情報を用いた不正利用被害額も436億7,000万円（2022年）と過去最高に上っています。

クレジットカード決済に関わる処理の流れ

クレジットカード決済の主な処理の流れは、次の通りです。

◆クレジットカード決済の主な処理の流れ

❶	申込み・審査	カード発行会社は審査が通った申込者との間で契約を結ぶことで、クレジットカードを発行する
❷	加盟店契約	店舗・ECサイトなどは加盟店管理会社あるいは決済代行会社と契約を結ぶことでカード加盟店になる
❸	カード利用	カード利用者はクレジットカードが利用可能な店舗・Web（EC）サイトなど、カード加盟店でカードを用いて商品やサービスを購入する
❹	決済情報・代金請求	加盟店管理会社あるいは決済代行会社は、送付された決済情報に基づき、カード発行会社に代わってカード加盟店が負担する手数料を差し引いた代金を支払う
❺	加盟店管理会社・決済代行会社への代金支払い	カード発行会社は、送付された決済情報に基づき加盟店管理会社あるいは決済代行会社に④の代金を支払う
❻	カード発行会社への代金支払い	カード利用者は、事前登録した銀行口座からの月次の引き落としなどにより、カード発行会社に代金を支払う

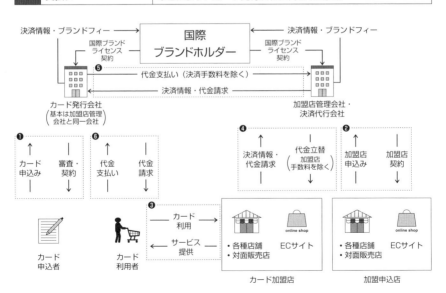

77

クレジットカード会社のシステムとセキュリティ

クレジットカード決済に関わるシステムは、主に会員管理、与信管理、取引管理をつかさどる**基幹系システム**や、**決済システム**、**情報系システム**、**カード発行システム**などで構成されています。

カード加盟店でカード決済をすると、ブランドホルダーあるいは各種事業者が提供する**オーソリゼーションネットワーク**を通じて加盟店管理会社や決済代行会社のシステムに決済情報が送られます。その後、利用したカード発行会社の基幹システムがデータを受け取ります。なお、日本では多くの場合、加盟店管理会社とカード発行会社は同一です。

基幹システムの与信管理機能では、カードの有効性の確認や支払額が限度額を超えていないかの与信照会（オーソリゼーション）がリアルタイムで行われます。また通常の利用パターンと比較し、セキュリティの観点から利用を承認しない場合もあります。結果に問題がなければ、基幹システムは決済情報を保管した上で、カード加盟店に承認番号（オーソリゼーションコード）を送信し、決済成立となります。一般的に、この処理にかかる時間は1件当たり平均1〜2秒です。

決済情報を基に、決済システムを通じ代金請求や支払いも行われます。カード発行会社は加盟店管理会社や決済代行会社を通じ、加盟店に加盟店手数料や決済手数料を除いたカード利用代金を支払います。また、カード利用者からも代金を徴収します。これらは基本的に月次のバッチ処理で計算され、各金融機関と決済システム間で決済を行います。最近では、スマホアプリやWebサイトで直近の決済情報の閲覧や毎月の支払額の変更（リボ払い）設定、キャンペーン案内なども提供されています。さらに、決済情報は各関係者でデータ分析によるマーケティング活動や、利用者や加盟店のリスク分析、不正検知などのセキュリティにも活用されています。

クレジットカード業界のシステムは会員情報保護のため高度なセキュリティを維持する必要があり、PCI DSS（Payment Card Industry Data Security Standard：ペイメントカード業界データセキュリティ基準）

が業界の基準になっています。

2022年3月には約9年ぶりのメジャーバージョンアップとなる**PCI DSS v4.0**がリリースされました。クレジットカード情報を取り扱うすべての事業者は、2025年3月末までの準拠を求められています。多要素認証、パスワード要件の強化、フィッシング対策などの追加や以前からの要件の詳細化がなされています。

また、2023年3月に日本クレジット協会が公表した「クレジットカード・セキュリティガイドライン【4.0版】」では、ECサイトにおける不正利用被害の増加に対応するため、各事業者への具体的な対策とともに、すべてのEC加盟店に対して2025年3月末までに**EMV 3-Dセキュア**（3Dセキュア2.0）による本人認証の導入が求められています。従来の3Dセキュア1.0では全取引でパスワード入力が必要でしたが、2.0ではカード発行会社がリスクベース認証を行うことにより、高リスクと判断された取引にのみ追加認証が必要となります。低リスク取引と判断された場合は追加認証が不要なため、ECサイトでの取引離脱（いわゆるカゴ落ち）の減少が期待できます。

あわせて、スマホアプリ、非決済分野への対応が行われています。

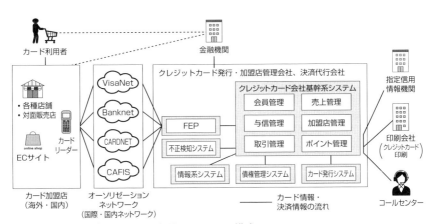

◆**一般的なクレジットカード会社システムの構成**

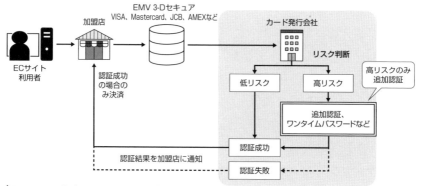

◆**EMV 3-Dセキュアによる取引の流れ**

BNPLとクレジットカードとの違い

BNPL（Buy Now Pay Later）とは、一般的に「後払い決済サービス」といわれる決済方法のひとつです。国や地域ごと、事業者ごとにサービス内容は異なっていますが、おおむね次ページの図のような流れとなります。

クレジットカードと異なり事前の審査は不要ですが、基本的には利用者が店舗やECサイトで物品を購入するときに、事業者独自の審査モデルを用いた審査が行われます。クレジットカードでは利用者自身を対象とした審査が行われますが、BNPLでは取引の内容や過去の利用履歴などを対象とした審査が行われます。

審査にあたり、支払期間が2カ月を超え、かつ支払回数が3回以上のサービスを提供する事業者は、割賦販売法により信用情報機関への照会が義務付けられています。

BNPL事業者の収益は主に加盟店手数料で、その他に消費者からの金利・手数料などがあります。

BNPLサービスが先行する海外では、クレジットカードに代わる決済手段として拡大しています。日本でも携帯電話番号とメールアドレスさえあればすぐに利用できる手軽さにより、現金に代わる新たな決済手段として、ネットショッピングを中心に普及が見込まれています。

◆BNPLの取引の流れ

❶	商品選択	店舗・ECサイトで商品・サービスを選択
❷	支払方法選択	BNPL事業者が提供する支払方法を選択
❸	審査・契約	BNPL事業者独自の審査を経て契約成立
❹・❺	商品提供	商品代金をBNPLで支払い、加盟店から商品・サービスを提供
❻・❼	決済情報・代金請求	BNPL事業者は送付された決済情報に基づき、BNPL加盟店が負担する手数料を差し引いた代金を支払う
❽・❾	代金請求・支払い	利用者は指定の支払方法により、BNPL事業者に代金を支払う

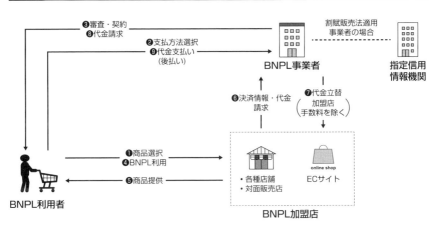

◆BNPLとクレジットカードとの比較

		BNPL	クレジットカード
審査	審査のタイミング	物品の購入時（取引時）	カード申込時（途上審査もあり）
	審査時の入力情報	携帯電話番号、メールアドレスなど、2〜3の項目※1	氏名・住所・年齢・勤務先・年収など多数の項目
	信用情報機関への照会	不要 （支払期間・回数により必要※2）	必須
利用	利用時に必要な項目	携帯電話番号、メールアドレス	クレジットカード番号、有効期限、セキュリティコードなど
	支払回数	1回、2回、3回、分割払いなど	1回、2回、分割払い、リボ払い、ボーナス払いなど
	利用限度額	BNPLのほうがクレジットカードより低い	
	支払方法	コンビニ請求書払い、銀行振込、口座振替	口座振替
手数料	利用者手数料	分割払い以外はなし 請求書払い手数料、振込手数料は利用者負担※1	分割払い、リボ払い以外はなし
	加盟店手数料	BNPLのほうがクレジットカードより高い	

※1 事業者により異なる
※2 支払期間が2カ月を超え、3回以上の支払いの場合（割賦販売法により）

少額決済・送金のシステム

コード決済が急速に普及、銀行業界も少額送金に注力

コード決済のシステム

　キャッシュレス決済のうち、金額的に大きな割合を占めるのはクレジットカードによる決済ですが、近年、「PayPay」や「d払い」などのコード決済をはじめとした少額決済サービスが存在感を高めています。**少額決済**とは、一般的に数百円から数千円程度の金額で行われる日常的な決済を指します。ここでは、少額決済サービスのうち、急速に成長しているコード決済サービスを例に挙げて、そのシステムについて説明していきます。

　コード決済の取引フローを考えると、利用者の目線からは、チャージ・決済という取引があり、加盟店の目線からは、決済・出金という取引があります。もう少し詳細に整理すると、①利用者の銀行口座などからコ

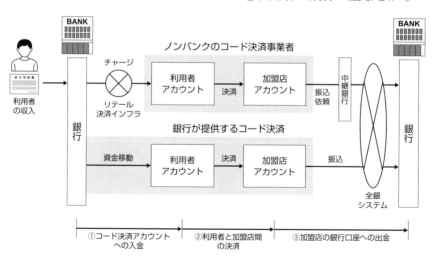

出典：公正取引委員会「QRコード等を用いたキャッシュレス決済に関する実態調査報告書」を基に筆者作成
URL：https://www.jftc.go.jp/houdou/pressrelease/2020/apr/chouseika/200421_houkokusyo_2.pdf

◆コード決済の取引フロー

ード決済アカウントへの入金（後払いの場合もある）、②商品・サービスなどの購入に対する利用者アカウントから加盟店アカウントへの決済、③加盟店アカウントから、加盟店の銀行口座への出金、という取引があることがわかります。

　これら①〜③に必要なシステムは、コード決済を提供する事業者が、銀行かノンバンク（銀行以外）かによって異なります。銀行がコード決済を提供する場合は、自行に開設された利用者および加盟店の銀行口座と、コード決済用のアカウントの残高との間で資金移動を行うため、自社のシステム内において完結できます。他行からの入金や出金を可能にする場合でも、銀行は全銀システムに接続しているため、比較的容易に対応できます。

　一方、ノンバンクのコード決済事業者では、銀行口座、クレジットカード、キャリア決済、現金などのチャージ方法などを利用者に提供していますが、それぞれの方法に対応した決済インフラを利用する必要があります。最も頻繁に利用されているのは銀行口座からのチャージですが、ノンバンクのコード決済事業者がこれを実現するためには、リテール決済インフラなどを用いて銀行に接続する必要があります。**リテール決済インフラ**とは、銀行の基幹システムに接続するためのサービスであり、国内にはNTTデータが提供するCAFISと呼ばれるシステムを利用した**「即時決済ゲートウェイサービス」**、および日本カードネットワーク社が提供するCARDNETと呼ばれるシステムを利用した**「リアルタイム口座振替サービス」**の2つが存在します。

　ノンバンクのコード決済事業者にとっては、銀行口座からのチャージを可能にするために各行と接続交渉を行う必要があるほか、入金時に銀行や決済インフラなどに支払う費用や、出金時に振込を依頼する中継銀行に支払う振込手数料が経営の負担になります。一方、銀行が提供するコード決済では、これらを自行の持つ既存システムを用いて実現できるため、優位性があると考えられます。

　しかし、2020年に公表された公正取引委員会の報告書で、このような銀行の優位性が指摘されてから、状況は徐々に変わりつつあります。ま

ず、リテール決済インフラで利用されるCAFISの料金が2020年10月に値下げされたほか、全銀システムでは従来の銀行間手数料に当たる費用が2021年10月から値下げされました。さらに、2022年10月には、全銀システムへの参加資格が資金移動業者にも開放され、ノンバンクのコード決済事業者の多くが参加資格を持つようになりました。その他、2023年4月からは、国が指定した資金移動業者に対して直接賃金を振り込むこと、いわゆる給与のデジタル払いが認められるようになりました。これにより、ノンバンクのコード決済事業者が提供するサービスの利用がしやすくなることが予想されます。

銀行主導の少額送金サービス「ことら送金」

コード決済サービスとは別に、銀行業界で少額送金を便利にする取り組みが行われています。その取り組みの成果といえるサービスが「**ことら送金**」です。ことら送金は個人間で10万円以下の送金ができるサービスで、対応する銀行のアプリケーション内で使用できます。ことら送金のメリットは、送金手数料がお得になるほか、相手の携帯電話番号だけで簡単に送金できる利便性にあります。従来通り、相手の銀行口座番号を入力して送金することもできますが、相手の携帯電話番号を入力して送金する新しい方式を使うことが可能で、コード決済サービスにおける送金のような利便性を享受できます。また、送金手数料は各行が決定することになっていますが、本書執筆時点（2023年9月）でサービスを開始している銀行ではすべて無料となっています。

本書執筆時点で16のアプリケーションで利用でき、207先の銀行や信用金庫への送金が可能になっています。さらに、対応するアプリケーションや送金先は今後も増えていくとされています。重複があるため単純比較はできませんが、対応する銀行などの口座数を合計すると、日本の総人口を大きく上回る数になります。

ことら送金のシステム

ことら送金のシステムは、ことら社が運営しています。同社は、2020

年に都市銀行5行によって小口決済インフラ構想が公表されたのを受け、2021年に設立された会社です。同社が提供するインフラ「ことらシステム」を用いた個人間送金のサービスがことら送金であり、翌年10月よりサービスが開始されています。

　ことらシステムは、全銀システムをはじめとする既存のシステムとの組み合わせによって構成されています。下図は、そのシステム概要を表しています。ユーザーが利用するアプリケーション（銀行アプリなど）は加盟事業者のアプリケーションサーバーによって管理されていますが、そのアプリケーションサーバーとことらシステムはAPIによって接続しています。送金の処理を行うためには銀行の勘定系システムと連携する必要がありますが、ことらシステムと各銀行の勘定系システム間ではCAFIS経由で情報をやりとりします。

　運用開始時点では預金を取り扱う金融機関のみが参加していますが、ことらシステムは資金移動業者などにも開かれており、各社のシステムとAPI接続ができます。ことらシステムでは、送金のリクエストは即時に処理され、すぐに入金を確認できます。接続する事業者間の資金清算は日中に2回、全銀システムと連携することで、最終的な決済を行っています。

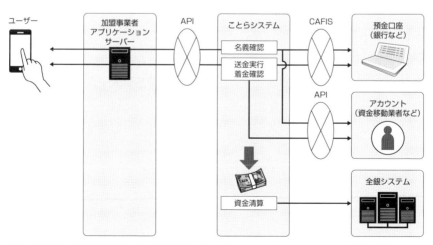

出典：一般社団法人　全国銀行資金決済ネットワークのWebサイト（https://www.zengin-net.jp/zengin_system/cotra/）を基に筆者作成

◆ことらのシステム概要

証券会社と取引所・決済機関のシステム

証券売買と決済のシステム

証券会社のサービスとシステムの全体像

証券会社では、下表のようなさまざまな業務を行っています。

◆証券会社の主な業務

業務名	業務内容
投資銀行業務	企業の資金調達や企業買収をサポートする
プリンシパル業務	自社資金を用いて企業の資金調達や企業買収をする企業に投資を行う
プライマリー業務	企業が発行した株式や債券などを投資家に販売する
セカンダリー業務	発行済み株式・債券を売買する
プロップ業務	自己資金により証券の売買を行う
オリジネーション業務	自社で証券を発行する
投資相談・アドバイス業務	投資家の資産管理をサポートする

これらの業務は、年金基金や投資信託などの機関投資家、大企業を対象とするホールセール業務、個人投資家や中小企業向けのリテール業務という形でも分けられています。

システムの構成は、証券の売買や決済に関わる**基幹系システム**、証券価格や商品情報、顧客情報などを提示する**情報系システム**、営業員端末やコールセンター、顧客管理システム（CRM）、機関投資家向けの受注システムなどの**対顧客システム**、官庁や顧客向けの**報告システム**などが構築されています。

商品・顧客ごとに制度や業務が異なることも多く、1つの業務にシステムが複数構築されている場合もあります。一方、投資銀行業務に関わるシステムは、多くの場合、案件や顧客を管理するシステムが別途構築されています。全体の情報を取りまとめ、リスク管理、コンプライアンス管理、会計を行うシステムも整備されています。これらのシステムは、

取引所、清算機関、CSD（Central Securities Depository：証券保管振替機構）、決済銀行、情報などを提供する金融ベンダーなどと接続されています。

　本節では、証券会社の要である基幹系システムを中心に説明します。

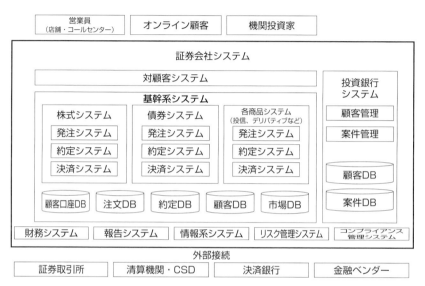

◆証券会社のシステムの全体像

株式売買と取引所のシステム

　証券の売買は、直接取引を行うのではなく証券会社を通して行うことが一般的です。これは、取引相手の効率的な探索や、適正な価格での取引（**価格発見**）を実現する効果があります。取引相手を探すためには、証券取引所に取引を集中させて探す場合と、証券会社が相手先を探して直接取引する場合（**相対取引**）とがあります。後者の場合、証券会社自体が取引相手となることや証券会社が顧客ニーズに合わせて証券を作り出して販売することもあります。

　株式の場合は取引所を利用することが多く、投資家が証券会社に売買注文を出し、その注文が適切であれば取引所に注文を取り次ぐ流れにな

ります。注文する銘柄が複数の取引所に上場されている場合は、証券会社ごとに定められた裁量執行方針に従って取引所へ取り次ぐか、顧客が自らの意思で取次先の取引所を選択します。注文の際には、価格を指定する**指値注文**と、価格を指定せず最適な価格での取引を取引所に依頼する**成行注文**があります。証券会社によっては、相場の状況を見て取引所へ注文を取り次ぐことができる逆指値注文など、取り次ぐタイミングを制御する仕組みがあります。

　取引所では注文を集約し、価格発見のためのルールにのっとり売買を付け合わせます（**マッチング**）。よく利用されているルールは、「価格優先の原則」と「時間優先の原則」を組み合わせた「価格・時間優先の原則」ですが、他のルールが適用される場合もあります。取引所は現在の注文状況を基に、ルールに沿って売買注文の双方をマッチングさせます。これはリアルタイムで行われることが多い（**ザラ場**）ですが、特定時間まで注文を集めた後マッチングする方式（**オークション**）も併用されています。マッチングが成立した場合（**約定**）、注文元の証券会社に結果が通知されます。また、約定結果は次項以降で説明する清算機関にも連携されます。注文や株価、約定価格などの市場情報は証券会社や金融ベンダーに配信されます。

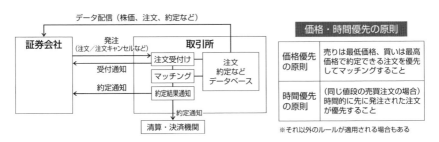

◆**取引所の処理とシステム**

株式の注文と約定のシステム

　証券会社での株式の注文受付けでは、投資家は対顧客システムを経由して対象の売買・銘柄・株数などの情報を証券会社に伝えます（次ペー

ジ図①）。証券会社では顧客が保有する株式などの口座残高（余力）を基に発注可否を判断（与信）し、またインサイダー取引などの法規制についてのチェックも行います（②）。その後、証券取引所にデータ送信（発注）するとともに、注文データベースにも登録します（③）。

マッチングが成立した場合、取引所から約定を受け取ります（④）。これは証券会社から対顧客システムを経由して営業員や投資家に通知されます。この際、1,000株中100株のみ成立のように、注文の一部のみがマッチングする場合もあるため、注文データベースとの照合も行います。

さらに証券会社では手数料や税金を計算の上、投資家の受渡金額などを計算し、証券会社内で利用する約定を作成します（⑤）。顧客口座DBの更新もあわせて行い、余力を把握します。

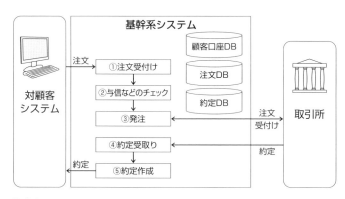

◆注文・約定処理

取引時間終了後、取引所から証券会社には1日の売買結果が配信されます。自社の約定結果と照合（次ページ上図①）し、問題がなければ夜間のバッチ処理にて仕訳処理を行った上で顧客残高を更新します（②）。また、取引報告書などの各種報告書を作成し、報告システムなどで管理します（③）。

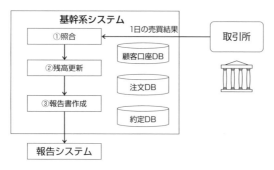

◆取引当日夜間の処理

株式の決済システム

　取引の翌日以降、資金や証券の受渡し（決済）に向け、準備を行う必要があります。資金については、証券会社全体の資金の出入りを確認し、必要な資金の調達（資金繰り）に向けたデータを作成します（下図①）。また勘定項目ごとに仕訳処理を実施して、会社全体の会計データを作成し、会計システムと連携します（②）。これを受け決済日（日本の株式では取引の2日後）までに銀行に必要な資金を準備し、現金を受け渡します。

　証券の受渡しも同様に行います。日本では株式の電子化の全面化が進んでおり、各証券保有者が**CSD**に口座を持ち、その口座で残高を管理しています。証券の受渡しはCSDのシステム内で口座振替を行います。これは、後述するように清算機関からの指示によります。

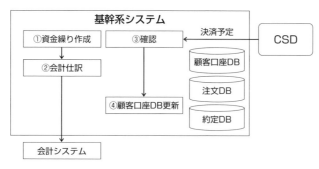

◆決済処理の仕組み

　なお、日本では証券会社単位でCSDに口座を持ち、個人投資家の持ち分は証券会社が管理しています。また、機関投資家は受託銀行がCSDに口座を保有しており、個別投資家の持ち分は受託銀行が管理しています（2-5参照）。証券会社ではCSDより決済予定を受け取って確認（③）した上で、基幹システム内の顧客残高を決済処理に合わせて更新します（④）。

　取引所は、約定結果を**清算機関**に送付します。ひとつひとつの取引ごとに証券会社間で証券と現金のやりとりを個別に行うのは非効率なため、

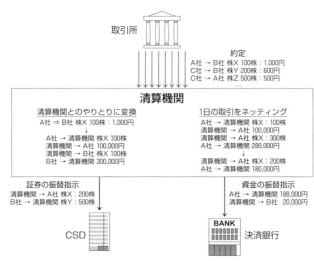

◆**清算機関とのやりとり**

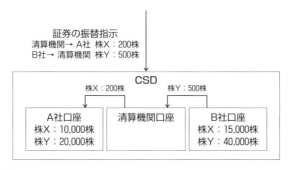

◆**CSDの仕組み**

取引を清算機関（日本では日本証券クリアリング機構）でまとめ（ネッティング）、証券・資金の決済機関に対して振替指図を行います。

このとき、証券会社間でのやりとりを証券会社・清算機関とのやりとりに変換し保証することで、証券会社が現金や株式を準備できないリスクにも備えます。そのため、清算機関はCCP（2-1参照）とも呼ばれます。その後、清算機関は振替指示を決済銀行とCSDに送付し、証券会社と清算機関の銀行口座、CSDの口座の間でやりとり（振替）を行います。日本では、CSDにより株式・現金を同時にやりとりする**DVP**（Delivery Versus Payment）で決済が行われています。

証券会社の対顧客システム

顧客と直接関わる証券会社のシステムについて、株式取引を中心に説明します。個人投資家向けには、店頭やコンタクトセンター、オンライントレードなどの取引サービスが提供されています。店頭やコンタクトセンターでは営業員向けシステムが提供されており、PCやタブレットからCRMなどを利用し、顧客情報や顧客口座情報、コンタクト履歴、市場情報などを参照できます。端末上のシミュレーションツールなども併用しながら、投資相談や商品推奨、株式の発注などを行います。

インターネットを介して手軽に証券取引ができる**オンライントレード**は、手数料が低めに設定されていることもあり利用が広がっています。また、

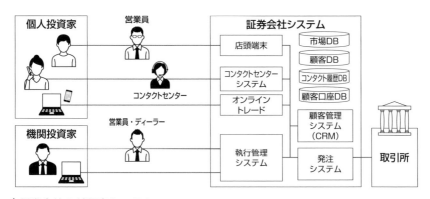

◆証券会社の対顧客システム

オンライントレード専門の証券会社（ネット証券）やスマートフォンでの取引に特化した証券会社（スマホ証券）も存在感を強めています。オンライントレードでは、証券取引所へ発注ができ、顧客の残高がリアルタイムで提供されます。Webブラウザで専用のサイトに接続して利用することが一般的ですが、操作性を高めるためPCやスマートフォン向けに専用アプリケーションを提供する例も増えています。

　機関投資家（法人）は、営業員やディーラーへの電話やメールで、もしくは人を介さずに注文します。最近では機関投資家の**注文管理システム**（**OMS**：Order Management System）から、ネットワークを経由して証券会社のOMSや**執行管理システム**（**EMS**：Execution Management System）に直接注文データを送付することが一般的になってきています。

債券取引のプロセス

　証券会社では、国や地方公共団体、企業などが利率や期間を設定して発行する債券も売買します。債券保有者は発行時に特定の金額を支払い、利金を定期的に受け取った上で、期間終了（満期）の際に支払金額の払戻しを受け取るのが基本的なプロセスです。この債券を満期前に売買する場合、証券会社が仲介します。

　債券は多数の銘柄があること、発行体が同じでも利率・満期日が異なるものが多数あること、流通量（流動性）が限られていること、といった特徴があります。また、株に比べて取引の単位が大きいことが一般的です。これにより、国債など流動性が高いものは取引所で取引されるこ

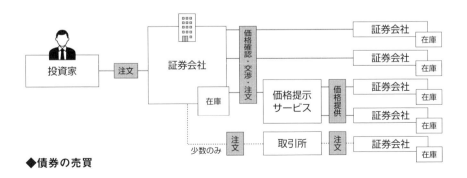

◆債券の売買

ともありますが、それ以外の取引は相対で行われることが大半で、証券会社では在庫を保有し、投資家や他の証券会社の求めに応じて取引条件を提示します。このため、在庫管理や価格計算のシステムを用意しています。また、保有しない債券については、他の証券会社に電話、メール、情報ベンダーのメッセージシステムなどから在庫と価格を問い合わせ、その結果を基に投資家に販売することがあります。各社の提示条件を一括して閲覧できるサービスも提供されています。

取引が確定し、約定処理を行った後、約定や決済の内容を照合し、決済が行われます。清算機関やCSD（国債は日銀、一般債は証券保管振替機構）で清算、証券決済（口座振替）、資金決済を行う点は株式と同様です。

デリバティブとIT

特定金融商品の派生商品である**デリバティブ**も証券会社で取引されています。これは金融商品の価格などを条件にした契約を指し、広く利用されているものに、**先物**、**オプション**、**スワップ**の3種類があります。

先物とは、将来ある商品を売買する価格や数量をあらかじめ決定する契約です。

オプションとは、将来ある商品をあらかじめ決めておいた価格で取引できる権利を売買する契約で、この権利は執行してもしなくても構いません。

スワップとは、将来にわたって発生する利息を交換する契約です。同じ通貨で固定・変動など異なるタイプの利息を交換する金利スワップ、異なる通貨間で元本と利息を交換する通貨スワップ、異なる通貨間で利息のみを交換するクーポンスワップなどがあります。

これら3種類以外にも、対象となる商品により債券デリバティブや金利デリバティブ、天候デリバティブなども利用されています。

デリバティブのうち広く利用されるものは、株式と同様に取引所で取引されます。一方、顧客のニーズに合わせて条件を複雑にカスタマイズし、自社で組成（製造）したデリバティブを、顧客と相対取引で販売す

る場合もあります。この場合、証券会社が売り手で、投資家が買い手となります。組成の際には、証券会社の金融工学に強みを持つ専門家（**クオンツ**）が、商品特性や市場などの過去データを基に大量の計算によるシミュレーションを行って価格を決定し、契約を締結します。

　デリバティブの利用例としては、リスクの軽減が挙げられます。保有している株式の「特定の価格で株式を売ることができるオプション」を少額で買うことで、金融商品価格の変動リスクを抑える効果があります。一方、この権利を売る場合、少額の収入を得られる反面、価格変動時に大幅な損失を被るリスクを抱えます。したがって、証券会社では、契約からどの確率でどれだけの支払いや収入が発生するのかを計算し、価格やリスクを評価する必要があります。

　新しいデリバティブの開発が進み、取引が急拡大する一方、内容が複雑になる傾向も出てきています。証券会社では過去や現在の市場などのデータを基に、日々デリバティブの価格や変動確率をシミュレーションにより算出し、適宜顧客にも報告しています。価格変動により、費用の支払いや受取り、追加担保の請求を行う場合もあります。加えて、顧客が契約期間全体にわたり、契約に見合った支払能力が見込めるかもあわせて評価します。同時に、自社が保有するデリバティブの価格やリスク

◆先物、オプション、スワップの概要

種　類	説　明	対処するリスク
先物	・特定の日に特定の証券を特定の価格で売買する契約 ・売買する日の価格を提示する 　例：2024年1月31日にA社株をB円で買う先物	価格変動リスク
オプション	・特定の日もしくは特定の日までに特定の証券を特定の価格で売買できる権利の契約 ・権利は行使してもしなくても良い。たとえばA社株を100円で買うオプションを買った場合、95円なら行使せず、105円なら行使する 　例：2024年1月31日にA社株をB円で買うオプション	価格変動リスク
スワップ	・特定の日までの間に得られる金利（利息）や原本・金利の為替変動を二者間で交換する契約 ・同じ通貨の利息部分のみを交換する金利スワップ、異なる通貨の元本＋利息を交換する通貨スワップ、異なる通貨の利息のみを交換するクーポンスワップなど、さまざまなパターンがある 　例：2030年末までの112万円と1万ドルの利息を交換する	金利変動リスク 為替変動リスク

を基に、将来を含めて自社が過度なリスクを抱えていないかも計算する必要があり、リスク管理システムや会計システムと連携して管理を行っています。

　リスクを低下させるために金融商品をどう組み合わせるか、リスク自体の計算、取引約定の締結、契約終了までの取引先監視などは、ITによる可視化・効率化なしには実現不可能です。

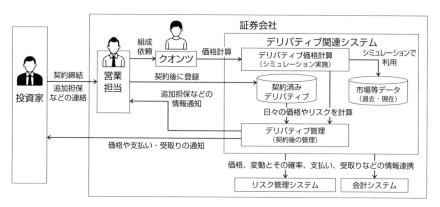

◆デリバティブのシステム

投資会社のシステム

投資信託と投資顧問を支えるシステム

投資会社とは？

投資会社とは、複数の投資家から資金を集めてファンドを組成し、投資家に代わって株式・債券などに投資して資産運用を行う企業を指します。目的や業態により、投資信託業、投資顧問業、ベンチャーキャピタル、ヘッジファンド、プライベートエクイティなど多様な分類があります。

　ここでは、多数の投資家から資金を集め運用（証券会社への売買発注や売買約定の受取り、信託銀行とのやりとり）する投資信託業と、個々の特定の投資家に対して運用助言を行う、もしくは一任を受けて運用する投資顧問業について説明します。

投資信託の関係者

投資信託とは多数の投資家の資金（信託財産）のことで、運用会社で運用の担当者（**ファンドマネージャ**）が株式・債券などの有価証券に分散投資をします。運用成果は、投資額の割合に応じて投資家に還元されます。投資家には個人・機関投資家等の法人など、不特定多数が存在します。ファンドの設定・運用・管理・販売の関係者は次ページの表の通りです。

　委託会社は販売会社から投資家の投資資金を預かり、受益権（運用成果の受取権）およびそれを示す受益証券を販売会社経由で投資家に渡します。委託会社では運用内容によりブローカーに発注し、約定結果を受け取ります。

　受託銀行は委託会社と信託契約を結び、証券や資金を管理します。委託会社から運用資金を預かり、約定結果を基に運用指図を受け、また後述する基準価額などを計算して双方で照合します。

委託会社	・ファンドの運用会社のことを指す ・委託会社は受託銀行に対して運用の指図を行う
受託銀行	・委託会社の指図に従って、ファンドの保管および管理を行う信託銀行を指す ・信託銀行が資産管理を専門とする再信託銀行に保管・管理業務を委託することもある
販売会社	・証券会社や銀行など、投資家に投資信託の募集・販売を行う金融機関を指す ・委託会社によっては、販売会社を通さずインターネットなどで投資家へ直販を行う会社もある
ブローカー	・運用会社がファンドの資金を基に有価証券の売買発注を行う証券会社を指す ・約定した有価証券の受渡し・決済は、ブローカーと受託銀行の間で行われる

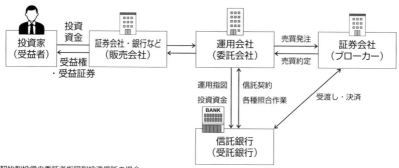

※契約型投信の委託者指図型投資信託の場合

◆投資信託の関係者間の処理

　ブローカーは運用指図を基に、約定した有価証券と資金の受渡し・決済を行います。

　また、ファンドの形態は、主に次ページの表のように分類できます。

投資顧問業の業務内容

　投資顧問業とは、特定の投資家に対して株式や債券などの金融商品の運用について、専門家の立場から助言を行い、また投資家に代わってその運用を行う業態を指します。業務内容は、大きく分けて**投資一任業務**と**投資助言業務**の2つがあります。

　投資一任業務では、投資顧問会社が投資家と「投資一任契約」を締結します。投資顧問会社は投資家の運用代理人という立場で、投資に必要な判断と権限を一任された形でファンドの運用を行います。投資家は対

◆投資信託のファンドの分類

ファンド形態による分類	
契約型投信	・委託会社と受託銀行の間の信託契約に基づき、委託会社の運用指図により、受託銀行がファンドの保管・管理を行う ・投資家は、購入した投資口数（＝受益証券）に応じて、その運用成果を享受する「受益権」を持つ ・ファンドの運用成果は、受益証券の口数に応じて投資家（＝受益者）に還元 ・「委託者指図型投資信託」（委託会社と受託銀行が異なる、現在設定されている投資信託の一般的なタイプ）と、「委託者非指図型投資信託」（受託銀行が運用を行い、投資家が委託会社と受益者を兼ねる）がある
会社型投信	・委託会社が投資法人を設立し、投資家は投資法人が発行する「投資口」を取得することで、ファンドの運用成果を受け取る権利を得る ・日本では不動産投資信託（J-REIT）などがこのタイプ

販売形態による分類	
公募投資信託	不特定多数（50名以上）の投資家に販売することを目的としたファンド
私募投資信託	・特定少人数の投資家に販売することを目的としたファンド ・投資家の種別により、いわゆるプロ向けの「適格機関投資家私募」と「一般投資家私募」の2つに分類される ・適格機関投資家は規制（金融商品取引法）で定められており、主に銀行・保険会社・投資法人・年金運用基金など専門の金融機関を指す

追加購入が可能かどうかによる分類	
単位型投資信託	ファンドの新規設定後、追加購入が不可能なファンド（ただし解約は可能）
追加型投資信託	ファンドの新規設定後、いつでも追加購入が可能なファンド

投資対象による分類	
株式投資信託	主に国内・外国の株式を投資対象とするファンド
公社債投資信託	主に国内・外国の債券を投資対象とし、株式を一切含まないファンド

価として、投資顧問料を支払います。一方、投資助言業務は、投資顧問会社が金融商品の投資判断について助言し、報酬を得ます。投資家は助言を基に、独自判断で投資を行います。

　投資一任契約は、もともとは年金基金や事業法人など規模の大きい機関投資家と投資顧問会社間で直接締結されることが多く、販売会社は存在しませんでした。しかし、最近では、小口・一般投資家向けで同じスキームが展開されています（**ファンドラップ**、SMA：Separately Managed Account など）。ファンドの保管・管理業務は投資家が信託銀行と信託契約を締結し、投資顧問会社は投資家の信託財産の運用を信託銀行へ指図し、結果を照合します。

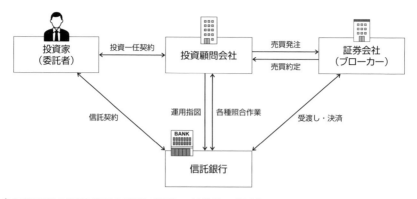

◆投資顧問の関係者間の処理（投資一任業務の場合）

各業務の処理と利用されるシステム

　ここでは投資信託業を例に、主なオペレーション業務とそれに必要な
システムを簡略に説明します。

①発注・約定照合業務

　委託会社では、ファンドマネージャがファンドごとに投資対象の商品・
銘柄を選択し、トレーディング部門が証券会社に発注します。発注情報
は多くの場合、**注文管理システム**（**OMS**）から証券会社に対し、業界標
準の**FIX**（Financial Information eXchange：電子証券取引）メッセー
ジで送付されます。トレーディングの部署では証券会社からの約定情報
に基づき、OMSより約定伝票を作成し、管理します。

　約定管理を行う部署では、ミドルオフィスシステム上で証券会社から
の約定連絡表（コンファメーション）と約定伝票の内容を照合し、内容
が正しいことを確認した上で計理システムへ伝票入力されたのち、当日
のファンドごとの残高計算を行います。また、受託銀行へ運用指図書を
送付し、運用の指図を行います。

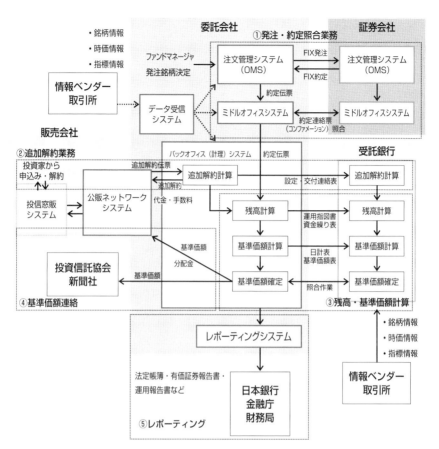

・銘柄情報
・時価情報
・指標情報

◆投資信託のシステム

②追加解約業務

　販売会社では、投資家よりファンドの追加設定および解約の申込みを受け付け、それぞれの口数を販売会社の投信窓販システムから委託会社へ毎朝連絡します。この際、現在ではITベンダーの投信ネットワークシステムにより複数の販売会社・委託会社間で連携が可能になっており、委託会社側の計理システムに情報が自動で取り込まれます。委託会社では追加解約計算処理を行い、ファンドの総口数と元本金額、販売会社へ支払う販売手数料を算出します。

　委託会社の計算結果は受託銀行側へ連絡され、双方のシステム間の計

算結果が正しいかを照合します。また、委託会社から販売会社に対し、追加設定・解約の計算結果として、追加設定・解約代金と手数料を返信します。

③残高・基準価額計算

ファンドに投資されている株式・債券などの有価証券と現金の時価総額の合計を「**純資産総額**」と呼びます。また、純資産総額をファンドの総口数（受益権総口数）で割った金額を「**基準価額**」と呼びます。基準価額は、1口または1万口単位の金額です。

委託会社のバックオフィス（計理）システムでは、前ページの図に記載されている通り、①から約定情報、②から追加設定・解約計算結果、さらに外部の情報ベンダーや取引所から受信した各商品・銘柄の時価情報を入力情報に用い、残高・基準価額計算を行います。

まず各商品勘定別（株式・債券ごと、および邦貨と外貨建商品別）の残高計算を行い、それぞれの計理仕訳（取引を勘定項目ごとに分類する処理）・評価損益、および現金の資金繰り結果を算出します。ファンド別の総勘定元帳（勘定項目ごとに取引を記載した帳簿）を「日計表」と呼び、これを基に純資産総額を計算した上で基準価額を算出します。この計算は受託銀行側の計理システムでも行われ、双方のシステム間で照合作業をし、各ファンドの商品残高・純資産総額および基準価額が1円単位で一致していることを確認します。この作業により、当日に発表される基準価額が確定します。各委託会社ともに、営業日の17時から18時に確定するのが一般的です。

ファンドが決算を迎えた場合は、運用結果に基づき投資家へ還元する分配金の計算、信託報酬（委託会社・受託銀行・販売会社が得る手数料）やその他諸費用の支払い、決算財務諸表の作成・照合作業もあわせて行います。

④基準価額連絡

確定した基準価額は、委託会社が関係各社へ連絡を行います。各販売

会社に対しては、公販ネットワークシステムを介して、販売会社側の投信窓販システムへ直接連携されます。その他、投資信託協会や各新聞社にも基準価額の連絡を行います。この情報を基に、各社のWebページや翌日の朝刊などに、ファンドごとの基準価額一覧が掲載されます。

⑤レポーティング

　当日の業務終了後、委託会社の計理システムのバッチ処理などで、各種帳票および報告用データが作成されます。代表的なものとして、月次あるいはファンドの決算期ごとに報告官庁への提出が必要な法定帳簿、有価証券報告書（金融庁が提供するEDINET向け）、投資家向けに開示する運用報告書があります。委託会社の中には、独自にレポーティングシステムを構築し、計理システムと連携して必要なデータ連携を行っているところもあります。

保険会社のシステム

募集・引受・支払いから資産運用まで
広範囲の業務を支えるシステム

保険とは？

保険は先を見通すことが困難な経済的損失リスクを回避、低減するというリスクファイナンシング領域の金融手法に分類されます。

たとえば、①本人の死亡により残された家族が生活に困らないようにするためには死亡保険に、②本人が自動車の運転中に事故を起こしてしまったときのために自動車保険にあらかじめ加入しておくことで、発生したリスク事象に対する保険金・給付金を得ることができます。

保険商品は、①のヒトの生死に関連する「生命保険」、②のモノ関連の「損害保険」、③としてそれ以外の「傷害疾病定額保険・傷害疾病損害保険」に大別され、①は生命保険会社が、②は損害保険会社が、③は生命保険会社と損害保険会社がそれぞれ提供するものと定められています。これらの保険商品について開発・引受をするためには金融庁の免許が必要です。

◆保険の種類と例

保険の種類	保険例
生命保険	終身保険、定期保険、養老保険、学資保険
損害保険	自動車保険、火災保険、旅行保険、傷害保険、海上保険
傷害疾病定額保険・傷害疾病損害保険	がん保険、医療保険、介護保険

保険会社の業務

保険会社の基本的な業務は、**①保険の引受**と**②資産の運用**に大別されます。なお、生命保険と損害保険で詳細な業務は異なりますが、以下では生命保険業務について記載します。

①保険の引受

・商品開発

　顧客ニーズや社会的な意義を踏まえて保障内容を決め、保険数理に基づいてリスクを定量化し、保険料を算出します。これらは事業方法書や約款、算出方法書に記載され、金融庁の認可を経て商品として販売されます。

・保険募集、引受

　顧客の意向を踏まえて、最適な商品をパンフレットや保険設計書を使って提案します。顧客からの申込みを受け、保険会社は告知内容などを確認（引受査定）の上、問題がなければ承諾し、契約が成立します。

・保険金（給付金）支払い

　顧客は所定の保険料を支払う一方で、保障対象の事由が発生した場合には、保険金（給付金）を受け取ることができます。顧客からの支払請求を受け、保険会社は請求内容を確認（支払査定）の上、保険金（給付金）を支払います。また、契約が消滅するまで、保険契約を管理します。

②資産の運用

　保険料は所定の利率によってあらかじめ割り引かれており（予定利率）、保険会社は顧客から支払われた保険料について、予定利率を安定的に上回るように運用しています。

保険業界の動向

　近年、業界内部では顧客の嗜好の変化やテクノロジーの進化を受け、「商品」「販売チャネル」の多様化が進行しています。さらに異業種から保険業界への参入、または保険会社による隣接業界への参入など、業界の垣根を越えた「エコシステム」が形成されつつあり、ビジネス構造の変化が加速しています。

　また、金融庁の「顧客本位の業務運営に関する原則」（2017年3月策定、

2021年1月改訂）では、顧客の最善の利益追求に向け、内部管理体制の高度化やサービスレベルの向上も求められています。

　上記に対応するべく、各保険会社ではビジネス・システム両面において、次のような取り組みを進めています。

①商品の多様化

　「インフルエンザ保険」や「認知症保険」など、医療保険や介護保険の保障内容を細分化するケースや、「母子保険」など産前産後の母子セットで保障するケースが見られます。

　また、「1日ゴルフ保険」など、イベント特性に合わせて保障期間を短縮するケースがある一方、「長寿年金」など保障期間を長期（終身）化するケースも見られます。

②販売チャネルの多様化

　大手生命保険会社ではM&Aや新会社設立により、従来の営業職員による対面の販売から、金融機関や代理店での窓口販売、最近では通販やネット販売などを展開しており、マルチチャネル化が進行しています。

　その他の生命保険会社でも、開業当初、「ネット生保」として注目を浴びたライフネット生命では、近年は大手通信会社や大手金融グループとの資本提携を通じて、オンラインチャネルおよび代理店チャネルを強化、また、オリックス生命では主軸の代理店チャネルに加えて、近年は営業員による直販を強化しています。

◆大手生命保険会社に見る子会社を通じたマルチチャネル化の事例

	営業職員	金融機関	代理店	ネット・通販	参　考
日本生命グループ	日本生命、大樹生命	ニッセイ・ウェルス生命	はなさく生命	はなさく生命	ニッセイプラス少短
第一生命グループ	第一生命	第一フロンティア生命	ネオファースト生命	―	第一スマート少短
住友生命グループ	住友生命	メディケア生命	メディケア生命	―	アイアル少短

③エコシステムの形成

　下表のように、本業で多くの顧客基盤を抱える通信・IT・金融・小売系プラットフォーマーの参入事例が見られる一方で、大手生損保では、医療・介護・ヘルスケア領域への参入・提携によりエコシステム形成の動きが活発化しています。

◆異業種参入および生損保の隣接業界参入事例

異業種からの参入事例	
SBIグループ	SBI生命、SBI損保
楽天グループ	楽天生命、楽天損保
KDDIグループ	ライフネット生命、au損保
イオングループ	イオンアリアンツ生命
生損保の隣接業界参入事例	
SOMPOホールディングス	SOMPOケア、SOMPOヘルスサポート
第一生命ホールディングス	QOLead、DeNAとの提携

④顧客本位の業務運営

　定期的な契約内容の確認はもちろんのこと、顧客単位での管理システムを構築することで、契約前後の応対履歴も管理し、顧客の利益を損なうことがないような管理体制の構築を進めているケースも見られます。詳細は後述します。

保険会社のシステム

　保険会社のシステムは**基幹系システム**に加え、**数理システム、資産運用システム、提案システム、財務システム、チャネル管理システム**などに分かれます。なお、生命保険・損害保険ごと、さらに個々の保険ごとにシステムの違いはありますが、ここでは共通する部分を中心に説明します。

　基幹システムは、契約管理、商品管理、営業管理、請求・支払い、査定、クレーム管理などのシステムで構成されます。契約管理では、保険契約の内容やその前提となる情報を管理します。その際、申込書を基にした契約可否の査定から、契約締結までの状況管理も行い、契約者の名

前や支払先などの変更にも対応します。保険料の受取情報、保険金の支払情報も管理しています。また、クレーム管理では、顧客のクレームやその証跡、査定結果、保険金支払状況を管理します。自動車保険のようにクレーム管理が事故対応などで長期にわたる場合、処理状況を詳細に管理する機能を持ちます。

基幹システムには契約情報や顧客情報、クレーム情報などのデータベースが含まれます。このデータからどのような顧客にどのようなイベントが発生するかの情報を分析し、新たな保険商品の設計が可能になります。最近では運転状況を常時収集して保険料を変化させる自動車保険もあり、クレームに至る前の詳細状況を蓄積する例も出てきています。

数理システムでは、契約情報、顧客の属性情報などに加え、外部の統計情報を合わせ、保険料や保険金を計算します。あわせて、必要となる保険契約準備金の計算なども行います。保険解約時の返金額決定、商品開発、保険会社の将来収支予測などの計算も担います。

保険は個々のニーズや状況に応じてカスタマイズすることが一般的で、それにより保険料や保険金、支払条件が変化します。そのため、営業員が利用する提案システムが提供されています。たとえば生命保険であれば、ライフプランツール、保険料支払いや保険金・配当のシミュレーションなどを準備していることが一般的です。

資産運用システムでは、投資会社が保有する株式・債券などの運用に加え、不動産の運用にも対応しています。また、財務システムと連携し、資産と負債（保険金）を総合的に管理するALM（Asset Liability Management）システムや、それらを信用リスクをはじめとする他のリスクを含めて管理するリスク管理システムが稼働しています。損害保険を中心に、再保険システムを保有することもあります。

保険は自社の営業員だけではなく、代理店を通じて販売することが多い商品です。このため、販売チャネルの形態ごとにサービス提供やチャネル管理のためのシステムが提供されています。クレーム管理もこのチャネルを通じて行われます。最近では、効率化や顧客の利便性向上の観点から、コールセンターやインターネットのチャネルが強化されていま

す。基幹システムは、これらのチャネルに加え、外部の金融機関や他社連携としてLINC（生命保険）、e-JIBAI（自賠責保険）のシステムなどにも接続しています。

システムの特徴として、生命保険では、病歴や診断履歴など契約者の機微な個人情報を管理するため、高いセキュリティが求められます。また、サービス提供が数十年にわたるため、システムもまた長期の運用を考慮する必要があります。一方、損害保険では、多種多様な対象やイベントに対する保険を扱える傾向があります。

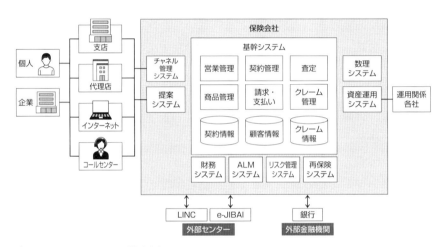

◆保険会社のシステム構成例

従来のシステムが抱える課題

ビジネス構造の変化が加速する中で、保険会社はシステム面の変革も進めていますが、従来のシステム構造が足かせとなって変革が進まないケースも見受けられます。

たとえば生命保険のシステムでは、①経年によるシステムの複雑化・肥大化の解消、②契約単位ではなく顧客単位でのサービスが可能なアーキテクチャ、③新商品開発やサービスレベル向上を実現する高度なデータ利活用といった課題を抱えています。

①経年によるシステムの複雑化・肥大化の解消

　生命保険システムの多くは、複数の機能を1つのアプリケーションで実現するモノリシックアーキテクチャがベースとなってきたため、長期にわたって個別の商品追加や制度対応を繰り返す中で、システムが複雑化・肥大化しています。その結果として、一部の機能を変更する場合でもシステム全体に影響範囲が広がることで生産性が低下し、商品開発のスピードアップを妨げ、開発コストを高める一因となっています。

②契約単位ではなく顧客単位でのサービスが可能なアーキテクチャ

　顧客本位の業務運営を踏まえて、複数契約を保持する顧客に対する支払い漏れの防止や、マルチチャネル化が進む中でチャネルを問わないシームレスな顧客サービスの実現など、顧客単位で必要な情報を把握した上で適切なサービスを提供することの重要性がますます高まっています。

　一方で、従来のシステムは、チャネルごとの契約事務を前提とした契約単位のアーキテクチャとなっているため、たとえば顧客に関するデータが各種契約データの付随情報としてシステム内で重複管理されるなどの課題を内包しているケースも多く、顧客単位のサービス提供に向けたアーキテクチャ面での対策が求められている状況です。

③新商品開発やサービスレベル向上を実現する高度なデータ利活用

　顧客の嗜好の変化を捉えたさまざまな新商品開発や、事務手続きの簡素化・期間短縮といったサービスレベルの向上などを推進するために、他業界と同様に保険業界も高度なデータ利活用の仕組みが求められています。

近年のシステム動向

　各保険会社はこれらのシステムの課題に対応するため、システムのモダナイゼーションを進めています。ここでは生命保険システムを例に、①システム基盤、②データモデル、③アプリケーションアーキテクチャの観点でモダナイゼーションの動きを整理します。

①システム基盤

　昨今のパブリッククラウド（以下、クラウド）の普及に伴い、生命保険システムでも、従来のオンプレミス環境に加えてクラウドを活用することが前提となってきています。たとえば、基幹システムの一部を既存のオンプレミス環境に残しつつ、特に顧客接点のためのシステムなど迅速性、柔軟性、および先端技術活用が求められる領域は、クラウドによるメリットを活かす取り組みが進んでいます。

②データモデル

　従来のシステムでは、前述の通り契約データを中心としたデータモデルで顧客データは契約データの一部として管理されていましたが、顧客データを契約データから分離させて、顧客起点で必要なデータを取り扱えるような顧客中心のデータモデルを再定義した上でモダナイゼーションを進める動きが見られます。

③アプリケーションアーキテクチャ

　従来のモノリシックアーキテクチャを見直し、適切な機能単位でアプリケーションを実装するマイクロサービスアーキテクチャを採用し、各アプリケーションをAPIで連携させる方式も取り入れられ始めています。これにより、一部の機能を変更する際の影響範囲の局所化や、柔軟なアプリケーション間の連携が可能となるため、新たな商品・サービスの開発に必要な期間の短縮や、チャネルを問わない柔軟なサービスの提供が期待されています。

　また、データ利活用による新たな価値の創出やサービスレベルの向上を実現するための仕組みとして、さまざまなデータを一元的に管理・分析するためのデータ分析基盤を整備した上で、たとえば引受査定業務をサポートするようなAIモデルを構築してアプリケーションで利用するなどの動きも進められており、今後はこのような動きが加速されることが想定されます。

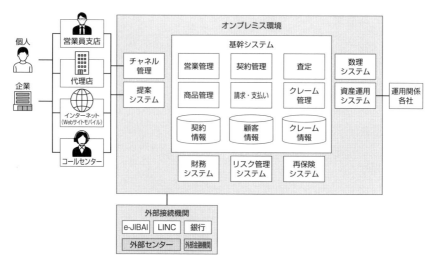

◆従来のシステム構成のイメージ図

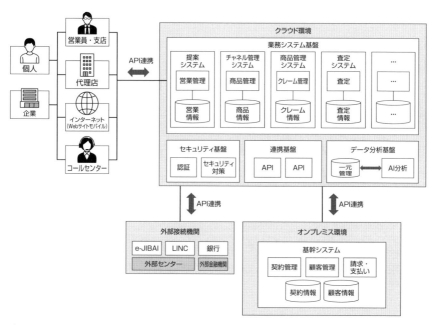

◆近年のシステム構成のイメージ図

第 3 章

金融ビジネスを支える
データサイエンス手法

金融ビジネスとデータサイエンス

金融データの種類と発生機構

金融機関におけるデータサイエンスの重要性

　金融業では、これまで他の産業に先駆けて情報化が進められ、堅牢な金融制度と緻密な金融理論を背景として、業務の情報システム化とシステムによって電子化されたデータの利用が行われてきました。

　しかし近年では、FinTech企業の台頭など、金融ビジネス自体の構造が大きく変わろうとしています。ビジネスの構造が変化することは、ビジネスに関わるデータの発生機構や、個々のデータの持つ意味が変化するため、これまでとは異なるアプローチでデータを扱ったり、また扱われてこなかったデータを活用したりするなどして、金融ビジネスの構造変化を捉えた新しいサービスを構築することが求められます。

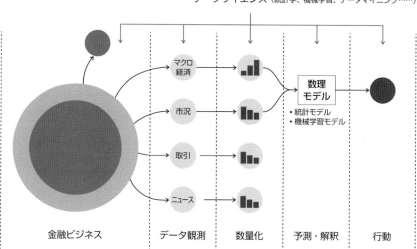

◆金融ビジネスとデータサイエンスの関係

このような背景から、金融機関において**データサイエンス**の重要性が高まっています。データサイエンスとは、統計学、機械学習、データマイニング、データベースなどの分野から成る、データを扱う手法を体系的に包括した方法論です。データサイエンスのあらゆる手法を用いて金融ビジネスの現状を把握し、状況に合わせて金融サービスを高度化させていく必要があります。本章では、金融機関が今後も成長を続けるために必要不可欠な「データサイエンス」について、「機械学習」の手法を中心に解説します。

金融機関におけるデータとは？

データとは、観測や調査の記録結果であるとされており、今日ではこれらはすべてコンピュータ上に電子的に記録されたものを指しています。本書ではこれ以降、データをその性質から「**構造化データ**」と「**非構造化データ**」に分け、それぞれのデータ特性に合ったデータサイエンス手法を解説します。

構造化データとは、電子的に記録された時点において、リレーショナルデータベースなどのように、行（レコード）と列（属性）を持つ表形式データを指します。いわゆるデータサイエンスの入門書において「データ」というと、ほとんどがこの表形式データ（3-4参照）を指しています。一般的な表形式データは、複数の属性を有するレコードの集まりで構成されます。また、この属性の集まりを指してデータの性質を表す

構造化データ	非構造化データ
表形式データ	テキスト、音声、画像

	属性1	属性2
レコード1	100	A
レコード2	120	B
…	…	…

・テキストデータ
xx年度下期における日本経済
の見通しは……

・音声データ

わ　た　し　は

◆**構造化データと非構造化データ**

「特徴量」または「特徴ベクトル」と呼びます。

一方、非構造化データとは、データとして電子的に記録された時点では表形式をとらないデータ、たとえばテキスト、画像、音声などが該当します。このようなデータを分析するためには、レコードごとに特徴量を持つ表形式データもしくは表形式データに似た形に加工する必要があります。近年では、このような非構造化データを扱うために、さまざまな手法が考案されてきています。

金融機関のデータ活用の歴史

金融機関では、以前から統計学を活用した、さまざまな金融商品やリスク管理の手法が開発され実用化されてきました。具体的には、**銀行の融資業務における顧客の信用スコアリング**（4-3・4-4参照）、**証券の資産運用におけるポートフォリオ組成**（3-10・4-6参照）、**保険数理による保険料金の算定**（4-8参照）などです。このようなデータ活用では、主に構造化データに対して、数理ファイナンスや金融工学などの金融理論から演繹的なアプローチを行う統計学の手法が用いられてきました。

しかし最近では、以前から扱われてきた構造化データに対して、データから帰納的なアプローチを行う**機械学習**の手法を適用する試みや、自然言語処理や画像処理の技術を用いて、これまで扱われてこなかった非構造化データを活用しようという試みがなされています。

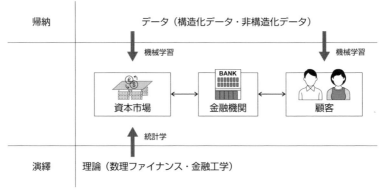

◆金融機関における機械学習の活用

業務視点から見た金融ビッグデータ

　2000年代から、企業内外のビジネスデータを表現する言葉として、**ビッグデータ**という言葉が広く使われてきました。ビッグデータは、その性質を4V（Volume〈量〉、Velocity〈速度〉、Variety〈多様性〉、Veracity〈正確さ〉）というキーワードで説明されることがしばしばあります。Volumeはデータ量が大きいこと、Velocityは断続的に発生するデータであること、Varietyはデータの種類や内容が多様であること、Veracityはデータが正確であることです。

　それでは、金融機関におけるビッグデータにはどのようなものがあり、どのような性質を持っているのでしょうか。金融機関の扱うデータは株式、債券、為替などの資本市場データと、顧客ごとの残高や取引履歴などの顧客データに分類できます。資本市場データと顧客データについてそれぞれ眺めてみると、必ずしも4つのVすべてが等しく重要ではないことがわかります。

・資本市場データ

　資本市場データには、**マクロ経済情報、上場企業の財務・業績情報、マーケット情報**などがあります。マクロ経済情報とは、公的機関が発行する経済指数やレポート、上場企業の財務・業績情報は決算短信や有価証券報告書およびニュース情報、マーケット情報は株式市場における売買の注文情報（板）や現状いくらで売買できそうか（気配）といったヒストリカル情報です。

　特にマーケット情報は、電子的な取引市場におけるマイクロ秒単位の注文・約定の情報を含み、刻々と大量のデータが発生するという特徴があります。データの内訳としては、個々の注文や板情報などの生データ、また四本値（始値、高値、安値、終値）や日足／月足（相場の動きを1日／1カ月単位で表したもの）などの加工／集計データです。また、マクロ経済、企業財務・業績など、制度にのっとり加工／集計され、公的機関や企業から定期的に発表されるデータもあります。これらのデータ

は、発生元もしくは情報ベンダーを通じて電子的に表形式で取得できることが多く、構造化データとしてITシステム内に保存されていきます。

　一方で、これらの情報は専門性が高く一般消費者には解釈が難しいため、公的機関やメディア、エコノミストや証券アナリストなどが、ニュースやレポートといった形でマクロ経済や個別企業、マーケットに関する解釈を加えた情報を発信します。そしてそれらは、テキストデータおよび図表やグラフなどの画像データといった非構造化データとして残ることになります。

　資本市場データは、①生データもしくは加工／集計データが、客観性の高い構造化データとして残り、②一部の専門家などの人を通してテキスト化された主観性の高いデータが、非構造化データとして残ります。つまり、加工や集計を通さずに生データを直接的に観測できるのは、取引市場のデータのみであり、それ以外の情報をデータとして観測するまでには、一定の時間差が発生することになります。

　このように、生の大量データが断続的に発生する（Volume、Velocity）マーケットデータと、さまざまな主体によって生成される多様な（Variety）加工／集計データ、テキストデータがあるのが、資本市場データの特徴だといえます。

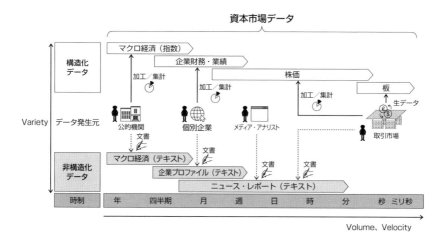

◆資本市場データの分類イメージ

・顧客データ

　顧客データの性質は、データの発生するチャネルによって異なります。デジタルチャネルを主な顧客チャネルとする金融機関の場合、サービスに関連する顧客行動はすべてデータとして観測可能であり、ITシステム構築時に、主にリレーショナルデータベースとして設計された表形式データやログデータが効率的に顧客データとして蓄積されていきます。また、一般にデジタルチャネルを利用する消費者の購買行動は主体的で頻度が多いという特徴があることから、顧客ごとの取引データが蓄積しやすく、データを用いた顧客分析に適しているといえます。

　このようなデジタルチャネルから得られる顧客データは、資本市場におけるマーケットデータと同様、表形式データとログデータが連続的に発生し続けることになりますが、データ量はリアルタイムの値動きなどを扱うマーケットデータよりも小さくなります。

　一方、店舗やセールスなど、物理（対面）チャネルを主とする金融機関における顧客情報は、会話などのコミュニケーションの中に含まれており、その中にはデジタルチャネルでは発生することがない、個人的で多様な情報が多くあります。しかし、これらの情報はデータとして残すことが難しく、残せる場合でも、セールス担当者という人を通して、営業日誌などのテキストデータとして残ります。そのため、これらのテキストは、記載する人物に依存した主観的なものとなります。

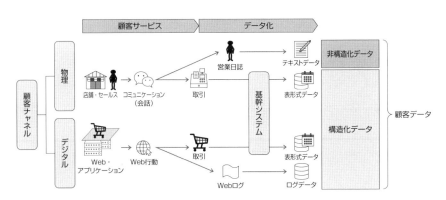

◆顧客データの例

このように物理（対面）チャネルを中心に得られるデータは、顧客ごとの背景や嗜好などのVarietyに富んだ情報を含む反面、多数のセールス担当者によってデータ化が行われるため、データ品質のバラツキが大きく、扱いづらいデータになるという側面があります。

・その他のデータ

　SNSや衛星画像といった資本市場や顧客以外のデータについても、活用に向けた取り組みが進んでいます。前述のように、マクロ経済や企業状況などは、企業や個人の活動について調査を行い、これを集計／加工したものが四半期ごと、月ごとに発表されます。これらの情報は資本市場に影響を与えるものですが、リアルタイムに観測すること（ナウキャスティング）はできません。このような課題を解決するため、SNSのテキスト情報や、船舶の動き・石油タンクの備蓄状況などの衛星画像を用いて、景況感や鉱工業生産を推定し指数化するなど、経済状況をリアルタイムで観測する活動も行われています。

◆金融機関におけるビッグデータ

		金融データ		その他データ
		資本市場データ	顧客データ	
構造化データ	表形式	・マクロ経済指標 ・企業財務・業績 ・マーケット（板、気配など）	・個人属性（年齢、性別など） ・残高 ・取引履歴 ・Web行動ログ	──
非構造化データ	・テキスト ・音声 ・画像	・マクロ経済レポート ・企業財務／業績（テキスト部） ・ニュース／アナリストレポート	・営業日誌 ・会話音声	・SNS ・衛星画像

3-2 機械学習の基礎

これから機械学習プロジェクトに参加する人のための
入門知識

機械学習とは？

　機械学習とは、**与えられたデータに潜むルール（パターン）を機械（ソフトウェア）によって見付け出すこと**です。従来のプログラミングの場合、人間が定義することで機械は動作しますが、機械学習の場合は、機械にデータと機械学習の手法を与えることでデータの特徴を学び、そこに潜むルールを見付け出します。

　機械学習では、ビジネス要件により、「**解釈性（説明性）**」と「**予測（精度）**」のどちらに重きを置くかが注目されます。「解釈性」とは与えられたデータがどのような性質を持ち、何を要因として結果が得られたのかを理解することです。一方、「予測」とは、過去のデータを過去の経験として学習することで、未知のデータがどのような結果をもたらすのかを的中させることを目指します（3-3参照）。

　たとえば、証券ビジネスのリテール業務では、「解釈性」とは、金融商品の購入がどのような顧客の特性が要因で発生しているかを見いだすこと、「予測」とは、金融商品の購入確率が高い顧客を抽出することです。

機械学習プロジェクトのプロセス

　ここでは、「予測」に重きを置いた機械学習モデルをビジネスに適用するプロジェクトに着目します。一般的に、機械学習モデルを使用するプロジェクトは、次のようなプロセスをたどります。

STEP1：ビジネス理解と分析デザイン

　ビジネス課題を理解しつつ、プロジェクトで何を実現するのかというゴールを明確化し、定量的な目標値の設定とアプローチ方法を設計します。

STEP2：データの収集・理解

　ビジネス課題を解決する機械学習モデル構築（モデリング）のため、データ準備と前処理を行います。このステップでは、確保したデータの傾向を確認するとともに、特徴量設計を行い、モデリングに必要な形式にデータを整形します。一般的に、他のステップと比較すると、このステップが最も多くの工数を要します。モデルに入力するデータの前処理や加工整形を、特徴量エンジニアリングと呼ぶ場合もあります（3-4・3-9参照）。

STEP3：モデリング（学習）

　ビジネス課題とデータに対応するいくつかの適切な手法を選択し、機械学習のモデル構築を行います。多くの機械学習モデルは、構築前にハイパーパラメータと呼ばれる設定値をあらかじめ調整する必要があるため、このステップで分析者が行います（3-9参照）。

STEP4：評価・検証

　構築したモデルの精度や推論速度などがビジネス課題を解決するにあたり、十分なパフォーマンスを発揮するか否かを検証します（3-3参照）。

　検証の結果、よりパフォーマンスの高いモデルを目指す場合には、特徴量の再設計やハイパーパラメータの再設定などのチューニング作業を行います。機械学習モデルは構築してから検証を行うまで、その効果がわからないことが多いため、これらを繰り返し行うことでより良いモデルにしていきます。また、必要な場合には、このプロジェクトにおいて実現したいゴールの見直しを行うこともあります。

STEP5：適用（デプロイ）

　実際のビジネス現場において十分なパフォーマンスを発揮すると判断したモデルを、実際のビジネスの現場に適用します（3-11参照）。

STEP6：モニタリング

　実際のビジネスにおける検証を継続的に進め、必要に応じてチューニング作業を行います。STEP4が過去データを用いた評価・検証であるのに対し、本ステップは未来のデータを用いた評価・検証です（3-11参照）。

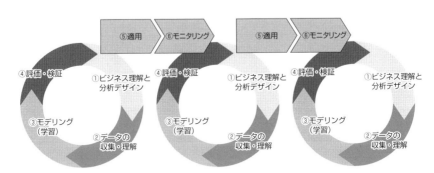

◆**機械学習プロジェクトのフロー**

┃機械学習モデル

　機械学習モデルは、下図のように分類できます。

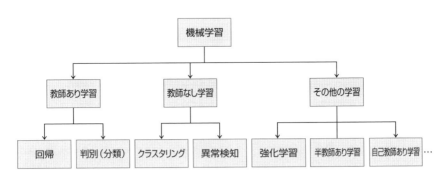

◆**機械学習モデルの分類**

教師あり学習

　教師あり学習には、連続値の予測を行う回帰モデルと与えられたクラスごとにデータを識別する判別モデルがあります。「結果」とその「要

因」の関係性は、その関係性を示すデータが事前に大量に与えられることでパターンとして学習でき、それにより未知のデータが発生した際には、どのような「結果」となるかを予測することができます。

機械学習の分野では、「結果」は**ターゲット**や**教師ラベル**、目的変数などと呼ばれます。また、「要因」は**特徴量**や**説明変数**などと呼ばれます。教師あり学習は、このターゲットと特徴量をペアとして持つデータを基とした機械学習のことです。

・回帰モデル

ターゲットが量的データ（連続値）の場合、回帰モデルを採用します。たとえば、企業業績の予測を行う場合、回帰モデルを使用することが考えられます。売上金額をターゲットとし、その売上げの変動には、為替や設備投資、マクロ指標などに加え、ニュースやアナリストレポートなどのテキスト情報も特徴量となることが考えられます。

回帰モデルの学習データの例は、下図の通りです。各銘柄レコードの特徴量には、売上げや利益などといった情報が考えられます。ターゲットは、それらの情報が公開された一定期間後の株価です。

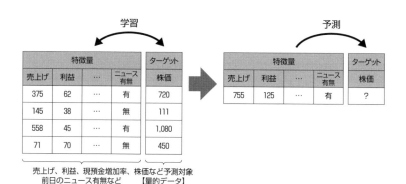

◆回帰モデルの学習と予測の例

・判別モデル

ターゲットが質的データ（クラス、カテゴリー）の場合、判別モデル

を採用します。与えられたデータを複数のクラス（カテゴリー）に分類するためのモデルです。

多くの判別モデルは、各クラスの予測確率を出力します。そのため、予測結果として質的なクラスが必要な場合は、適切な確率のしきい値を設定し、予測確率から予測クラスを算出します。ビジネス目的によっては、予測確率をスコアとして使用する場合もあります。たとえば、銀行の与信業務では、審査対象となる顧客の一定期間後のデフォルト確率を予測する与信モデル（判別モデル）が作成できます。このモデルを活用し、予測確率にしきい値を設けて融資の自動審査や予測確率（スコア）に応じた融資枠の決定を行うことが考えられます（4-3・4-4参照）。

モデル構築にあたって必要となるデータの例は、下図の通りです。各顧客レコードの特徴量は、年齢や性別、収入などといった情報が考えられます。ターゲットは、過去に審査した顧客が融資を受けた一定期間後のデフォルト発生有無です。

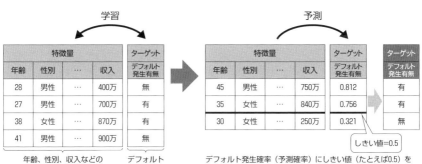

◆判別モデルの学習と予測の例

教師なし学習

教師なし学習は、ターゲットが事前に決まっていない特徴量のみを持つデータについて、その特徴量の傾向を学習しモデル化する方法です。教師なし学習には、**クラスタリング**や**異常検知**などの手法があります。

・クラスタリング

　似た特徴量を持つデータをグルーピングする手法をクラスタリングと呼びます。ビジネスシーンでは、グルーピングした結果から、グループ（クラスタ）ごとに施策を検討し役立てます。たとえば、銀行のリテール部門であれば、顧客の年齢や年収といった基本情報に加え、子どもの人数や年齢、住宅ローンの有無などの情報を使用してクラスタリングを行い、類似する顧客グループごとに適切な資産運用の方法を提案します。

　クラスタリングには、**階層的クラスタリング**と**非階層的クラスタリング**の2種類があります。階層的クラスタリングは、与えられたデータとクラスタとの関係性を階層構造化することができ、この関係図を**デンドログラム**と呼びます。事前にクラスタ数が決まっていなくても、デンドログラムを見ながら事後でクラスタ数を設定できます。

　下図は、デンドログラム作成によるクラスタリングとクラスタ数設定のイメージです。与えられたデータを階層構造化し、分析者は可視化された樹形図を見ながら適切なクラスタ数を6つと判断し決定しています。

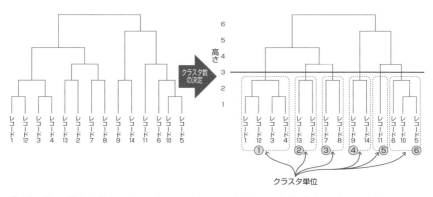

◆**デンドログラム作成によるクラスタリングとクラスタ数設定のイメージ**

　一方、非階層的クラスタリングは、最終的に作成したいクラスタ数があらかじめ決まっている局面で採用します。代表的な手法は**k-means法**です。作成したいクラスタ数と初期値を与え、座標上近いデータ同士をまとめます。階層的クラスタリングよりも計算量が少ないという利点が

ありますが、学習の度にグルーピングの中身が変わる可能性があり、計算時に与える初期値を複数使用するなどの工夫が必要となります。下図は、３つのクラスタにクラスタリングした結果です。

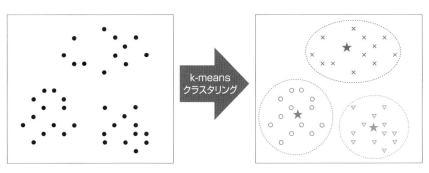

◆非階層的クラスタリングの例：k-means法

・**異常検知**

　機械の故障、不正な取引など、異常を知らせる機能はいろいろな場面で必要とされます。あるしきい値を超えた状況を異常と定義するとき、これを知らせるプログラムは簡単に作れます。しかし、CPUの稼働、メモリの使用量、ディスクアクセスなど、あらゆる活動データが複雑に絡み合っている場合、異常はそのときどきで異なるものとなり、定義が難しくなります。

　異常検知（Anomaly Detection）には、教師なし学習と教師あり学習の双方のアプローチがありますが、異常な挙動が多種多様なものである場合、教師なし学習による異常検知がしばしば採用されます。

　教師なし学習による異常検知として、株式の不正な取引を検知する東京証券取引所（日本取引所グループ）の例があります。東証では2018年３月、売買審査業務にAIを適用開始したことをアナウンスしました。ここでは、過去の異常性がないと仮定された取引データを学習し、このパターンから著しく異なる出来高や株価推移を異常と検出して、アラートを出力する仕組みが導入されていることが考えられます（4-5参照）。

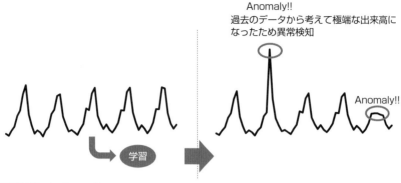

◆異常検知のイメージ

その他の機械学習モデル

　教師あり学習や教師なし学習以外にも、機械学習モデルには次のような学習方法も存在します。

・強化学習

　強化学習は、試行錯誤を通じて、「報酬（＝評価値）」を最大化するための最適な行動を学習する機械学習の手法です。具体的には、「エージェント（＝行動を決定する主体）」が、「環境（＝報酬を決定するシステム）」の下で、「報酬」を最大化する行動を通じて学習していきます。強化学習は、自律的な意思決定を行うエージェントを設計するために広く用いられており、たとえばゲームやロボット制御などの分野で応用されています。

・半教師あり学習

　教師あり学習と教師なし学習の中間的な手法です。ラベル付きデータでモデルを学習し、ラベルなしデータを予測します。その後、予測したデータをラベル付きの学習データに追加していくことで、データへのラベル付与作業（アノテーション）の効率化とモデルの精度向上を図ります。そのため、データへのラベル付与作業が十分に実施されていない局

面で有効なアプローチになる可能性があります。

・自己教師あり学習

　自己教師あり学習は、ラベル付きデータがほとんどない場合などに未知のデータを分類するため、既存のデータから自動的にラベルを付与する機械学習モデルです。具体的には、クラスタリングや次元削減などの手法を用いて、データの特徴を抽出し、その特徴を基に判別モデルを構築します。自己教師あり学習は、ラベル付けが困難な場合にも有効な手法として注目されており、話題となっているChatGPTなどの生成AIも、モデル開発の初期段階で自己教師あり学習を実施しています（3-5・3-8参照）。

3-3 機械学習の評価

機械学習の評価方法は用途に応じたものとするべき

最も重要な汎化能力

　機械学習を評価するにあたって最も重要なことは、**作成した機械学習モデルが将来発生する未知のデータに対してどれくらいよくフィットするかを事前に見積もること**です。しかし、未知のデータは手元にはないため、手元にある既知のデータで学習と評価を行う必要があります。

　学習時に既知のデータにフィットさせ過ぎると、逆に未知のデータに対する予測力は落ちます。これが**過学習**（オーバーフィッティング）という状況です。限られた既知のデータを活用し、いかにして過学習を避け、未知のデータに対する予測力を高める（**汎化**）かがポイントとなります。

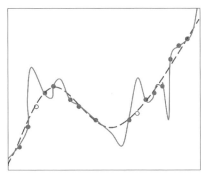

<判別モデル＞　　　　　　　　＜回帰モデル＞

※実線が過学習モデルで、点線は汎化能力が高いモデル。既知のデータである「●」で学習し、未知のデータである「○」を予測するとき、過学習モデルでは高頻度で誤った予測結果となることがわかる

◆過学習のイメージ

汎化能力を確認する手法

　過学習の主な原因は、**学習データの量に比べて予測モデルが複雑過ぎる（特徴量が多過ぎる）こと**です。したがって、予測モデルが過学習しているとわかれば、モデルをシンプルにする（たとえば特徴量を減らす）か、学習データの量を増やすことで、汎化能力を向上させることができます。

　学習に使うデータをうまく分割することで、予測モデルが過学習しているかどうかを評価できます。一般的に、モデルを学習させる際には、データセットを次のように設定します。

- **学習データ**（Training Data）：モデルを学習させるためのデータ
- **評価データ**（Validation Data）：学習中にモデルの性能を評価するためのデータ。主にモデルをチューニングするために使用する
- **テストデータ**（Test Data）：モデルの最終的な性能を検証するためのデータ

　このようなデータの分け方を踏まえた上で、ここでは2つのモデル評価手法を紹介します。

・ホールドアウト法

　既知のデータをランダムに2つに分割し、片方のデータを用いて学習を、残りのデータを用いてテストをします。学習データに対する予測精度に比べて、テストデータに対する予測精度が著しく悪いとき、モデルは過学習しているといえます。

　通常、学習データとテストデータの分け方は無作為ですが、株価予測など、時間の経過とともに構造が変わっていく事象の未来予測をしたいときには、古いデータを学習データ、新しいデータをテストデータとします。

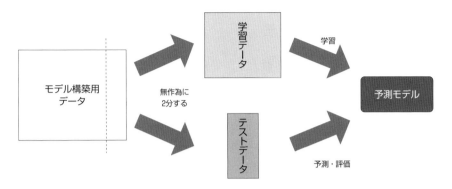

◆ホールドアウト法の仕組み

・クロスバリデーション法

　ホールドアウト法では学習データ、テストデータに偏りがあるとモデル性能に悪影響が出ます。これを補う方法にクロスバリデーション法があります。

　まず、既知のデータを無作為にK個に分割し、そのうちの1グループをテストデータ、残るK-1個のグループを学習データとします。K個に分割した学習データとテストデータのセットを用いてK回検証を行います。このようにして得られたK回の予測精度の平均をこのモデルの精度

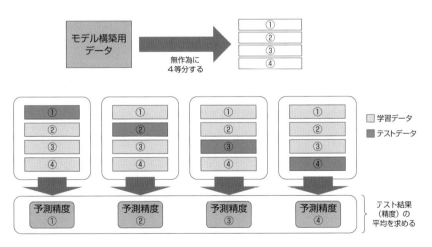

◆クロスバリデーション法（K=4の場合）

とします。金融機関口座の解約や商品の購買予測など、時間の経過によって構造があまり変わらない事象の予測をしたい場合は、クロスバリデーション法による検証が有効となります。

機械学習の精度

機械学習モデルを予測問題に適用する場合では、精度、すなわち「どれだけ予測が当たるか」が最も重要な性能といえます。ここでは、"正"、"負"を判別するような2値の判別モデルと、連続値を扱う回帰モデルについて、精度評価の方法を解説します。

判別モデルの精度指標

右表は**Confusion Matrix**（混同行列）と呼ばれるものです。Confusion Matrix は、判別モデルを用いたときに、分類した値（陰／陽）とその正誤（真／偽）について結果をまとめた表です。

◆Confusion Matrix

		モデルの予測	
		正	負
真のクラス	正	True Positive 真陽性（TP）	False Negative 偽陰性（FN）
	負	False Positive 偽陽性（FP）	True Negative 真陰性（TN）

たとえば、偽陽性（FP）は、モデルの予測が正であったが、実際のクラスは負であり、結果として間違えていたケースです。

判別モデルの精度は、Confusion Matrix を用いて次のいくつかの評価指標で測定できます。

- **Precision**（適合率）：$\text{Precision} = \dfrac{\text{TP}}{\text{TP} + \text{FP}}$

- **Recall**（再現率）：$\text{Recall} = \dfrac{\text{TP}}{\text{TP} + \text{FN}}$

- **Accuracy**（正確度）：$\text{Accuracy} = \dfrac{\text{TP} + \text{TN}}{\text{TP} + \text{FP} + \text{FN} + \text{TN}}$

- **F-measure**：$\text{F-measure} = \dfrac{2 * \text{Recall} * \text{Precision}}{\text{Recall} + \text{Precision}}$

企業の倒産リスクを判別するモデルを例に考えてみましょう。

Precisionは、倒産すると予測した企業が実際に倒産する割合です。Recallは、実際に倒産した企業のうち、モデルが倒産すると予測できていた割合です。PrecisionとRecallはトレードオフの関係にあり、どちらかを高めると、もう片方は低下します。

Accuracyは全体の中から倒産する・しないを正しく判定する割合です。一見万能な評価指標に見えますが、企業の倒産が全体の0.1%と少ない場合、すべての企業に対して倒産しないと判定すると、99.9%の精度を持つモデルと評価されてしまいます。このようなケースでは、PrecisionとRecallの調和平均である、F-measureを用いることで偏りのあるデータにも対応することができます。

回帰モデルの精度指標

回帰モデルの精度評価には、**RMSE**（Root Mean Squared Error：二乗平均平方根誤差）がよく使われます。RMSEはモデルが予測した値と実際の値との差の2乗平均の平方根を計算した誤差であり、モデルの精度が高ければ0に近づきます。下図のプロットは実際の値、実線が回帰モデルで、点線がモデルの誤差です。

たとえば売上げなど、百万などの単位を持つターゲットを予測する場合、RMSEは数十万から数百万の値となるのに対し、株価の騰落率など、0.1程度のターゲットを予測する場合、RMSEは小さい値となります。そういった意味で、RMSEは予測ターゲットの単位（分散）を保持した評価指標といえます。

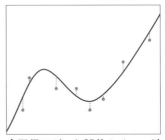

◆回帰モデルと誤差のイメージ

一方、その単位を削除（調整）したのが**決定係数**です。決定係数は予測モデルが目的変数をどれだけ説明できているかを表し、1が最大（このときモデルの予測結果とターゲットが完全に同じ動き）となります。

モデルの解釈性

　ここまで予測精度を中心に機械学習の評価ポイントを説明してきましたが、ここからはモデルの解釈性について解説します。**解釈性**は、モデルの説明責任や透明性を確保するために必要な観点とされます。基本的には、次の要点を解釈できるかがポイントです。

　・モデルが学習でどのような処理をしているのか
　・モデルの中ではどのような特徴量が重要で、どのような相互作用があるのか
　・モデルへの入力に対し、どのような根拠で出力結果が出たのか

　ビジネスの現場でモデルを構築する際には、用途に応じて予測精度と解釈性のどちらを重要視すべきかを考えます。たとえば、株価が上昇するかどうかを判別するタスクを考えてみましょう。このタスクの最大の目的は、予測モデルによって上昇する銘柄を判別して取引を行い、利潤を得ることです。そのため、この事例では解釈性よりもモデルの予測精度がより重要視されると考えられます。

　一方で、ローンの審査タスクはどうでしょうか。このタスクでも、承認をして本当にリターンが得られるのか、ということを高精度で予測すべきです。しかし、この事例では、顧客へ審査結果の理由を説明する責任も求められます。したがって、このタスクでは、予測精度だけでなく、解釈性も重要視する必要性が出てきます。

予測精度と解釈性の関係

　一般的に、予測モデルは精度と解釈性にトレードオフの関係があります。この関係は、統計的手法（線形回帰など）と機械学習手法（深層学習も含む）の間にも同様に見られ、モデルの解釈性はアルゴリズムの複雑さに影響されます。次ページの図は、機械学習モデルにおける予測精度と解釈性の関係を示したものです。

　たとえば、線形回帰モデルでは、目的変数と特徴量との間に単純な線

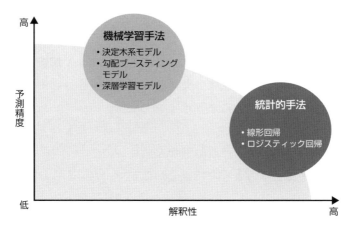

高

予
測
精
度

機械学習手法
- 決定木系モデル
- 勾配ブースティング
  モデル
- 深層学習モデル

統計的手法

- 線形回帰
- ロジスティック回帰

低　　　　　　　　　　　　　　解釈性　　　　　　　　　　高

◆**機械学習モデルにおける予測精度と解釈性の関係**

形性の仮定を置いています。このため、目的変数に対して各特徴量がどの程度影響を与えているかを理解しやすいという特徴があります。しかし、機械学習手法と比較すると、予測精度は劣る可能性が指摘されます。

　一方で、決定木由来の機械学習モデルや、ニューラルネットワークでできた深層学習モデルでは、目的変数と特徴量との間に仮説は設定しません。特に深層学習は、多層からなるニューラルネットワークで、層ごとに情報を伝達していくことで入出力の複雑な関係を表現できます。そのため、高い予測精度を実現できるとされます。しかし、目的変数と特徴量との結び付きがわかりにくく、出力結果に対する根拠も理解しにくいという特徴があります。

　このように、モデルの内部構造によって解釈性は大きく異なり、単純であれば予測精度は低いが解釈性が高く、複雑であれば予測精度は高いが解釈性が低くなる傾向があります。

良いモデルとは？

　ここまで予測精度や解釈性を中心に機械学習の評価を説明してきましたが、他の指標として、推論速度や運用・保守コストもあります。**推論速度**とは予測結果を算出する速さであり、HFT（High Frequency

Trading：超高速取引、4-7参照）など、高速で予測結果を出力する必要がある場合に重要視されます。また、運用・保守コストには、予測モデルの再学習の頻度などが該当します。高い予測精度を保つために頻繁に再学習が必要である場合などにおいて、モデルを使うことによるメリットよりも保守コストが上回る可能性があるので注意が必要です。

　機械学習はどのように評価するかで最適な手法が異なり、評価指標を決めるときには、利用シーンに対する深い理解が必要となります。モデルを構築する前にはモデルの利用者と十分なコミュニケーションをとって利用シーンを深く理解し、予測精度、解釈性、推論速度、運用・保守コストの中からどの指標を採用するのかを決めることが重要です。

機械学習モデルの系譜

　本節で紹介する機械学習モデルの系譜をまとめると下図のようになります。それぞれの手法の特徴を押さえることで、データや目的に合わせた適切な手法の選択が可能となります。

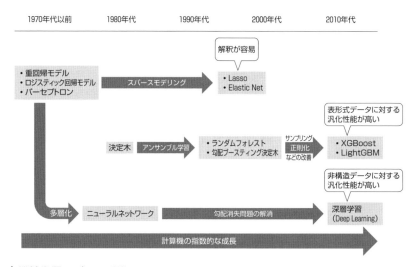

◆機械学習モデルの系譜

表形式データとは？

　表形式データ（Tabular Data）は名前の通り、行（レコード）や列（属性）といった構造を持つ表形式のデータのことです。CSVファイル、Excelファイル、リレーショナルデータベースにおけるテーブル、Webサービスにおけるアクセスログなどは、すべて表形式データと捉えるこ

とができます。多くの場合、各レコードに予測したい対象を対応させ、各属性に予測のターゲット（目的変数）や特徴量（説明変数）を対応させます。

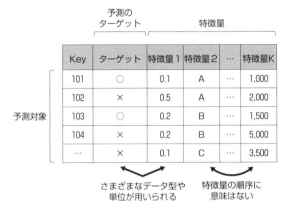

◆表形式データ

表形式データで用いられる前処理（ダミー変数化、正規化）

　機械学習を適用する上で**データの前処理**は重要なステップです。ここでは最低限の前処理法として、ダミー変数化と正規化について説明します。

　ダミー変数化は、質的データ（記号列や文字列）を機械学習モデルが認識容易な形式とするために行う前処理です。これは次ページの図のように、記号列や文字列を0と1のデータに変換する処理です。たとえば与信評価でデフォルトの有無、性別、勤務形態などをターゲットや特徴量として使用する場合、ダミー変数化の処理が必要となります。

　正規化は、異なる量的特徴量間の比較を機械学習モデルが容易に行えるように、特徴量の単位をそろえる前処理です。一般的な方法は、平均を0、標準偏差を1に調整する手法です。たとえば与信評価で年齢、借入金額などを特徴量として使用する場合、正規化によってモデルの精度や解釈性が向上する場合があります。

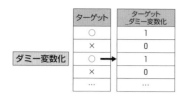

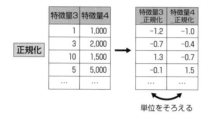

◆ダミー変数化、正規化

最もシンプルな線形モデル

線形モデルは次ページの図の式のように、各特徴量に対応する重み（係数）を掛け、足し合わせた値を予測値とするモデルです。ターゲットが量的な値の場合、**重回帰モデル**と呼び、ターゲットが質的な2値の場合、**ロジスティック回帰モデル**と呼びます。

ロジスティック回帰モデルでは、ダミー変数化したターゲットの値（0or1）にうまくフィットするよう、シグモイド関数を用いて予測値を0から1の範囲の値に変換します。この場合予測値は、ターゲットが1となる確率と解釈できます。線形モデルにおける"学習（最適化）"とは、予測値とターゲットの誤差が最も小さくなるような重みを求めることです。

線形モデルはターゲットと特徴量の関係を最もシンプルに表現したモデルのひとつであり、解釈が容易です。各特徴量を正規化している場合、重みの絶対値がその特徴量の予測に対する影響度を表し、重みの符号が影響の方向を表します。

たとえば、リテール業務などの売上げをターゲットとして線形モデルを構築すれば（たとえ予測すること自体にビジネス的な価値がなくとも）、

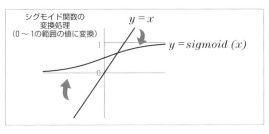

◆重回帰モデルとロジスティック回帰モデルのイメージ

売上げに影響を与えている特徴量を抽出することで、マーケティングや商品企画への活用が期待できます。また、実装が容易で、推論速度が短いという特徴があります。一方で、特徴量に重みを掛けた値の和によって予測値を算出するという特徴から、特徴量に異常に大きい／小さい値（**異常値**）や**欠損値**が含まれる場合に、データの除外・補完・補正などの前処理が必要になります。

特徴量が膨大にあるデータに強いスパース（線形）モデリング

　線形モデルは、データの特徴量の数が非常に多い場合に汎化性能が著しく低下することが知られています。すなわち、未知のデータに対して精度良く予測できる重みを求めることが困難になります。

　この課題へのひとつの対応策が**スパース（線形）モデリング**（**Lasso、Elastic Net**）です。これは、正則化（Regularization）という方法を用いて予測に寄与しないと判断した重み（係数）をゼロにし、可能な限りシンプルなモデルを求める線形モデルの改良手法です。ある重み（係数）

が0ということは、その特徴量を使用していないことと同値であるため、特徴量選択と誤差の最小化を同時に行う手法と捉えられます。スパース（線形）モデリングで最も有名な手法がLassoであり、それを拡張した手法がElastic Netです。

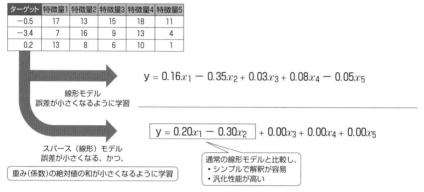

◆スパース（線形）モデリングのイメージ

多種多様なデータに対応できる決定木

　決定木（Decision Tree）は、特徴量があるしきい値以上か否かというIF-THENルールによって対象の分割を繰り返すモデルです。決定木のイメージは次ページの上図の通りです。ある程度分割を行った後に、末端のグループ（葉）における代表的な値を予測値とします。具体的には、ターゲットが量的な場合は平均値、質的な場合は多数派の値を予測値として採用します。

　決定木における"学習（最適化）"とは、予測値とターゲットの誤差（あるいは誤差に相当する指標）が最小となる分割を求めることです。仮に2つの特徴量とターゲット（2値）からなるデータに対して決定木を適用した場合、次ページの下図に示すように、その境界線（決定境界）は軸に垂直な格子状の直線で表現されます。

　決定木は、IF-THENルールによって対象を分割するモデルであるため、

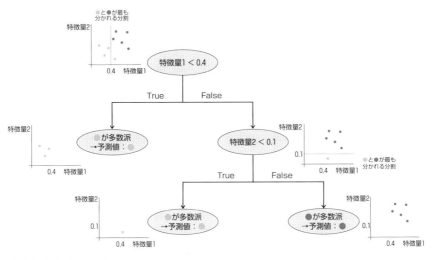

◆決定木のイメージ

◆決定木の決定境界

　線形モデルと比較して異常値の影響を受けにくいモデルといえます。また、多くの機械学習ツールにおいて、欠損値の前処理なしにモデルの学習が可能です。さらに、特徴量ごとに、分割に使用された回数やその効果を集計することによって、各特徴量の**重要度**（Importance）を計算することもできます。

　これらの特徴は、多種多様なデータが混在する表形式データを分析するにあたって非常に大きなメリットです。一方で、決定木単独では汎化性能が低いことが経験的に知られているため、後述するアンサンブル学習を決定木に適用し、汎化性能を向上させる方法が一般的です。

汎化性能を向上させるアンサンブル学習

　複数のモデルを組み合わせ、汎化性能を向上させる手法を**アンサンブル学習**と呼びます（3-9参照）。代表的な手法としてバギング、ブースティングがあります。これら2つの手法について、個々のモデルに決定木を採用したモデルをそれぞれ**ランダムフォレスト**、**勾配ブースティング決定木**（Gradient Boosting Decision Tree）と呼びます。

　ランダムフォレストは、データの一部をサンプリングしたデータで、それぞれ個別に学習し、その多数決（平均）を予測値とするモデルです。勾配ブースティング決定木は、最初にベースラインとなるモデルを生成

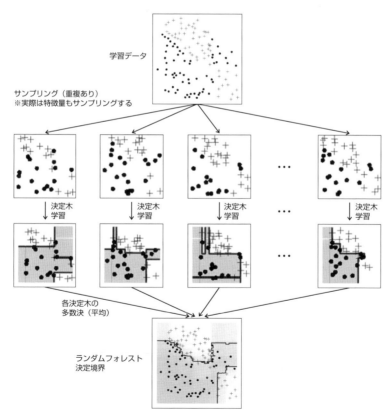

◆**ランダムフォレストのイメージと決定境界**

し、これを改善するように新たなモデルを生成・追加していく手法です。具体的には、現状のモデルの残差（予測値とターゲットの差）を予測することで、それらを足し合わせた値がターゲットに近づくように学習を行います。

学習の処理効率の観点では、並列にモデルの学習を行うことができるランダムフォレストが優勢である一方、汎化性能は勾配ブースティング決定木が優勢である場合が多いようです。特に、勾配ブースティング決定木にサンプリング・正則化などの改善を行った **XGBoost** や **LightGBM** などのモデルは、汎化性能の観点では最良のモデルのひとつです。

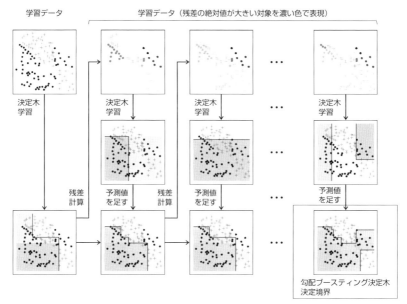

◆勾配ブースティング決定木のイメージと決定境界

ニューラルネットワークと深層学習

ニューラルネットワークは、主に画像・テキスト・音声などの非構造データに対して用いられるモデルです。顔認証、チャットボット、音声認識など多くのソリューションに用いられています。本項では基礎的な

枠組みを説明します。まず、ロジスティック回帰モデルはネットワーク表現と呼ばれる形式で、下図のように記載できます。

ロジスティック回帰モデル　$y = f(w_1x_1 + w_2x_2 + \cdots + w_kx_k + w_0)$
　　（f：シグモイド関数）

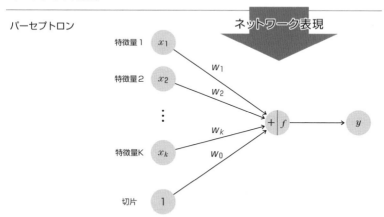

◆ロジスティック回帰のネットワーク表現（パーセプトロン）

　このようにネットワーク表現を行ったロジスティック回帰モデルは、**パーセプトロン**とも呼ばれます。シグモイド関数の部分は活性化関数と呼ばれ、シグモイド関数以外にもさまざまな関数が適用できます。これを発展させて、次ページの上図のように複数のパーセプトロンを層状に連結させたのがニューラルネットワークです。図の左側の特徴量に該当する層を入力層、図の右側の予測値に該当する層を出力層、入力層と出力層の中間の層を隠れ層と呼びます。ニューラルネットワークの決定境界は、活性化関数や層の数によってさまざまな形状をとります。

　ニューラルネットワークにおける"学習（最適化）"とは、線形モデルと同様に、予測値とターゲットの誤差が最も小さくなるような重みを求めることです。ニューラルネットワークでは、ランダムに与えた重みの初期値を、**誤差逆伝播法**という方法を用いて少しずつ更新していくことで、予測値をターゲットに近づけます。

　ニューラルネットワークは、階層を深くすることでモデルの表現力を

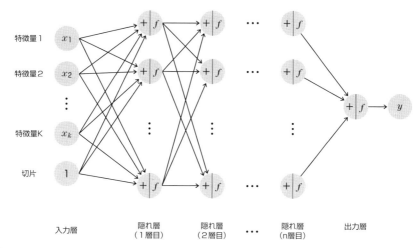

◆ニューラルネットワークのイメージ

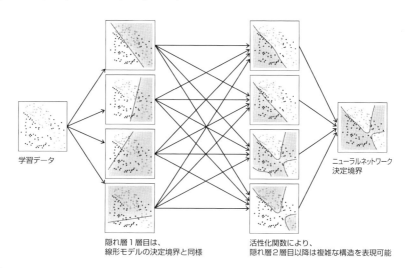

◆ニューラルネットワークの決定境界

より豊かにすることが可能ですが、勾配消失と呼ばれる問題によって、学習が困難になることが知られています。この問題をある程度解消し、階層を深くしたニューラルネットワークを一般的に**深層学習**（Deep Learning）と呼びます。

テキストデータに対する機械学習

テキストデータの数値データへの変換と応用

テキストデータの活用

3-1で述べたように、金融機関において、これまでテキストデータを含む非構造化データはあまり活用されてきませんでした。けれども、最近では従来の数値データ（売買の注文情報など）に加えて、有価証券報告書、ニュースなどのテキストデータを活用しようという試みが金融業界に広がっています。

自然言語処理とは？

自然言語は人間同士がコミュニケーションをとるためのものですが、これをコンピュータに処理させることを**自然言語処理**といいます。

自然言語処理は、文書分類やセンチメント化（文章のスコアリング）、機械翻訳、文書要約、質問応答などのさまざまな応用タスクで使用されていますが、大きく2つに分けることができます。ひとつはコンピュータがテキストを理解する仕組みである**文書理解**（文書分類やセンチメント化など）、もうひとつはコンピュータがテキストを生成する仕組みである**文書生成**（機械翻訳や質問応答など）です。

これらのタスクを行う業務ドメインにより、用いるテキストデータの種類は異なります。たとえば文書理解のタスクとしては、株価予測に決算短信やアナリストレポート、有価証券報告書などのテキストデータを活用し、騰落率の高い銘柄を選出する予測モデルを構築することを目指すものがあります。また、文書生成のタスクとしては、企業Webサイト上におけるチャットボットの応答生成などがあります。

本節では、これらのタスクで用いられる重要な要素技術を紹介します。

形態素解析の概要

　自然言語処理において、文章をそのまま解析することは難しいため、単語単位などに細かく分割する必要があります。この細かく分割した対象を**トークン**といいます。**形態素**（言語が意味を持つ最小単位）はこの分割単位のひとつです。形態素解析では、単語の品詞情報などを保持する辞書や文法に基づいて文章を形態素に区切り、その品詞などを抽出します。

　日本語の形態素解析器にはさまざまなものがあります。有名なエンジンとして、京都大学とNTTコミュニケーション科学基礎研究所が1990年代後半に共同開発したMecabがあります。他にも2016年に京都大学が開発し、後述する深層学習の一種であるRNN（Recurrent Neural Network）をベースにしたJUMAN++などの形態素解析器が存在します。

　ニュース記事やWeb上の文書は、新語や固有名詞（たとえば、「ChatGPT」など）を多く含んでいます。このような文書を形態素解析するためには、新語や固有名詞に強い辞書（たとえばNEologd辞書）を使用する必要があります。また、自然言語処理として価値の低い形態素を減らすために、形態素解析した後に、助詞や助動詞などの品詞は除くことがあります。辞書の選択と整備は、目的に応じて適切に行う必要があります。

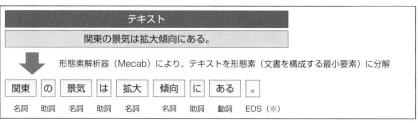

※文末を表す記号

◆形態素解析の仕組み

SentencePieceとサブワード

　一方、形態素解析には弱点もあります。辞書に登録されていない単語は適切に扱えず、また分割した形態素数が膨大な場合は出現頻度が低いものは扱わないなど、扱う情報を減らす必要があります。

　こうした問題に対応するべく生まれた、形態素解析に代わるトークン化手法が**SentencePieceによるサブワード化**です。これは、文章を文字ごとの共起頻度（詳細は後述）を基に指定した数で分割（サブワード化）するもので、辞書に依存しない分割が可能です。そのため辞書に未登録の文字に対応でき、また分割指定数を扱える範囲にとどめることで、すべての文字情報を扱うことができます。一方、サブワードは必ずしも形態素と合致するわけではなく、結果解釈が困難になる可能性もあるため、形態素解析における辞書選択と同様に、分析目的に応じた適切な手法選択が必要です。

N-gram解析

　分割した自然言語を分析する方法として、**N-gram解析**があります。これは、文字単位や形態素単位などで分割した対象について、N個単位で各組み合わせの出現頻度を求める方法です。Nの値が1の場合は「ユニグラム（uni-gram）」、2の場合は「バイグラム（bi-gram）」、3の場合は「トリグラム（tri-gram）」と呼ばれ、トリグラム以下がよく使用

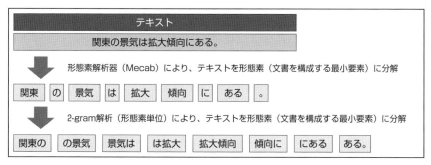

◆N-gram解析（形態素単位の場合）

されます。

　N-gram解析において、隣接するトークンの組み合わせを共起関係といい、それが現れる頻度を共起頻度といいます。N-gram解析では分割した単位ごとに共起頻度を分析し、テキストを特徴付けることができます。

　言語を解析するその他の方法として、言語の特徴量化と深層学習モデルによる予測があります。

単語の出現頻度を基にした特徴量の作成方法

　自然言語はテキストデータに分類されますが、機械学習モデルに入力するためには数値データに変換する必要があります。具体的な数値データへの変換方法として、one-hotベクトル表現、BoW、TF-IDF、LDAなどがあります。

・one-hotベクトル表現

　最もシンプルなテキストの数値表現として、one-hotベクトル表現があります。これは、要素の数が対象とするトークンの数と同じで、個々の文書について、その文書に含まれるトークンだけ1（残りがすべて0）のベクトルです。これによりテキストを要素が0または1の数値ベクトルに変換できます。

・BoW（Bag of Words）

　one-hotベクトル表現を拡張し、トークンで分割した文書群を出現頻度で表形式にしたものをBoWといいます。BoWの形式にすることで、後述のTF-IDFやLDAなどの手法を適用できるようになります。文書ベクトルは特徴量の数がトークンの数になり、存在する形態素のみ、ベクトルの要素の値が出現頻度になります。

	単語① 景気	単語② 上昇	単語③ 下落	単語④ 回復	単語⑤ 悪化	...
文書①		1	2			
文書②	1			3	2	
文書③	2	4		1		...
文書④		2	2	1		
文書⑤			1			

文書①では単語②が1回、単語③が2回出現する

◆BoW（トークンの出現頻度）の仕組み

• TF-IDF（Term Frequency × Inverse Document Frequency）

　TF-IDFは、その文書の特徴語を抽出するときに使用する値です。トークンごとにある文書内で出現頻度が高いものほど値が大きくなるTF値と、その他の多くの文書に出現すると重要ではないとみなして値が小さくなるIDF値を掛け合わせて算出します。つまり、ある文書におけるTF-IDF値が高いトークンは、その文書内で出現頻度が高く、他の文

	単語① 景気	単語② 上昇	単語③ 下落	単語④ 回復	単語⑤ 悪化	...
文書①		2.3	2.1			
文書②	0.8			3.8	1.8	
文書③	2.1	4.6		0.9		...
文書④		2.8	2.1	0.9		
文書⑤			1.3			

表上の数字は文書における形態素の重要度を表しており、たとえば文書①の単語②のTF-IDF値は2.3である

◆TF-IDFの仕組み

書にはあまり出現しないことになります。TF-IDFでは、BoWの出現頻度に、文書における形態素の重要度を加味していることになります。

• LDA（Latent Dirichlet Allocation：トピックモデル）

トークンの数が多い場合は、特徴量の数も多くなり、計算量の観点から機械学習モデルでは扱いづらくなります。そのため、特徴量を減らす必要があり、その代表的な方法のひとつにLDAがあります。

LDAは、文書が複数の潜在的なトピックから確率的に生成されると仮定したモデルです。文書内の各トークンは、あるトピックが持つ確率分布に従って出現すると仮定します。LDAでは、分析者がトピック数を指定することで、文書群の中の各文章を指定した数のトピックに分類でき、文章とトピックの行列を作成できます。これにより、LDAではトピック間の類似度やそのトピックの意味（金融を表すトピックなど）を解釈できるようになります。なお、LDAを用いる際は、含有するトークンからトピック内容を推定しやすくするため、サブワードではなく形態素によるトークン化が望ましい場合があります。

これらの手法で作成した特徴量を使って、3-4で説明した機械学習モ

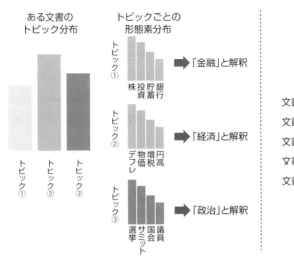

◆LDA（トピックモデル）の仕組み

デルへ文章を特徴量変換したデータを入力し、ニュースから株価を予測するなどのタスクを実行できます。

分散表現ベクトル化による特徴量の作成方法

TF-IDFやLDAでは形態素の出現頻度に着目して特徴抽出を行いましたが、頻度だけでは語順の情報が抜け落ちてしまいます。語順を考慮してトークンの意味をベクトル化する方法に**Word2Vec**があります。

Word2Vecではトークンが数値ベクトルで表され、意味的に近いトークンは、距離的に近い数値ベクトルに変換されます。このようなトークンの数値ベクトル化を**分散表現**といいます。

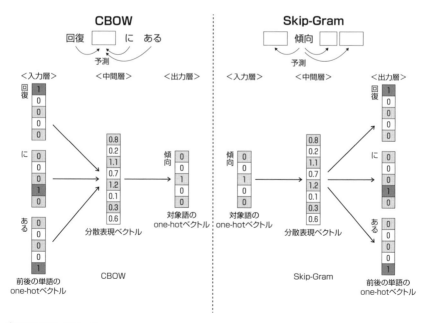

◆one-hotベクトルと分散表現ベクトルの違い

◆CBOWとSkip-Gram

　従来のone-hotベクトル表現では、1つの要素のみ1で他の要素が0であるトークン分の特徴量が必要になりますが、分散表現ベクトルでは任意の数の特徴量のベクトルとして表現できるため、特徴量の表現力が向上します。

　トークンを分散表現ベクトル化することで、トークン同士の意味の近さを計算できるようになります。たとえば、「景気」と「物価」の類似度と「景気」と「バブル」の類似度を比較することで、「物価」と「バブル」のどちらのほうが「景気」に意味が近いかを把握できます。

　Word2Vecによる分散表現ベクトル化を実現する方法には、あるトークンから周辺トークンを予測する**Skip-Gram**と、逆に周辺トークンから対象のトークンを予測する**CBOW**（Continuous Bag-Of-Words model）があります。Skip-Gramのほうが精度が高く、よく使われています。トークンごとの分散表現は、ニューラルネットワークを用いた学習によって得られます。

分散表現ベクトルを用いた予測モデル

　ここまで分散表現ベクトルを用いた特徴量の作成方法について述べてきました。ここからは、近年の自然言語処理の流れとともに、分散表現ベクトルを用いたさまざまなニューラル言語モデルについて説明します。ニューラル言語モデルは、文書分類などの文章理解に代表される文章をスコアリングするモデル（**many-to-one**）と、文章生成に代表される系列変換モデル（**many-to-many**）の2つに分けられます。

　自然言語はある時点の単語が、それ以降の単語に影響を及ぼしているという時系列データとしての性質を持っています。たとえば、「景気」というトークンが来たら、その次に「は」や「が」といった助詞が来ることが予想できます。こうした文章の時系列的特徴を踏まえた自然言語処理手法は、精度が高いモデルとして報告され、以降で紹介する各種ニューラル言語モデルの開発へとつながっていきました。

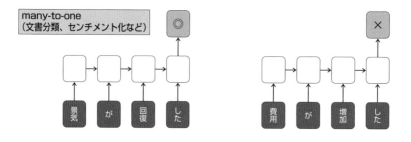

※◎はpositive、×はnegativeを意味する

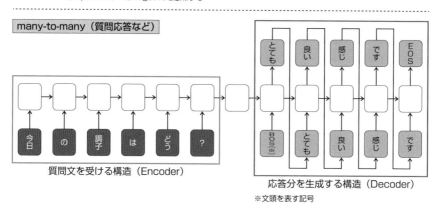

質問文を受ける構造（Encoder）

応答分を生成する構造（Decoder）
※文頭を表す記号

◆many-to-oneとmany-to-manyの構造

・RNN（Recurrent Neural Network：再帰型ニューラルネットワーク）

RNNはその時点の入力トークンに加えて、過去に出現したトークンの情報として1時点前の隠れ層の値を利用し、隠れ層の状態を逐次的に更新していくことで文脈を学習していきます。文書を生成する系列変換モデルでは文章をスコアリングするモデルと同様、「次のトークンは何か？」という分類問題を繰り返し解くことで文書を生成しています。

・LSTM（Long Short Term Memory）

RNNでは2〜3ステップ前のトークンの情報しか覚えられないとされたため、より長期記憶を可能とした**LSTM**が開発されました。特に系列変換モデルでは、Encoder（質問文を受ける構造）で特徴を抽出し

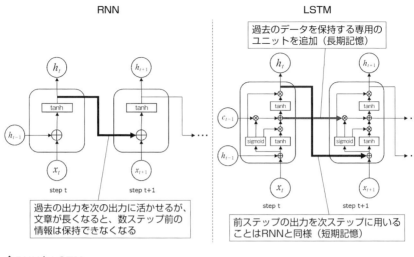

◆**RNNとLSTM**

た最初のほうのトークンの情報がDecoder（応答文を生成する構造）まで伝播しづらくなる特性を有していることを踏まえ、直接的にEncoderの情報をDecoderにつなげる注意機構（Attention）を導入することで、予測精度が向上しました。

・Transformer

LSTMで登場した注意機構（Attention）のみを用い、文脈に応じて文中のトークンの重要度を精緻に捉えられるようになったモデルとして**Transformer**があります。2017年に論文が発表され、それまでの自然言語処理分野で採用されていたRNNやLSTMなどのモデル精度を大幅に更新したことで、大いに注目を集めました。

RNNやLSTMではトークンを文章の初めから順々に処理する必要があり、学習が長時間化しやすいことが問題となっていましたが、Transformerでは語順の位置情報を処理に組み込むことで並列処理が可能となったため、学習の高速化を実現しました。

なお、Transformerが台頭する少し前、大規模で汎用的なデータをモデルに事前に学習させておき、少量のデータで用途によってモデルを最

【それまでの穴埋め問題】

今回 発表 さ れ た 各 景気指標 から 、 景気 は 回復 傾向 に ある と 判断 できる。
その ため 、 当該 銘柄 の 株価 も ☐ する 見込み が 高い。

> 空欄周辺のトークンを用いて空欄を予測
> ↓
> 処理時間が長いことに加え、文脈とは関係ないトークンに引き寄せられて誤った予測をすることがあった

【Attention機構による解法】

今回 発表 さ れ た 各 景気指標 から 、 **景気** は **回復** 傾向 に ある と 判断 できる。
その ため 、 当該 銘柄 の **株価** も ☐ する 見込み が 高い。

> 全トークンを用いなくても、太字のトークンにさえ注目すれば、空欄が「上昇」であると予想できる
> ↓
> トークンごとに注目すべき重みを算出し予測に用いることで、処理の高速化と高精度化が期待できる

◆Attention機構の役割

適化する**ファインチューニング**（転移学習の一種、3-9参照）という手法が生まれました。この転移学習の技術とTransformerの学習時間高速化は相性が良く、大規模な言語データをTransformerで事前に学習した**大規模言語モデル**（LLM：Large Language Model）の開発が進みました。ここから、後述するBERTやGPTなどのモデルが開発されることになります。

• BERT（Bidirectional Encoder Representations from Transformers）

BERTは2018年にGoogleが開発した、多様な言語タスクで当時の最高スコアを記録したモデルです。後述のGPTと異なり、文中におけるあるトークンを、前後それぞれのトークンから学習することで、質問回答や文書分類などの文書理解に向いたモデルとされています。

具体的には、**MLM**（Masked Language Model）と**NSP**（Next Sentence Prediction）という技術によって実現されています。MLMによってトークンが持つ文脈をその前後から学習し、さらにNSPによって文全体の意味を学習することが可能となります。

MLM
【マスク箇所の穴埋め問題】
そ の た め 、 当該 銘柄 の 株価 も □ する 見込み が 高い。

マスクされた単語を周辺トークンから学習する
↓
「上昇」というトークンが使われる文脈を学習する

NSP
【続く一文の予想問題】
今回発表された各景気指標から、景気は回復傾向にあると判断できる。
○ そのため、当該銘柄の株価も上昇する見込みが高い。
× カレーと唐揚げとハンバーグは子どもから大変人気がある料理です。

文同士のつながりを学習する
↓
文章全体の意味合いを学習する

◆MLMとNSP

・GPT（Generative Pretrained Transformer）

　GPT はOpenAIが開発した言語処理モデルです。2018年にGPTが発表された後、GPT-2、GPT-3と続き、2023年7月時点でGPT-4まで開発されています。前述のBERTと異なり、文中におけるあるトークンをそれより前のトークンのみで学習・予測させることで、出力が自然言語に近い順で行われることが期待され、チャット応答や要約作成などの文書生成に向いたモデルとされています。

　GPTは世界中で広く浸透しつつあり、MicrosoftのBing検索にその技術が導入されたり、ChatGPTというチャットサービスで活用されたりしています。中でも2023年7月時点で最新のGPT-4は精度に優れ、アメリカの模擬司法試験において受験者の上位10%の成績を獲得したとされています。今後、ビジネスに高度な非定型作業の自動化をもたらすAIとして、応用利用と普及が進んでいくと考えられます。

画像データに対する機械学習

画像データは数値データの集合体

画像データと画像認識技術

　画像データは、単なる画素（ピクセル）の集合体です。一般に各ピクセルは、0〜255までの整数値を取り得る256階調で表現されます。特にカラー画像は三色（RGB）で表現されるため、ピクセルごとに約1,678万（256×256×256）の値を扱うことができます。たとえば、フルハイビジョン（1920×1080）のカラー画像は約620万（1920×1080×3）の数値から構成され、4Kはその4倍、8Kでは16倍の約9,950万（7680×4320×3）の数値として表現されます。すなわち画像データとは、非常に多くの数値データの集合体であるといえます。

画像データ　→　数値データ

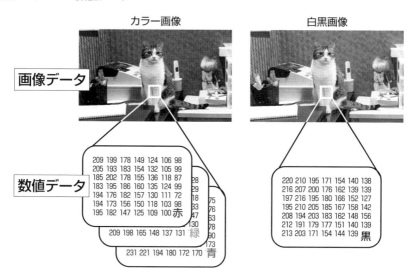

◆画像データとは？

　近年、画像データに機械学習を適用した例として、自動運転や顔認証、光学文字認識（OCR：Optical Character Recognition）に代表される**画像認識技術**が目覚ましい発展を遂げています。画像認識技術とは、その名の通り与えられた画像に写るものが「何か？（何に一番近いか？）」を認識するための技術で、画像データから特徴を抽出、分析することで対象を識別する**パターン認識**の一種です。

　金融分野における画像認識技術としては、紙帳票から文字を読み取り自動で構造化データにするために**AI-OCR**が利用されています。ペーパーレス化が推進される昨今でも完全に紙はなくなっておらず、需要はまだまだ存在します。また、株価の推移を画像として捉えることで、その騰落を予測する試みも行われており、金融分野でも画像認識は重要な技術となっています。

　ここで前ページの図の「猫の画像」に対して、画像内に写っているものが「猫か犬か人か」を識別するタスクを考えてみましょう。まず、この画像の中には「猫」だけでなく、「置物」や「テーブル」が含まれていることが見て取れます。そのため本タスクを解くには、対象（ここでは猫）の特徴をうまく「抽出」した上で、その部分が何かを「識別」する処理が必要となります。たとえば、何らかの手法を用いて「抽出」と「識別」を行った結果、猫、犬、人である確率がそれぞれ0.8、0.15、0.05であった場合、ある程度の自信を持って「この画像には猫が写っている」と答えられます。これが、画像認識（特に**画像分類**）タスクを解く一連の流れになります。

　このように画像認識タスクの多くは、**特徴の「抽出」**と**物体の「識別」**という2つの処理から構成されています。そのため、それぞれに対してさまざまな手法が提案されています。特に深層学習以前では、研究者らの知見と経験のたまものと呼べる手法が数多く提案されてきました。

深層学習以前の手法

　画像認識の精度を向上させるためには、物体の形状をよく捉えた特徴を「抽出」する必要があります。そのような特徴として、物体の角や**縁**

（エッジ）がよく用いられ、それらは画像内の小領域を表現した特徴量であるため、**「局所特徴量」**と呼ばれます。一般に局所特徴量の「抽出」には、**空間フィルタリング（フィルタ）**が用いられます。

　フィルタ処理とは、着目画素とその周辺画素を重み付けし、それらの和をとったものを着目画素の新たな値とする処理を指します。また、フィルタ処理は単に特徴を抽出するだけでなく、前処理として画像内に含まれるノイズの低減にも用いられます。たとえば、前者では画像内のエッジを抽出する**Sobel Filter**、後者は**平均化フィルタ**などがよく知られています。

　一方「識別」では、**ランダムフォレスト**（3-4参照）や、複数のデータ項目で構成される複数のクラスタにおいてそのクラスタ間の境界線を適切に設定する**サポートベクターマシン**といった、機械学習を用いた手法が利用されてきました。そのため深層学習以前では、知見と経験を基に手動でフィルタを構成し、そこで得られた局所特徴量と機械学習手法とを組み合わせて画像認識を行うことが一般的でした。しかし深層学習の登場により、画像認識の処理フローとその精度は大きく変わりました。

CNNとその仕組み

　2012年の画像認識コンペティションILSVRC（ImageNet Large Scale Visual Recognition Challenge）にて、2位以下の手法に大差を付けて優勝したことで、深層学習に基づく手法が一躍脚光を浴びました。このときの優勝モデルは**AlexNet**と呼ばれ、トロント大学のチームが**畳み込みニューラルネットワーク**（**CNN**：Convolutional Neural Network）を用いて構築した深層学習モデルでした。

　CNNの起源は、神経生理学的な知見を基に考案された**ネオコグニトロン**［K.Fukushima et al., 1980］であるといわれています。ネオコグニトロンとは、特徴抽出を行うS細胞層と、物体の位置が変動しても同一の物体とみなすC細胞層を階層的に配置した構造を持つ**ニューラルネットワーク**です。CNNはこのネオコグニトロンに類似したニューラルネットワークで、S細胞層に対応する「畳み込み層」とC細胞層に対応す

る「プーリング層」で構成され、**誤差逆伝播法**（3-4参照）と呼ばれる学習方法を採用することで、画像認識タスクにおいて大きな成功を収めました。

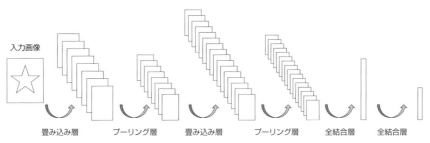

入力画像

畳み込み層　　プーリング層　　畳み込み層　　プーリング層　　全結合層　　全結合層

◆**CNNの構成例**

　畳み込み層とは、畳み込み計算を行うフィルタを指し、そのフィルタ値に応じて新たな特徴量を作り出す層です。前述のSobel Filterがその一例です。初期の層では、エッジなどの局所的な特徴量が抽出され、層を重ねるにつれて局所的な特徴量が組み合わさった大域的な特徴量が抽出されます。これにより画像内にある対象物の（大域的な）特徴が捉えられ、確度の高い認識が可能となります。

　一方**プーリング層**とは、ある小領域に対して最大値（平均値や最小値も用いられる）を抽出する操作を行うことで、物体の位置ズレを許容した特徴量への変換を行う層です。

　また、以前は手動で特徴量を設計していたのに対し、CNNでは畳み込み層で用いるフィルタ値を自動で学習します。さらに、以前は「抽出」と「識別」を別々のタスクとして多段的に処理していたのに対し、CNNではすべてのタスクを一気通貫で処理できる**End-to-End学習**を行います。それにより、AlexNetでは画像認識の処理フローが大きく改善され、かつCNNの層構造をより深くすることで高い画像認識精度が実現されました。

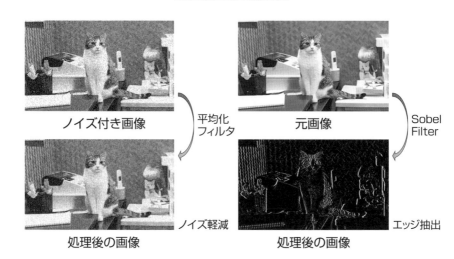

画像例

ノイズ付き画像

平均化
フィルタ

元画像

Sobel
Filter

処理後の画像

ノイズ軽減

処理後の画像

エッジ抽出

計算例

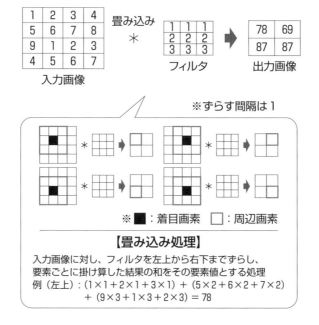

1	2	3	4
5	6	7	8
9	1	2	3
4	5	6	7

入力画像

畳み込み
＊

1	1	1
2	2	2
3	3	3

フィルタ

| 78 | 69 |
| 87 | 87 |

出力画像

※ずらす間隔は1

※ ■：着目画素 　□：周辺画素

【畳み込み処理】

入力画像に対し、フィルタを左上から右下までずらし、
要素ごとに掛け算した結果の和をその要素値とする処理
例（左上）：(1×1＋2×1＋3×1) ＋ (5×2＋6×2＋7×2)
　　　　＋ (9×3＋1×3＋2×3) ＝ 78

◆畳み込みニューラルネットワークで実施される畳み込み処理の例

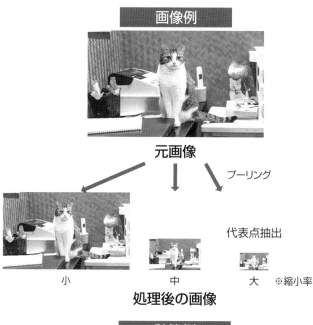

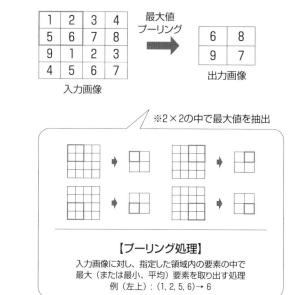

【プーリング処理】
入力画像に対し、指定した領域内の要素の中で
最大（または最小、平均）要素を取り出す処理
例（左上）：(1, 2, 5, 6) → 6

◆畳み込みニューラルネットワークで実施されるプーリング処理の例

CNNからTransformerへ

AlexNetの登場以降、CNNを用いた手法が主流となり、2016年頃までは「層の深化」、その後2019年頃までは「構造の改良」が積極的に行われ、多くの優れたモデルが発表されました。そして近年では、2020年にGoogleが発表したVision Transformer（**ViT**）を皮切りに、自然言語処理分野にブレークスルーをもたらしたTransformerを代表とするAttention機構を用いた手法が、画像認識の分野でも一大旋風を巻き起こしています。

ViTでは、画像をパッチに分割して単語のように扱うことでTransformerのEncoderで処理し、それを**多層パーセプトロン**（MLP：Multi-layer Perceptron）に入力することで画像認識を行います。それにより、一般的なCNNを用いないアーキテクチャとして、ViTは高い画像認識精度を達成しました。しかし、Transformerは学習時のデータセットが小さいとモデルの汎化性能が低下するという問題も明らかになっています。

また近年では、CNNもAttentionも必要としないMLPをベースとした単純なアーキテクチャのモデルでも同等の画像認識精度が実現できることが報告され、注目を集めています。このモデルは計算コストも小さく、今後の技術発展に期待が高まります。

3-7 音声データに対する機械学習

深層学習で広がる音声機械学習の世界

音声情報処理とは？

　人間同士のコミュニケーションは音声を主体に行われています。音声を数値として扱い、音声の持つ情報をコンピュータによって分析・応用

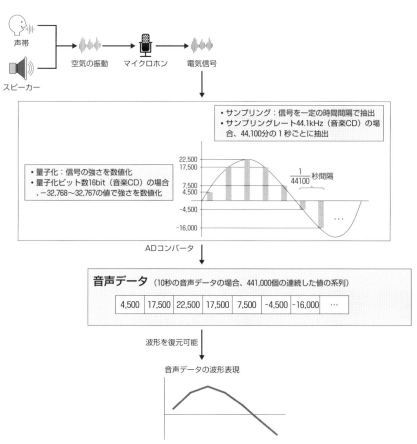

声帯

スピーカー

空気の振動　マイクロホン　電気信号

- サンプリング：信号を一定の時間間隔で抽出
- サンプリングレート44.1kHz（音楽CD）の場合、44,100分の1秒ごとに抽出

- 量子化：信号の強さを数値化
- 量子化ビット数16bit（音楽CD）の場合、−32,768～32,767の値で強さを数値化

$\frac{1}{44100}$ 秒間隔

ADコンバータ

音声データ （10秒の音声データの場合、441,000個の連続した値の系列）

4,500	17,500	22,500	17,500	7,500	-4,500	-16,000	…

波形を復元可能

音声データの波形表現

◆音声データの概要

する研究分野を**音声情報処理**と呼びます。

　音声をコンピュータで分析するためには、コンピュータが認識可能な数値データで音声を表現する必要があります。音声とは空気の振動です。この振動の様子を振動周波数の数値データとして記録したものが、普段私たちが目にしている「wav」や「mp3」といった音声データです。

　音声情報処理の研究テーマには、人間の発話を文字で書き起こす「**音声認識**」、テキストをコンピュータで作った人間の声で読み上げる「**音声合成**」、これらを連携した「**音声対話システム**」などがあります。

音声情報処理のための前処理

　音声情報処理でも機械学習は広く用いられています。音声データを用いた機械学習では処理性能を向上させるために、音声データをコンピュータが分析しやすい形に加工する「**前処理**」を行うのが一般的です。

　よく用いられる前処理には、音声データをフーリエ変換し、さらに人間の知覚特性を反映させた変換を行う「**対数メル周波数スペクトル**」や、このスペクトルにさらに変換を施した「**対数メル周波数ケプストラム**（Mel

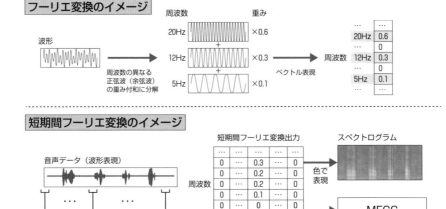

◆フーリエ変換と短期間フーリエ変換のイメージ

Frequency Cepstral：MFC)」などがあります。特にMFCの係数（Coefficient）である「MFCC」は音声のさまざまな特徴を数十次元のベクトルに圧縮した特徴量データであり、画像データやテキストデータのベクトル化表現（分散表現）と同様に、多くの音声機械学習に使用されています。

　画像分析に対する深層学習の発展に伴って新たな前処理も生まれました。有名なものに、MFCCをヒートマップのようなグラフに可視化する前処理があります。このグラフを画像認識用の深層学習モデル（3-6参照）に読み込ませることで、画像分析の技術を音声分析に適応することができます。

深層学習による音声認識

　機械学習を用いた音声認識研究の歴史は長く、1952年に米ベル研究所にて世界初となる数字音声認識システム「Audrey」が開発されて以来、70年以上にわたってさまざまな手法が開発されてきました。その歴史の中でも、深層学習の進展が音声認識にもたらした影響は著しく、特に近年では、後述する事前学習モデル「wav2vec 2.0」や音声認識モデル「Whisper」のように、音声認識の精度を大きく向上させる成果を上げています。

　従来の機械学習による音声認識は、音の波形を音声の最小単位とされる音素の列に変換する「**音響モデル**」、得られた音素列に該当する単語候補を提示する「**単語辞書**」、そして単語候補から言語的妥当性を考慮して最も適当なものを選ぶ「**言語モデル**」の三要素で構成されていました。

　このような多段構造が採用された理由は、シンプルに音の波形から直接発話内容を導く「End-to-Endモデル」の実現難易度が高いため、タスクを分解し、自然言語処理による単語認識・文脈判断タスクを組み込むことで、難易度を下げる必要があったからです。各要素を深層学習モデルに置き換えることから、深層学習の音声認識への応用は始まりました。しかし、三要素から成る多段構造では、音響モデルで生じた誤差が単語辞書で増幅されてしまい、達成できる精度に限界がありました。こ

の誤差問題は、研究の進展によってEnd-to-Endモデルが実用化されたことで解決されました。

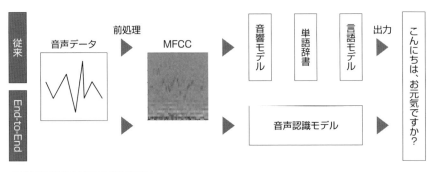

◆音声認識モデルの処理フロー

• 革新的な音声認識モデル①：wav2vec

　従来、音声認識モデルには、音声認識用に特別なフォーマットで書き起こされたテキストと音声データが大量に必要であったため、開発のハードルが非常に高いことが指摘されていました。このデータ量問題を解決したのが、Facebook AI Research（当時）が提案した**wav2vec**です。

　wav2vecはBERT（3-5参照）のような自己教師あり学習を、最大960時間の音声データセットを用いて行った事前学習モデルです。特筆すべきはグラフ変換などの前処理を行わない生の音声データで事前学習を実現したことです。これによって音声の持つ情報を欠かすことなく文脈を考慮した音声のベクトル化表現の獲得を実現しました。このwav2vecを音声認識用にファインチューニング（3-9参照）することで、少量のデータでも従来のモデルと同等の精度を達成できるようになりました。2021年に発表された発展版のwav2vec 2.0ではさらに良質な音声のベクトル化表現を実現し、ついに当時の音声認識の最高精度を達成しました。2023年でも、wav2vec 2.0の派生モデルが認識精度の上位に位置しています。

　事前学習済みのwav2vec 2.0は商用利用可能な形で一般公開されており、高性能の音声認識モデルが低コストで開発可能な時代となりました。

wav2vec 2.0は音声認識にとどまらず、音声を題材としたさまざまなタスクにファインチューニング可能です。既に多くの応用事例が存在するなど、現在の音声情報処理の研究開発において重要な存在となっています。

◆wav2vecの処理フロー

・革新的な音声認識モデル②：Whisper（Web-scale Supervised Pretraining for Speech Recognition）

wav2vecは事前学習モデルであって、音声認識を行うためには使用者が持っている音声データでモデルの再訓練を行うファインチューニングが必要です。そのため、ファインチューニングに用いたデータへの過学習が生じてしまい、未知の音声に対しては、認識精度が低下することが指摘されていました。そこで2022年12月にOpenAIから公開された**Whisper**では、wav2vecとは異なるアプローチを採用し、wav2vec 2.0を超える音声認識精度を実現しました。

OpenAIは、Whisper開発の際、音声認識用の特別なフォーマットにこそなってはいませんが、人間による書き起こしテキストが付いた68万時間の音声をWebから収集しました。この音声群から書き起こしテキストと音声の対応などを前処理で割り当てることで、膨大で多様な音声による教師あり学習を実現し、さまざまな言語に対して汎用的かつ高性能な音声認識モデルを完成させました。学習に使用された音声の詳細は明らかにされていませんが、動画配信サイトなどから収集された音声ではないかと推測されています。

Whisperは2023年7月時点で、tiny、base、small、medium、large（large-v2）の5種類が商用利用可能な形で公開されています。名前は

モデルサイズを表しており、モデルサイズが大きいほど精度が良くなる一方で、処理に必要なメモリサイズや時間が増していきます。largeのアップデート版であるlarge-v2については、APIがOpenAIによって公開されており、音声1分当たり0.006ドルという低コストで最高精度の音声認識を実装できます。

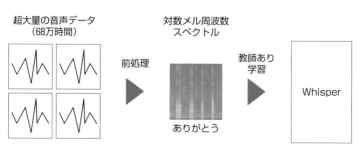

◆Whisperにおける事前学習

金融業界における音声処理技術の活用

金融業界では、次のような分野で音声処理技術が活用されています。

・音声アシスタント

音声認識と音声合成を組み合わせることで、顧客の金融に関する問いかけに自然な音声で回答してくれる**音声アシスタント**が開発されています。特に有名なサービスとして、「バンク・オブ・アメリカ」が2018年6月から運用を開始し、2022年10月には3,200万人のユーザーと合計10億回の対話を行った仮想金融アシスタント「Erica（エリカ）」が挙げられます。Ericaは利用者固有の背景に応じて適切な回答をしてくれるパーソナライズアシスタントとして非常に高い評価を得ています。Ericaはまた、継続してアップデートされており、音声アシスタントが先進的な金融サービスにおいて重要な立ち位置を占めるようになっています。

・音声決済

　音声認識技術をベースに、携帯電話やコンピュータに話しかけるだけで商品を購入できる「**音声決済**」は、Amazon Echo や Alexa、Siri などに導入されています。このような音声決済と紐づいた金融サービスが複数の金融機関によって提供されています。たとえば、英バークレイズやロイヤル・バンク・オブ・カナダでは、2017年に Siri と連携し、音声のみで登録口座への送金を行える機能を実装しています。

・音声による生体認証

　音声決済や電話で金融サービスを受けられる「テレホンバンキング」のような音声サービスは、非常に便利な一方、詐欺被害のリスクが存在します。このような不正を検出して防止するために、**音声情報処理を用いた生体認証システム**が開発されています。たとえば英HSBCでは、声量などの身体的特徴と話速や発音といった習慣的特徴を組み合わせて個人を特定する「Voice ID」が導入されています。本システムの効果として、2020年の1年間を通して、2億4,900万ポンドもの詐欺被害を未然に防止できたことが報告されています。

3-8 汎用AIへつながる マルチモーダル機械学習

さまざまな情報を統合的に処理する技術

マルチモーダル機械学習とは？

　人間は日常的に五感を介してテキストや画像、音声などのさまざまな情報に触れ、意識的・無意識的かを問わずにそれらの情報を統合的に処理しています。このような情報の種類のことを**モダリティ**と呼び、複数のモダリティの情報を機械学習で処理する技術を**マルチモーダル機械学習**といいます。

　マルチモーダル機械学習は、コンピュータが人間のようにさまざまなモダリティの情報を統合的に理解できるようになることを目標としてい

言語モデルや画像モデル（1つのモダリティしか扱えない）

"猫が走っている" ➡ ➡ "A cat is running."

➡ [1, 0, 0, …] 猫であることを表すベクトル

言語モデルや画像モデルでは、
・文章の内容を理解し関連する文章を生成する
・画像の内容を理解し、類似の画像を探索する
など、単一のモダリティの範囲内での認識と処理しかできない

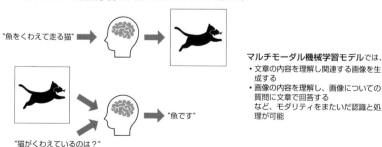

マルチモーダル機械学習モデル（複数のモダリティを扱える）

"魚をくわえて走る猫" ➡ ➡

➡ "魚です"

"猫がくわえているのは？"

マルチモーダル機械学習モデルでは、
・文章の内容を理解し関連する画像を生成する
・画像の内容を理解し、画像についての質問に文章で回答する
など、モダリティをまたいだ認識と処理が可能

◆言語モデル・画像モデルとマルチモーダル機械学習モデルの違い

ます。

2023年7月時点では、マルチモーダル機械学習を実際の金融ビジネスに活用し成功した事例はほとんど明らかになっていません。しかし、この技術は、ひとつひとつの業務タスクごとにモデルを整備して効率化を実現してきたこれまでの機械学習技術が、1つのモデルで複数の業務タスクを実行できる、いわゆる「汎用AI」へ発展する契機となり得る技術と考えられ、注視しておく必要があります。

将来的には金融ビジネスにおいて、「文章とグラフの両方を使った資産運用アドバイスを作成するエージェントAI」「顧客の表情と発話内容の両方から顧客が感じた満足度を正確に測定するAI」など、従来にない高度な業務自動化や顧客理解を実現できる可能性が考えられます。

モダリティの異なるデータを処理する難しさは、データの形式が大きく異なることにあります。異なるモダリティの情報をどのように結び付けて「理解」するかが、マルチモーダル機械学習の本質といえます。以降では、特に研究が発展しているテキストデータ（特に自然言語）と画像データの組み合わせの分野（Vision-Language）を中心に、マルチモーダル機械学習のタスクについて説明します。

テキストからの画像生成

入力されたテキストに対応する画像を出力するタスクは、マルチモーダル機械学習の代表例といえます。モダリティ変換のひとつで**Text2Image**と呼ばれます。モデルに入力するテキストは**プロンプト**と呼ばれ、単語の羅列や文章などが使用されます。

生成される画像はプロンプトに強く依存します。プロンプトでは、メインの被写体や背景などの描画される対象そのものだけでなく、描画スタイル（写真、油絵、アニメ風など）や、構図などの「どのように描画するか」という情報も指定できます。プロンプト次第で「ピカソが描いた最後の晩餐」のような、実在しないイメージを画像化できます。

画像生成分野は2010年代半ばから、**敵対的生成ネットワーク**（**GAN**：Generative Adversarial Networks）という深層学習技術を用いて発展し

てきました。しかし、GANには学習の不安定さや出力される画像の多様性が低いことなどの欠点がありました。また、初期のGANによる画像生成モデルは、学習に使用した特定の種類の画像（たとえば人間の顔）の画像しか生成できませんでした。

これらの問題を解決したのが、拡散モデルとCLIPです。

拡散モデルは2015年に非平衡熱力学から着想を得て考案され、その性質上、GANのような欠点を持ちません。近年になってGANを上回る解像度での画像生成が可能となったことで注目されるようになりました。

CLIP（Contrastive Language-Image Pretraining）は、OpenAIが開発した、少ない手掛かりで画像分類を解くためのフレームワークで、画像と言語を結び付けるベクトル表現を学習できます。このベクトル表現を活用し、種類を限定することなく、プロンプトから多様な画像を生成することが可能となりました。

2022年には、この拡散モデルとCLIPを基にした、クオリティが高く簡単に使える画像生成インターフェースが複数公開され（OpenAIのDALL・E2、Stable Diffusion、Midjourneyなど）、機械学習の非専門家にも広く認知されるようになりました。さらには、アニメなど特定の領

出典：MEMEPLEX.APPで作成（https://memeplex.app/）

◆『ピカソが描いた最後の晩餐』

域に特化した画像生成サービスが登場したり、既存のサービスやソフトウェアに搭載されたりするなど、画像生成技術は急速に普及しています。

その一方で、急激な大衆化に伴う問題も浮上しています。生成画像の著作権の問題や、Web公開していたイラストを許可なく学習データとして使用されることへの反感、学習データに使用された画像と似た画像を生成してしまう問題など、多くの懸念点が現在進行形で議論されています。このようにテキストからの画像生成技術は学術研究の域を超えて、さまざまな面から社会に変革をもたらしつつあります。

画像のキャプション生成

入力された画像に対して、内容を説明するキャプションを生成するタスクも、マルチモーダル機械学習のタスクとなります。Text2Imageの逆向きのモダリティ変換であり、**Image2Text**とも呼ばれます。メインの被写体を表す単語だけでなく、被写体の状態や背景などの副次的な情報も含めた文章を出力できます。テキストからの画像生成と異なり、子どもでもできるような簡単な作業のように思われますが、コンピュータにとっては難問です。画像に適切なキャプションを生成するためには、①画像内のオブジェクトを認識する、②オブジェクト間の位置関係を把握する、③①・②の内容を言語化する、という3つの問題を処理することが必要だからです。

画像認識技術のみを活用する場合には、機械学習モデルが画像データのみを取り扱ってテキストを使用できないため、分析者が、画像とその画像のラベルを事前に紐付けておいて、分類済みの画像を対象に学習させる必要があります。そのため、画像認識させたい対象を限定する必要があり、多様な画像には対応できません。画像の情報と、画像の内容を長文で説明した自然言語の情報との関係を直接的に結び付けるマルチモーダル機械学習では、画像の内容をテキストで豊かに表現することが可能となり、明示的には学習していない多様な画像についても、認識して適切なキャプションを生成することができます。

次ページの画像は、画像のキャプション生成に関する公開論文から引

生成されたキャプション：
A cat looking at its reflection in a
mirror.
（鏡に映る自分の姿を見つめる猫）

生成されたキャプション：
A plate of breakfast food with eggs
and toast.
（卵とトーストが載った朝食のプレート）

出典：「Meshed-Memory Transformer for Image Captioning」（一部修正）
https://arxiv.org/pdf/1912.08226.pdf

◆画像と生成されたキャプションの例

用したものです。マルチモーダル機械学習モデルにより、「鏡に映る自
分の姿を見つめる猫」「卵とトーストが載った朝食のプレート」など、
画像の内容を適切に文章で説明できている様子がうかがえます。

テキストからの動画生成

　マルチモーダル機械学習は、入力されたテキストから対応する動画を
作成するタスクにも対応可能です。モダリティ変換のひとつで
Text2Video と呼ばれます。動画は画像の連続であるため、画像生成の
技術が応用できると考えられていますが、いくつかのハードルがあります。
　まず、時間という次元が１つ増えることにより、計算量が大幅に増加
します。さらに、空間的な整合性に加えて時間的な整合性も保つ必要が
あります。また、学習に必要なテキストと動画の組み合わせのデータが
少ないことも問題となります。Text2Video-Zero などの公開されている
モデルも存在しますが、画像生成に比べると画質が粗い、フレームレー
トが低いなど、2023年７月時点ではまだ発展途上といえます。また、
Edit A Video など、動画と指示文（テキスト）を入力し、指示文に従っ
て動画を編集する技術も登場しています。

3-9 AIモデルの予測精度を 向上させるための技術

より高度な機械学習モデルを構築するための次の一手

特徴量の追加と加工

　機械学習モデルの性能を向上させるために、既存のデータを変換したり、外部ソースからデータを入手したりして、新たな特徴量をデータセットに追加することを、**特徴量エンジニアリング**（feature engineering）といいます。

　特徴量エンジニアリングは、うまく行えばモデルの性能を大きく向上させられるポテンシャルを持っていますが、適切な特徴量の作成には、モデル構築の目的（ビジネステーマ）とデータについての深い知見が求められます。

　一例として、ある企業の株価予測モデルを作成したい場合を考えます。使用するデータおよび特徴量としては、過去の株価推移や決算情報などが第一に考えられます。さらに、一般的な投資家が取引材料にすると考えられるデータ（たとえば、株価推移のデータから得られる一目均衡表・RSI（Relative Strength Index：相対力指数）などのテクニカル指標の情報や、外部ソースから得られる企業の想定為替レートと実勢との乖離などの情報）を特徴量として適切に追加できれば、予測モデルの性能を改善できる可能性があります。

最適なハイパーパラメータの選択

　機械学習モデルが持つパラメータの中で、データセットからの学習では決まらず、事前に設定が必要なものを**ハイパーパラメータ**と呼びます。モデルの作成時には、ほとんどの場合においてハイパーパラメータの設定をあらかじめ行う必要があります。ハイパーパラメータの例としては、ランダムフォレストにおける決定木の数、ニューラルネットワークにお

ける層の数などが挙げられます。

　ハイパーパラメータの選択は、モデルの精度にも影響を与えます。精度の高いモデルを作成したい場合には、複数のハイパーパラメータを使って実際にモデルを学習させた後に、最も精度が良くなるパラメータを採用します。このように、最適なハイパーパラメータの値を探索することを**ハイパーパラメータチューニング**と呼びます。

　ハイパーパラメータチューニングを自動的に行う手法としては、**グリッド探索**（grid search）、**ランダム探索**（random search）、**ベイズ最適化**（Bayesian optimization）などがあります。しかし、深層学習モデルのように学習に時間がかかる場合には、学習中の結果も確認しながら、前回の結果と比較して学習を途中で打ち切るなど、手動によるチューニングもよく行われます。

　ハイパーパラメータチューニングは、オープンソースのライブラリを活用することでも実現できます。機械学習ライブラリ**scikit-learn**にはグリッド探索やランダム探索が実装されています。また、ベイズ最適化による探索に特化した**scikit-optimize**や、基本的な探索アルゴリズムに加えてTPE（Tree-structured Parzen Estimator）などの最新のアルゴリズムも使用可能な**Optuna**もよく使われています。

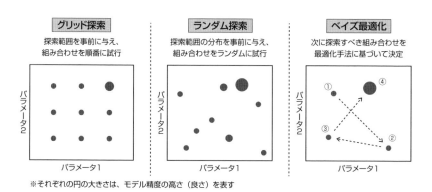

※それぞれの円の大きさは、モデル精度の高さ（良さ）を表す

◆ハイパーパラメータチューニングの代表的手法のイメージ

複数のモデルによる多数決

　複数のモデル（弱学習器）を組み合わせて1つのモデルを生成する手法を、**アンサンブル学習**（ensemble learning）といいます。アンサンブル学習では、「三人寄れば文殊の知恵」という言葉でよくたとえられるように、それぞれの弱学習器の性能がそれほど高くない場合でも、その予測結果を多数決で統合することでモデル全体の性能向上を狙います。よく使われる手法としては、バギング（bootstrap aggregating：bagging）、ブースティング（boosting）、スタッキング（stacking）があります。

　バギングは、アンサンブルに用いる個々の弱学習器の学習において、すべての学習データを使うのではなく、その一部を抽出したデータで別個に学習する手法です。それぞれの弱学習器が異なるデータセットで学習するために汎化性能が向上し、また学習の計算を並列処理できるという利点もあります。

　ブースティングは、最初にベースラインとなる弱学習器を生成し、これを改善するような学習を行って新たな弱学習器を生成していく手法です。より具体的には、前回生成した弱学習器が誤って予測したデータに重点を置き、その予測を改善するように次回の学習が行われます。ブースティングにおける学習は逐次的に行われるため、バギングのような並列処理はできません。

　スタッキングは、モデルを多段に積み上げていく手法です。まず、1段目ではさまざまな弱学習器の学習を行い、続く2段目では、1段目の各弱学習器の出力（予測値）を使って、最終的な予測を行う学習器を生成します。言い換えれば、2段目では、1段目のどの弱学習器をどう組み合わせれば最も性能が上がるかを学習します。

転移学習とファインチューニング

　転移学習（transfer learning）は、深層学習モデルにおいて、ある領域で大量のデータで学習させたモデルの一部を転用し、別の領域におけ

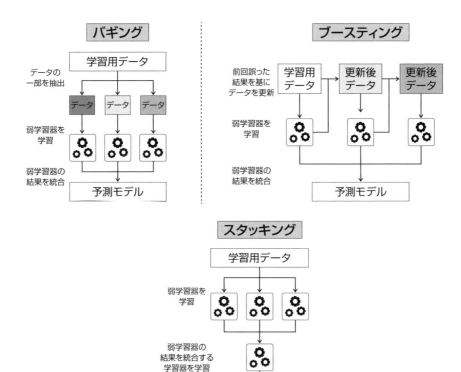

◆アンサンブル学習の代表的手法のイメージ

る少量のデータで追加学習させることで、精度の良いモデルを効率良く構築する手法です。

　例として、CNN（畳み込みニューラルネットワーク）を用いて、画像から猫の種類を判別するモデルを作ることを考えます。もし、何もない状態からモデルを作るとしたら、まずは分類対象となる猫の画像を大量に用意する必要があり、またモデルの学習にも相当の時間がかかることが想定されます。

　2014年の画像認識コンテストにおいて優勝した、VGG16という有名なモデルがあります。VGG16は、畳み込み層×13と全結合層×3の全16層で構成されており、膨大な画像データセットから動物や乗り物などの1,000カテゴリーを分類できるように学習されています。VGG16のパ

ラメータ（重み）は一般に公開されていて、誰でも利用できます。

　転移学習のアイデアでは、この優秀な画像分類モデルであるVGG16を、猫の判別モデルに転用することを考えます。VGG16の層のうち、画像の特徴抽出を行っていると考えられる13層の畳み込み層を転用（コピー）し、そこに新たな全結合層を接続します。そして、今回用意した猫の画像データを使って学習し、畳み込み層のパラメータを固定して全結合層のパラメータのみを更新すると、何もない状態からモデルを作るよりもずっと少ないデータ量と学習時間で、ある程度精度の高い分類モデルを構築できます。

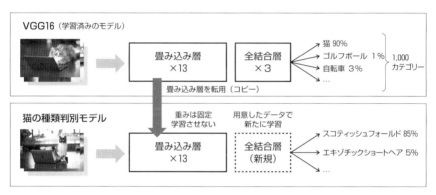

◆**画像分類タスクにおける転移学習の例**

　これに対し、パラメータの一部または全部を固定せず、新たな学習データに合わせて更新する手法は**ファインチューニング**（fine tuning）と呼ばれます。

┃トレンドのキャッチアップ

　データサイエンス・機械学習に関する最先端の研究は世界中で進められており、今でも驚異的なスピードで進化を続けています。そのため、これまでに挙げたような手法よりも効率的かつ効果的な手法がいずれ登場することが想定されます。自分の活用する手法やアイデアが「時代遅れ」にならないためにも、最先端のトレンドへのキャッチアップは非常

に重要です。

　最先端の研究を知るための場として、まず挙げられるのが国際会議（カンファレンス）です。代表的なものとしては、機械学習分野のNeurIPS（Neural Information Processing Systems）とICML（International Conference on Machine Learning）、データマイニング分野のKDD（International Conference on Knowledge Discovery and Data Mining）、自然言語処理分野のACL（Association for Computational Linguistics）などがあります。いずれの国際会議も、世界中の研究機関や企業から多数の論文が投稿され、参加者数も機械学習への関心の高まりとともに近年急激に増加しており、トレンドのキャッチアップだけでなく研究者や企業間のネットワーキングにも適した場となっています。

　国際会議よりも手軽に、インターネット上で最先端のトレンドをキャッチアップできる場としては、arXiv（アーカイブ）があります。arXivは、物理学、数学、計算機科学などの研究論文の投稿・閲覧が誰でも無料で行えるWebサイトで、現在はアメリカのコーネル大学図書館が運営しています。arXivに日々投稿される論文の傾向をチェックするだけでも、ある程度のトレンドを把握できるでしょう。

3-10 ビジネスに効果の最大化をもたらす最適化

データサイエンスのもうひとつの重要領域

数理最適化とは？

データサイエンスの関連領域には、統計学や機械学習だけでなく、数理最適化の要素技術も含まれており、金融ビジネスでも多用される技術です。ここでは最適化について説明します。

数理最適化は、与えられた制約条件を満たしながら、目的関数を最大化または最小化するように最適な変数の値を求める数学的手法です。最適化問題は、連続最適化と離散最適化の2つのカテゴリーに分けられます。

連続最適化には線形最適化や非線形最適化などの種類があり、機械学習やシミュレーション分野などに応用されています。**離散最適化（組み合わせ最適化）**には整数計画法などが含まれ、代表的な問題としては、最小の経路数や距離で取引先を訪問する方法を算出する巡回セールスマン問題などがあります。最適化問題は、製造業、物流業、金融業、エネルギー業など、あらゆる分野で意思決定に利用され、企業の業務効率化やコスト削減だけでなく、新たなビジネスチャンスの発見など、現実世界の問題解決に大きく貢献しています。

◆数理最適化の手順

機械学習モデルにおける精度向上チューニング手法のひとつに「ベイズ最適化（3-9参照）」がありますが、最適化の対象となる関数の複雑性から勾配法（目的関数を微分し、最も勾配が急な方向に向かってパラメータ更新を繰り返すことで目的関数を小さくする手法）を適用できないため、数理最適化とは区別されます。

主な数理最適化手法

数理最適化の主要なアルゴリズムには、線形最適化問題を解くシンプレックス法や内点法、整数計画問題を解く分枝限定法やカットプレーン法、非線形最適化問題を解く勾配法や準ニュートン法などがあります。

本書では、具体的なアルゴリズムに特化した説明ではなく、事例を中心に解説を行います。数理最適化の事例として「ポートフォリオ最適化」、機械学習結果の数理最適化への応用として「コールセンター人員最適化」を紹介します。

数理最適化の事例：ポートフォリオ最適化

<u>ポートフォリオ最適化</u>は、投資家がリスクとリターンのバランスを最適化するために、異なる資産クラス（株式や債券など）や銘柄を組み合わせる投資戦略のことです。この考え方は、ハリー・マークウィッツによって1952年に提唱された現代ポートフォリオ理論（MPT：Modern Portfolio Theory）に基づいています。ポートフォリオ最適化の目的は、投資家が目指すリターンを達成しつつ、リスクを最小限に抑えることです。具体的には、各資産の期待リターン、リスク（標準偏差）、および資産間の相関関係を考慮して、最適な資産配分を決定します。

たとえば次ページの最適化問題を解くことで、投資家は目標リターンを達成するための最適な資産配分を決定できます。

ポートフォリオ最適化は、リスクの多様化を通じて投資リスクを軽減できるため、資産運用において重要な役割を果たしています。しかし、実際の運用では、過去のデータに基づく期待リターンやリスクの推定が難しいこと、資産間の相関関係が時々刻々と変化することなど、さまざ

目的関数：ポートフォリオリスクの最小化
制約条件：
- 期待リターンが目標リターンに等しい
- すべての資産の重み（比率）の合計が1

$$\begin{array}{ll} \underset{w_1,\cdots,w_n}{\text{minimize}} & \sum_{i=1}^{n}\sum_{j=1}^{n} w_i w_j \Sigma_{ij} \\ \text{subject to} & \sum_{i=1}^{n} w_i \mu_i = \mu_p \\ & \sum_{i=1}^{n} w_i = 1 \end{array}$$

● 変数
　w_i：i番目の資産のポートフォリオの重みを表す（$i=1,\cdots,n$）
● パラメータ
　▶ Σ_{ij}：資産iとjの共分散を表す（$i,j=1,\cdots,n$）
　▶ μ_i：i番目の資産の期待リターンを表す（$i=1,\cdots,n$）
　▶ μ_p：ポートフォリオの目標期待リターンを表す

◆ポートフォリオ最適化の設定例

まな課題が存在しています。そのため、ポートフォリオ最適化の理論を適用する際には、これらの課題を考慮した上で、柔軟な資産運用戦略が求められます。

機械学習結果の数理最適化への応用：コールセンター人員最適化

　コールセンターでは、掛かってくる電話の件数に対して、対応するコールオペレーターの人数を過不足なく事前手配することが非常に重要です。コール数に対して対応人数が少なければ、顧客を待たせたり用件を聞けなかったりしますし、多ければコストの無駄になってしまいます。数理技術を活用してコールオペレーター人数の最適解を求め、ビジネス改善を目指す取り組みは多くあります。

　コールセンターの時間帯ごとの必要人数を機械学習モデルで予測し、予測結果を制約として、次ページの数理最適化問題を解くことを考えてみます。

　まず、過去のコールセンターのデータを用いて、時間帯ごとの必要人数を予測する機械学習モデルを構築します。このモデルは、時間帯、曜

日、祝日、季節、過去のコール量、トレンド、天気、特別なイベントなどの特徴量を考慮して予測を行うことが考えられるでしょう。

　次に、機械学習モデルの予測結果を使用して、各時間帯に必要な最低人数を制約条件とした数理最適化問題を設定します。この最適化問題は、コールセンタースタッフのシフトスケジュールを決定することを目的としており、1時間当たりの総コストを最小化しながら、各時間帯に必要な最低人数を確保することを目指します。

　たとえば下図の最適化問題を解くことで、コールセンターの運営コストを最小化しながら、各時間帯のサービス品質を維持することができま

目的関数：総コストを最小化
制約条件：
・コールセンターは1日に24時間営業している
・時間帯ごとに必要な最低人数が異なる
（機械学習の予測結果を使用）
・各スタッフは最大8時間のシフト勤務が可能
・各スタッフは1時間当たりのコストが異なる
※最低連続稼働時間の制約は省略
※変数：各時間帯の必要な最低人数

$$\text{minimize} \quad \sum_{i=1}^{n} \sum_{j=1}^{24} c_i x_{ij}$$

時間帯ごとの必要人数の予測結果

$$\text{subject to} \quad \sum_{i=1}^{n} x_{ij} \geq \boxed{d_j}, \quad \forall j=1,\cdots,24$$

$$\sum_{j=1}^{24} x_{ij} \leq h_i, \quad \forall i=1,\cdots,n$$

$$x_{ij} \in \{0, 1\}, \quad \forall i=1,\cdots,n, \quad \forall j=1,\cdots,24$$

● 変数
　x_{ij}：スタッフiが時間帯jで働くかどうか（バイナリ変数）
● パラメータ
　▶ c_i：スタッフの1時間当たりのコスト
　▶ d_j：時間帯jに必要な最低人数
　▶ h_i：スタッフiの最大勤務時間

ここで、nはスタッフの数を表す。最初の制約式は各時間帯に必要な最低人数を確保するためのもので、2番目の制約式は各スタッフの最大勤務時間を制限するためのもの。最後の制約式はバイナリ変数の条件を表す

◆コールセンターの人員最適化の設定例

す。機械学習モデルの予測精度が高ければ、最適化問題の解も現実的な
シフトスケジュールとして実用的なものになります。

　このように、機械学習による予測を利用して人がその先の意思決定を
考えて行わなければならない局面でも、数理最適化を実行することで最
適な意思決定案が得られ、最終的な意思決定までにかかる時間を削減す
ることが期待できます。

機械学習モデルを組み込んだシステムの運用

AIモデルとシステムを長く使い続けるために必要なこと

機械学習モデルを組み込んだシステムの運用とは？

　一般的な業務システムと同様に、機械学習モデルを組み込んだシステム（AIシステム）もリリースしたらそれで終わりということはなく、中長期的にモデルの性能を維持して安定稼働させ、ビジネス価値を提供し続けていくための運用が不可欠です。

　具体的には、モデルのパフォーマンスやデータの品質を継続的にモニタリングし、その結果に応じてモデルのアップデート（再学習や更新デプロイ）を検討・実施します。また、運用効率化のために自動化手法を導入することも一般的です。

　本節では、これらの内容について順に説明していきます。

要件定義	モデル開発	モデル運用
・ビジネスのゴール設定 ・モデルのゴール設定 ・データソース検討 ・評価指標検討 …	・探索的データ分析 (EDA) ・特徴量選択 ・アルゴリズム選択 ・ハイパーパラメータチューニング ・システムリリース …	・性能モニタリング ・データモニタリング ・モデル再学習 ・モデルの更新デプロイ …

◆AIシステム開発のフェーズとタスク

モデルのパフォーマンスモニタリング

　AIシステムを運用する上で、最も基本的かつ重要なのが**モデルのパフォーマンスモニタリング**です。一定期間におけるモデルの予測結果と実際のデータを用いて、モデルの評価指標を定期的にモニタリングします。

　アルゴリズム・トレードモデル（4-7参照）のような性能劣化による

ビジネスインパクトが大きいモデルでは、たとえば毎日など高頻度にモニタリングすることが求められます。一方で、AIシステムの出力を業務の参考程度にしか使用していない場合は、モニタリングの必要頻度は下がり、たとえば月に1回程度のモニタリングでも問題ないでしょう。

　性能評価の指標と、何をもって性能劣化と認定するかの基準もあらかじめ定めておく必要があります。これらは、AIシステムのステークホルダーであるユーザーやプロダクトオーナーとの協議の上で決定します。

　性能評価の指標には、基本的にモデルの開発時と同じ評価指標を用いますが、この検討が後回しになってしまうと、開発時には想定していなかった制約が後から判明して評価方法を変更せざるを得なくなる可能性があります。たとえば、システムの都合により、保険営業支援AIが出力する推奨顧客リストが、リスト作成日の2日後にならないと保険営業員の元に届かないような場合には、その2日間の営業成績数値はモデルの評価から除外する必要があります。リリース対象のモデルの仕様が具体化してきたら、できるだけ早い段階でモニタリング方法の検討も進めておき、実運用を見据えた評価を開発時から行っておくことが望ましいでしょう。

　モデルが性能劣化の基準を満たした場合は、なぜ性能劣化が起こっているのか分析を開始し、再学習を含むその後のアクションを検討します。最も単純な基準は、開発時に評価したモデル性能を基準に一定のしきい値を定め、「評価指標がしきい値を下回る」という条件を設定するやり

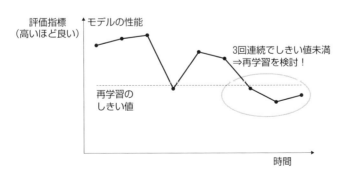

◆再学習基準の設定例（3回連続でしきい値未満）

方です。ただし、ある評価タイミングではたまたま評価指標が低く出てしまったものの、翌月には何事もなかったかのように回復するようなパターンも考えられます。このような場合には、「評価指標がN回連続でしきい値を下回ったら」「評価指標が直近N回でしきい値をM回下回ったら」などといった基準を設定する方法がとられます。

モデルの特徴量のモニタリング

　モデルそのものだけでなく、**モデルに入力するデータである特徴量の傾向変化をモニタリングすること**も重要です。特徴量のモニタリングは、前述のモデルのパフォーマンスモニタリングを行うためのデータの入手が難しい場合でも行うことができます。機械学習モデルは学習に用いたデータの分布を前提に推論を行うため、推論対象のデータの傾向が学習時と乖離すると精度に悪影響を及ぼす可能性があります。

　具体的なモニタリングの方法としては、モデルの主要な特徴量について平均値、中央値、標準偏差、欠損値の数などの要約統計量の変化を確認することが一般的です。データの分布が変化した場合には、データの発生元であるビジネスプロセス、もしくはその前提となるマーケット情勢や社会情勢などに変化が起きている可能性があります。また、モデルの予測が活用されてビジネスに影響を与えたことで、データの分布が変化することもあり得ます。データの欠損値が突然増加しているような場合には、上流システムの予期しない仕様変更なども疑われます。

　データの傾向変化を検知した場合には、実際のデータを確認して原因を分析し、適切な対策を講じることが必要です。多くの場合はモデルのパフォーマンス低下も伴うと考えられるため、モデルの再学習も含めた検討が求められます。

モデルの再学習

　モデルの性能劣化が確認され、それがデータの傾向変化に起因すると考えられる場合には、**モデルの再学習**を検討します。このとき、再学習に用いるデータの期間は慎重に決定する必要があります。データの傾向

が大幅に変化している場合、新たなデータ傾向をモデルに学習させるためには古い傾向の期間のデータを学習データから除外することが必要になるかもしれません。また、モデルが時系列データを扱う場合、評価のために直近の期間のデータを学習データとは切り離す（ホールドアウト、3-3参照）必要も出てくるでしょう。これらを考慮し、傾向変化後のデータが一定量蓄積されるまでは再学習を行わないという選択をすることもあります。

◆**再学習に用いるデータ期間の例（時系列データの場合）**

　同じ構成のモデルに新たなデータを学習させたからといって、必ずしも性能が回復するとは限りません。再学習前と比較して十分な性能が得られない場合には、モデルのアーキテクチャや特徴量の変更、ハイパーパラメータチューニング（3-9参照）などの試行錯誤が必要になることもあります。また、モデルが完成したら、それを本番システムにリリースするためのデプロイ作業も必要になります。

　このように、モデル再学習には一定の開発コストがかかることに留意が必要です。再学習の投資対効果が見込めないような場合には、性能劣化を受け入れて再学習を見送るか、モデルの利用を一時的に中止するといった選択肢も考える必要があります。

機械学習モデルを組み込んだシステムの運用の自動化・効率化

　一般的な業務システムの運用と同じく、これまで説明してきたようなAIシステムの運用をすべて手動で行うのは非効率的であり、人為的ミスの発生確率も高まります。適切なツールを導入して運用プロセスの自

動化を図ることで、AIシステムの運用を効率化していくことが重要です。

　ソフトウェア開発の世界では、開発（Development）と運用（Operations）のプロセスを統合し、迅速かつ効率的なリリースを継続して行うための**DevOps**（1-11参照）という方法論があります。ところがAIシステムは、試行錯誤を伴うモデル開発、データ傾向の変化によるパフォーマンス低下、モデル再学習とそれに伴うリリースの発生など、通常のシステムとは大きく異なる特性を有しています。

　そこで、DevOpsの考え方を、機械学習モデルを組み込んだシステムに適用して拡張したものが**MLOps**です。MLOpsのアプローチを取り入れることで、モデルの開発、リリース、モニタリング、管理などの各プロセスの自動化・効率化を推進できます。

　MLOpsの定義に確固としたものはなく、企業や組織によってさまざまなアプローチが存在します。ここでは、Microsoft Azureのドキュメントに記載されている内容を抜粋して紹介します（次ページの表）。

　本番稼働中のサービスに影響を与えないために、一般的な業務システムと同様に、AIシステムでも**本番環境と開発・テスト用環境の分離**が必要です。さらに、環境ごとの設定差異の発生を防ぐために**インフラ構成のコード管理**を行います。

　モデル構築時には、どのように学習したのか、性能評価をどのような条件で行ったのかなどを再現可能にするために、ソースコードやデータの**バージョン管理**をします。同じ学習用ソースコードを使っていたとしても、モデルに入力するデータが変わると結果が再現可能でなくなってしまうため、ソースコードだけでなくデータのバージョン管理も必要です。また、モデル構築時に試行錯誤した過程を記録して再現可能にするため、**実験管理**を行います。加えて、モデルの良し悪し以前に、データの加工やモデルの学習・評価を行うソースコードにバグがあると正しい学習や評価ができなくなるため、モデル開発の試行錯誤を行うための各種周辺処理のソースコードに対して、テストを実施する場合もあります。

　モデルのリリースは再学習などで何度も行われる可能性があるため、**継続的インテグレーション**（Continuous Integration：CI）のパイプライ

ンを導入し、テストやリリースなどの一連のフローを自動化します。定期的なモニタリングの必要性は前述の通りですが、これも自動でレポートが出力されるようにします。性能劣化の基準を満たしたときには、メールなどで自動的に通知されるようにします。モデルの要件次第では、モニタリング結果を基に自動的に再学習を行うパイプラインを構築することもあります。

◆MLOpsの7つの原則

項　目	説　明
複数環境の使用	本番用と開発・テスト用で環境を分離
インフラ構成のコード管理	作業環境や機械学習実験ジョブのインフラ構成をコードとして管理
バージョン管理	ソースコード、データ、実験出力のバージョン管理
実験管理	モデル構築時に試行（実験）ごとのコードやパラメータ、性能を履歴管理
コードベースのテスト	実験用のコードベース（データ準備、特徴量抽出、データの整合性検証、モデル学習や評価を行うためのコード群）をテスト
継続的インテグレーション（CI）	• テストやリリースの自動化 • 継続的な学習パイプラインの構築 • A/Bテストによるモデル品質検証
モニタリング	• データとモデルの傾向変化をモニタリングし、再学習の必要性を特定 • 自動再学習のトリガーを検討

出典：Microsoft Azure "Machine learning operations"（https://learn.microsoft.com/en-us/azure/cloud-adoption-framework/ready/azure-best-practices/ai-machine-learning-mlops#seven-principles-of-machine-learning-operations）を基に筆者作成

　これらの方法論を全面的に実践するためには、環境、ツール、ITスキルなどにおいて高い水準が求められ、一朝一夕にできるものではありません。AIシステムの特性や状況に合わせて、まずは無理なく取り組めるものから実践していくと良いでしょう。

機械学習モデルを活用するインフラ

価値ある知見を素早く生み出すためにインフラ面で意識すべきこと

データ活用についてインフラ面で意識すべきこと

データ活用を推進する上で、インフラ面で意識すべきことを本節では「分析ワークフロー全体を素早く回せる基盤の実現」と定義します。機械学習モデルやAIを活用する情報システム（以下、データ分析基盤）の構成要素は、①収集、②蓄積、③加工、④基礎分析、⑤モデル構築・評価、⑥適用（デプロイ）に分けられます。

そこで本節では、初めに下図に示したデータ分析基盤のリファレンスアーキテクチャを用いて、データ分析基盤と従来の情報活用基盤との違いを説明します。次に機械学習／AIの文脈において意識すべきポイントを3つ紹介します。

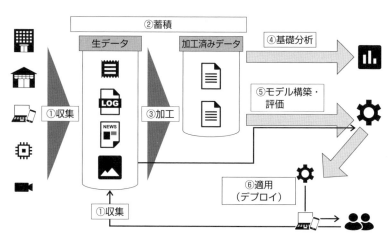

◆データ分析基盤のリファレンスアーキテクチャ

データ分析基盤のリファレンスアーキテクチャ

　既存のデータウェアハウス（DWH）のような情報活用基盤と、機械
学習／AI向けのデータ分析基盤との違いは、端的にいうと「データ量
が大規模」「計算リソースが大規模」「要求の変動が激しい」ことです。
1990年代より存在するDWHは、事前の見積りを基にサーバーを購入・
構築し、Oracleに代表されるRDBMSを導入して利用を開始するのが
典型例ですが、一方で機械学習／AIの基盤には不向きであることも少
なくありません。そこで、データ分析基盤に対する3つの要求について、
以下で詳しく説明します。

　1つ目のシステム要求は、「**加工前の生データを長期間（＝半永久的に）
蓄積できる基盤**」です。機械学習／AIの文脈では、仮説検証のプロセス
を頻繁に行います。新しい仮説やニーズを分析し、今までにないインサ
イトを得るためには生データが必要不可欠です。

　データの蓄積コストは加速度的に下がりつつも、逆にデータの価値は
増大しています。そのためデータ活用企業がとるべき基本方針は、「デ
ータは可能な限り収集し、原則破棄しない」ことです。データ保護への
対応は必須となりますが、データの安易な廃棄は価値の毀損につながり
ます。

　また、蓄積したデータを活用しやすく維持する工夫も重要です。たと
えば、メタデータの管理やデータクレンジングなど、**データガバナンス**
と呼ばれる機能が該当します。データは活用されて初めて価値を生みま
す。データを経営資源と捉え、メンテナンスの必要性・重要性を理解す
ることが大切です。

　2つ目のシステム要求は、「**ビッグデータを扱える基盤**」です。すなわ
ち、データの容量（Volume）、生成の速度（Velocity）、種類の多様性
（Variety）、正確さ（Veracity）の4要素（**ビッグデータの4V**）に対応
できることです。巨大なデータを現実的な時間で経済的に処理するため
の基盤には、一般に他の情報システムと異なるテクノロジーが選択され
ます。たとえば、扱うデータが大量の場合、ビッグデータを単一のシス

テムソース上で処理せず、加工と蓄積を同一の分散基盤上で行える Hadoop・Sparkを選択する、などです。

3つ目のシステム要求は、「**機械学習モデルの構築・評価を大量かつ迅速に行える基盤**」です。予測性能や安定性、推論時間などの指標を用いてモデルを評価する上で、比較候補のモデルは多ければ多いほど良いといえます。モデル構築作業が並列化可能であり、同時に使える計算資源が大量であるほど作業期間を短縮できます。また、機械学習向けのインフラ（例：GPU）も有用です。

なお、データ基盤には下表に示すようないくつかのパターンがありますが、機械学習／AI向けのデータ分析基盤としてはデータレイクが特に注目されています。

◆データ基盤のパターン

用　語	解　説	主な用途	データ量	ユーザー数	応答時間
データマート (DM)	業務目的別に、個別に集計されたデータもしくはDWHのビュー	ビジネスユーザー向けの定型レポート	小	大	小
データウェアハウス (DWH)	・各種業務システムを横断してデータを収集し、長期的に蓄積したデータベース ・構造化データをSQLで操作	・ビジネスユーザーによる集計分析 ・ビジネスに必要なデータリストの抽出			
データレイク	・生データを大量かつ半永久的に蓄積できるデータ基盤 ・非構造化データも蓄積 ・Pythonなどのコードで操作	・データサイエンティストによる詳細なデータ分析 ・AIモデル開発	大	小	大

構築の際に意識すべきポイント1：パブリッククラウドの活用

データ分析基盤の各種要求を迅速かつ安価に実現するためには、AWS（Amazon）、Azure（Microsoft）、GCP（Google）、OCI（Oracle）などの**パブリッククラウド**（以下、クラウド）が有力な選択肢となります。データが大量な場合のストレージの自動拡張や、並列・分散処理、一時的で大規模な計算資源利用などは、クラウドの得意分野です。大手クラウド各社はデータ分析基盤、機械学習／AI関連のマネージドサービス

を数多く提供しており、自社開発や商用製品利用と比較して機能面・価格面で優位性があります。

　一方で、金融業界でのクラウド活用に向けた課題のひとつはセキュリティです。これに対し大手クラウド各社は、金融分野における情報システムのセキュリティ基準などを定める組織である**FISC**（The Center for Financial Industry Information Systems：公益財団法人金融情報システムセンター）の安全対策基準への対応や、クラウドサービスのセキュリティ標準を定めた規格であるISO/ICE 27017などの外部認証取得を表明しています。

　これは、金融業界でもシステム特性を問わずクラウドを十分活用できることを意味しますが、その一方で、標準に沿った適切なセキュリティ担保実装をクラウドの利用者側に要求していることでもあります。クラウドに関わるエンジニアは、利用サービスへの理解やベストプラクティスの習得、最新情報のフォローアップが不可欠です。

　またデータ分析基盤は、業務特性上一般に、データの機微性を低くする、システム障害発生時の社会的影響を小さくするなどの設計上の工夫が容易です。そのため、FISCの提言するリスクベースアプローチを参考に、クラウド活用を行う典型的なシステムパターンに沿って構築できるでしょう。

▎構築の際に意識すべきポイント２：適用（デプロイ）に対する検討

　特にオンラインでのモデル利用では、適用（デプロイ）の環境や手法を検討しておく必要があります。実利用シーンでは、モデルの構築環境と利用環境はしばしば分離されることがあります。このため、インフラ面ではコンテナ技術（Docker、Kubernetes）などを活用すると、モデルの可搬性が向上します。

　利用シーンとしてWebサービスを例に挙げると、機械学習モデルのサービスには、2014年頃に提唱された、HTTP経由のAPIなどで連携する複数の小さいサービス群にて１つのアプリケーションを構成するマイクロサービスアーキテクチャが適しています。その理由は、モデル自

体の改善やリリースサイクルを他のサービスと分離できるためです。また、新旧モデルを、トラフィックを振り分けて同時に運用し、その結果を比較して新モデルに切り替える手法など、実際の結果に基づく適用（デプロイ）手法も採用しやすくなります。

ところで構築済みモデルの実行は、モデル構築作業に比べて必要な計算資源が少ないため、クライアント・エッジ側への適用（デプロイ）もひとつのオプションです。たとえばスマートフォン・カメラデバイス側にモデルをデプロイすることで、オフラインで顔認識を行わせることもできます。

最後に、実際の利用ログを収集・連携してフィードバックできる仕組みを初期から組み込むことが大切です。予測と実際の差異をデータで観測してモデルの再学習を行うサイクルの設計・運用は、継続的に価値を生み出すAIシステム・サービスの第一歩であるからです。

構築の際に意識すべきポイント3：機械学習サービスの発展

機械学習／AIの活用に合わせて、最低限の知識で機械学習／AIの導入・利用が可能な環境が整っています。これらの関連サービス・プロダクトは**MLaaS**（Machine Learning as a Service）と呼ばれ、大きく汎用API群と開発プラットフォームの2つに分別されます。

汎用API群は、画像・動画処理、自然言語処理、音声処理などの典型的なシナリオに対する機械学習APIサービスで、主要クラウド各社から提供されています。専門家により膨大なデータを利用して構築されたこれらのモデルは今後の改善も期待できるため、積極的な利用を推奨します。

開発プラットフォームは、分析・モデル構築・適用（デプロイ）の実行効率化を中心としたサービスで、基盤のセットアップが不要、経済的（完全従量課金制）、GUI（Graphical User Interface）での容易な構築が可能、などの特徴を持ちます。利用用途やスキルレベルを考慮して、サービスを選定・利用すると良いでしょう。

また、モデル構築における作業を自動化できるプロダクトも近年登場

◆機械学習関連サービスの具体例

分　類	種　別	サービス名、提供会社名
生成モデル・大規模言語モデル（LLM）		• ChatGPT（OpenAI） • Azure OpenAI Services（Microsoft） • Bard（Google） • Amazon Bedrock（AWS）
汎用API	• 画像処理 • 動画処理	• AutoML Image / AutoML Video（Google） • Amazon Rekognition（AWS） • Azure Computer Vision（Microsoft）
	音声処理	• Cloud Speech-to-Text（Google） • Amazon Transcribe（AWS） • Azure Speech to Text（Microsoft）
モデル開発プラットフォーム		• Amazon SageMaker（AWS） • Azure Machine Learning（Microsoft） • Vertex AI（Google）
AIモデル自動作成（AutoML）		• DataRobot（DataRobot） • dotData（NEC） • AutoML Tabular（Google）

しています。たとえば、モデル選択や特徴量生成のタスクです。自社の
データ分析の課題と予算次第ですが、活用する価値は十分にあります。

　前述の機械学習関連サービスの具体例を、上表に記載します。

今後求められるインフラ面での心構え

　機械学習／AI分野は、今後も目覚ましい発展が期待されます。情報
収集やトライアンドエラーを通して、時代に適したサービス・アーキテ
クチャを見極め、インフラ面でも変化に追随することが大切です。

　また、機械学習／AIはデータを持つ者が勝者といわれる分野ですが、
自社のビジネスにおいて価値を生み出せるコアデータのほとんどは、自
社にあります。外部のデータやサービスを積極的に活用しつつ、コアデ
ータからの価値創出に注力が可能な体制・環境をいかに整えられるかが
ポイントです。

データとAIを活用する
ための人材・組織

データ活用企業になるために組織として求められること

データサイエンティストに必要なスキル

　本章ではここまで、金融ビジネスにデータサイエンスを応用しビジネス成果を上げるために必要な手法や考え方、技術について述べてきました。それはひとことでまとめると、「**金融データサイエンティストが習得しているべき、データ分析の方法論と技術知識**」ということに他なりません。

　金融データサイエンティストがわかっているべき方法論、同時に必要となる技術知識などは理解できたとして、対して、職務遂行のためにデータサイエンティストに必要とされる経験・能力・マインドとは何なのでしょうか。

　ハーバード・ビジネス・スクールが発行する経営学雑誌『Harvard Business Review』上で、「データサイエンティストは21世紀で最もセクシーな職業だ」という有名な表現が掲載されたのは、2012年10月号でした。この「セクシーな職業」という表現には、「やりがいの大きい職業」「給与が高い職業」という意味に加え、「なるのが難しい職業」という意味も含まれています。データサイエンティストが、多様で幅広い経験や能力が求められる難易度の高い職種であることは事実です。

　次ページの上表は、データサイエンティスト協会によるデータサイエンティストの定義です。ここから読み取れるのは、データサイエンティストがデータ分析を遂行してビジネスに貢献するために、数理統計や機械学習についての学問的知識を持ち、プログラミングを駆使してデータを操作でき、かつ、対処するビジネスについての業務知識もわかっていなければならない、という要求事項です。ビジネスとITを横断した、幅広い経験と知識、多様な能力が必要とされるため、データサイエンテ

ィスト人材は人数が少なく、総務省は『情報通信白書』などを通じ、総務省・経済産業省・情報処理推進機構（IPA）などの公的機関も、深刻な人材不足が発生するという予測を公表しています。

◆データサイエンティスト協会によるデータサイエンティストの定義

データサイエンティストの定義		
データサイエンス力、データエンジニアリング力をベースにデータから価値を創出し、ビジネス課題に答えを出すプロフェッショナル		
データサイエンティストの三大スキル	①データサイエンス力	情報処理、AI、統計学などの情報科学系の知恵を理解して使う力
	②データエンジニアリング力	データサイエンスを意味のある形で使えるようにし、実装、運用できるようにする力
	③ビジネス力	課題背景を理解した上で、ビジネス課題を整理して解決する力

　金融データサイエンティストとしては、金融ビジネスに対する深い理解とビジネス課題を設定する能力、金融システムや外部から得られるデータに対する深い造詣、またそれを分析の上、そこから新たな知見を見いだしてビジネスにつなげる能力が必要といえるでしょう。

◆データサイエンティストの典型的なタスクフローと必要となるスキル

	典型的なタスクフロー	関連する章・節	データサイエンティストのスキル			必要となる作業量（一般論）
			①データサイエンス力	②データエンジニアリング力	③ビジネス力	
1	ビジネス課題や目標に対するビジネスゴールの明確化	3-1・3-2・3-13・3-14			○	10%
2	ビジネスゴールへ到達するために必要なデータサイエンス解決策の明確化	3-2・3-11・3-12・3-14	○	○	○	
3	データ分析環境の選択と整備	3-2・3-12	○	○		
4	データの収集と複数データリソースの結合	3-1～3-3		○		70%
5	データの品質評価と基礎集計	3-2・3-3	○	○	○	
6	データの分析母集団の定義、モデル学習用教師データの定義	3-2・3-3・3-9	○	○	○	
7	データの加工（カテゴリー化、ダミー化、正規化、合成変数の作成など）	3-2・3-3・3-9	○	○		
8	モデルの学習計画立案	3-2～3-10	○		○	15%
9	モデル作成	3-2～3-10	○		○	
10	モデルの精度評価	3-3・3-9	○		○	
11	複数モデルの作成と精度チューニング、チャンピオンモデルの決定	3-3・3-9	○	○		
12	モデルをビジネス適用した場合のビジネス効果シミュレーション（バックテスト）	3-3・3-9・3-11・3-14		○	○	5%
13	分析報告書の作成と報告の実施	3-3・3-9・3-11			○	
14	モデルのビジネス適用（システム化、リリース、運用）	3-11・3-14	○	○	○	リリース後継続的に

データサイエンティストの体制化

データサイエンティストは、とても優秀なスーパーマンでないと務まらないかのような表現をしてきましたが、実際にはそうではありません。データサイエンティストには非常に幅広い能力、経験、知識が求められることは事実なのですが、現実的にはすべてを兼ね備えたスーパーマンはごく少数であり、多くのデータサイエンティストは得意なスキル領域と不得意なスキル領域を自分で認識して得意な領域を活かし、不得意な領域をカバーしながら、ビジネス成果を上げています。典型的な例でいうと、相対的にシステムエンジニア出身のデータサイエンティストはデータエンジニアリング力が高く、ビジネスの現場出身の場合は業務知識とビジネス力を武器とし、研究者とデータサイエンティストを兼ねる人材はデータサイエンス力に強い傾向がうかがえます。逆に、極端にいえば三者とも、自分の得意な領域以外のスキル領域は「まだ継続して勉強中」であることが多いのです。

このように、データサイエンティストに求められる能力が多様で、かつ、大多数のデータサイエンティストがすべての能力を兼ね備えているわけではないからこそ、データ分析チームやデータ分析プロジェクトでは、役割分担や分業の考え方が非常に重要になります。

データ分析を実施するにあたり必要となる役割（ロール）

データ分析を実施するにあたって必要となる役割（ロール）について、次ページの表にまとめました。6つのロールを記載していますが、データ分析チームやプロジェクトを立ち上げる際に、必ず6人必要になるという意味ではなく、6つのロールひとつひとつについて、得意な人材を担当者として割り当てることが適切です。3人で2ロールずつ担当する体制でも、1人で6ロールすべて担当する体制でも、6人で1ロールずつ担当する体制でも構いません。「担当者のいないロール」ができてしまわないように、スキルマップとして穴のないチーム体制にすることが重要です。

　こうすることによって、得意不得意のスキルについて濃淡がある現実的なデータサイエンティストを適材適所で組織し、データ分析プロジェクトに必要なスキル領域をすべて充足した穴のない、完成度と実現性がともに高い分析チームを組成することが可能になります。

　注意点ですが、各ロールの担当人材は、「〇」や「△」のスキルについてまったくわからなくても良いわけではなく、相対的に深度は浅くとも、「〇」や「△」のデータサイエンティストスキルについて理解している必要があります。データ加工ロールの担当人材は、データサイエンス力やビジネス力への理解がないと、モデル精度の向上とデータ処理速度を両立させる適切なデータの収集や特徴量の作成が実現できません。特定のロールについて、データサイエンティスト志向のまったくない人材を割り当てて代替するチーム体制は、データ分析プロジェクトの失敗リスクとなり得ます。

◆データ分析チーム／プロジェクトで必要なロール

	必要な役割（ロール）		データサイエンティストのスキル		
			①データサイエンス力	②データエンジニアリング力	③ビジネス力
1	アナリティクスマネジメントロール	・データ分析プロジェクトのプロジェクト管理 ・他部門交渉	〇		◎
2	ビジネス分析ロール	・ビジネスゴールの設計と修正調整 ・データ分析結果のビジネス解釈	〇	△	◎
3	データサイエンスモデリングロール	・データサイエンスによる数理的データ傾向発見 ・数理アルゴリズムによるモデル作成	◎	〇	△
4	データ加工ロール	・データの収集と結合 ・データの加工と合成	△	◎	〇
5	インフラロール	・データ分析を行うITインフラの整備 ・作成したモデルのビジネス適用実装	〇	◎	△
6	リサーチロール	・プロジェクトに類似したビジネス事例の収集 ・課題を解決する新しい数理理論の探索	〇		〇

データサイエンティストの育成

　データサイエンティストに求められる能力が多く、かつ、大多数のデータサイエンティストがすべての能力を兼ね備えているわけではないからこそ、データ分析チームでは、各メンバーの育成が重要な課題となり

ます。各データサイエンティストが自分の不得意なスキル領域を自己研鑽で補完することによって、当然個々の能力は高まり、データ分析チーム全体における分析総合力の底上げにつながります。

◆データサイエンティスト育成項目の例

データサイエンティスト育成項目		習得スキルの例
①データサイエンス力 ＝数理統計的知識	・統計知識 ・数学知識	統計的検定、相関、回帰、確率論、情報工学、ベイズ統計、最適化　など
	・アルゴリズム知識 ・機械学習知識	ロジスティック回帰、ディシジョンツリー、ランダムフォレスト、サポートベクターマシン、ディープラーニング、Transformer、生成AI　など
②データエンジニアリング力 ＝ITスキル	データベース	データベースソフトウェア、SQL、Hadoop　など
	プログラミング	Python、Java、R、C、Scala、JavaScript　など
	データ分析ソフトウェアの操作	TensorFlow、SAS、SPSS、Spark、AWS・Azure・GCPの機械学習サービス　など
	ITインフラ	GPU、Kubernetes、Ubuntu、Docker　など
③ビジネス力 ＝優秀なビジネスパーソンとしての能力	業界知識	銀行、証券、保険、クレジットカード、小売り、製造　など
	専門ビジネスプロセス知識	マーケティング、リスク管理、財務、人事　など
	プロジェクトマネジメント能力	PMBOK、BABOK、CRISP-DM　など
	プレゼンテーション能力	情報整理能力、資料作成能力、交渉能力　など

A　各メンバーが自分の不得意なスキルを自己研鑽で習得する

B　データ分析チームとして、保有者が少ないスキルを集中的に育成しスキル保有者を増やす

　データサイエンティストには継続的で幅の広い自己学習が求められるため、データサイエンティスト人材は、自己研鑽とスキルアップに敏感です。所属するデータ分析チームの環境や対応案件の内容が、自身のデータサイエンティストスキルの育成に有益であると判断すればそのチームに定着しやすく、逆に自身のスキル育成スピードが鈍化しているかもしれないと感じると、急速に現状のチームからの離脱を検討し始める傾向も認められます。

　育成メニューや育成システムの充実は、データ分析チームにとってチームの総合力向上という観点で重要というだけでなく、むしろチームメンバーの満足度向上と離脱防止に大きな効果があるという点で、より核心に迫る重要性を持つといえます。周囲の他のデータサイエンティスト

の順調なスキルアップ状況を目にすることによって、さらに育成制度への満足度は上がり、ひいてはデータ分析チームへのロイヤリティも相乗的に向上していきます。育成の充実により、人材を外部調達せずとも、社内調達した人材をデータサイエンティストに育成することも実現可能となります。社内人材の育成は「リスキリング」といわれ、昨今日本の経済界全体でも重要性の認識が高まり、日本政府からの助成制度も始まっています。既存のデータサイエンティストメンバーの外部離脱防止という観点からも、外部からの獲得が困難なデータサイエンティストの内製調達という観点からも、データサイエンティスト育成は、現代のデータ分析組織において死活問題となり得る極めて重要な課題であると認識しなければいけません。

データ活用企業になるために

　最終的にデータ分析が会社の利益に貢献するためには、分析結果や予測モデルを利用するユーザー部門との連携が不可欠といえます。分析や予測の精度が優れていることと、それが企業に貢献することは同じ意味ではありません。ユーザー部門の課題や知見を共有し、それを分析や予測の材料にすることによって、ユーザー部門ひいては会社に貢献できるようになります。

　データサイエンティストチームは自分の分析スキルを磨く一方で、ユーザー部門が納得する分析や予測結果を導き出せるように心がける必要があり、そうして初めて、データ活用企業としての道を歩んでいるといえるでしょう。

倫理的なAIの開発・利用とプライバシー保護

AIを開発・利用する企業が押さえておくべき要点

AIの普及とAIが引き起こす倫理的な問題

　私たちの生活においても金融ビジネスにおいても、AIは急速に普及しています。金融ビジネスの内部業務では、規則の多い事務手続きに関する社内問い合わせを受けるチャットボット導入、消費者向けのサービスでは、パーソナライズドレコメンド（4-1参照）や融資における与信審査（4-3・4-4参照）など、AI実装は着実に進んでいます。

　このようにAIの社会実装が進む一方で、さまざまな倫理的問題が引き起こされています。たとえば、融資の与信審査で特定のグループに属する人に対して不公平な判断を下したと批判された事案や、購買・閲覧履歴からユーザープロファイルを作成してレコメンドを行ったらそれがプライバシーを侵害したと問題になった事案などが、実際に発生しました。これらの事案では、個人情報保護法などの法令に抵触するしないにかかわらず、公平性やプライバシー保護を含む社会的規範や価値観に沿った倫理的な判断や行動からずれていると、世間から批判を受けてしまいました。金融分野では、業務上の特性から、公平性やプライバシー保護に特に留意する必要があります。

　AIが不公平な判断を下してしまう要因のひとつとして、**学習データのバイアス**が挙げられます。たとえば、男性への融資実績が多いデータを学習したAIを融資審査に用いる場合、女性に不利益な判断をしてしまう可能性があります。こういったバイアスは、データ収集・加工・モデル構築など、すべてのAI開発の工程で発生する可能性があるため、留意が必要です。

　このような倫理的な問題に関して、社会的批判を受けてしまった企業はレピュテーション低下の事態を招き、最悪の場合、サービス停止に追

い込まれることも考えられます。特に金融機関では、倫理的なAIの開発・利用のための対策を講じる必要があります。

▌倫理的なAI開発・利用およびプライバシー保護の枠組み─ソフトロー

倫理的なAIの開発・利用を目指し、法的拘束力のない原則やガイドラインなど、いわゆるソフトローが多数制定されています。

AI開発・利用に伴う社会的課題への対応として、世界各国の政府、国際機関、業界団体や企業において、AIの倫理的な社会規範（以下、「AI倫理」と呼ぶ）を策定し、公表する動きが加速しています。

◆世界各国のAI倫理策定状況

組織／国・地域	AI倫理名称	策定年月
内閣府／日本	人間中心のAI社会原則	2019年3月
総務省／日本	国際的な議論のためのAI開発ガイドライン案	2017年7月
	AI利活用ガイドライン	2019年8月
大和証券グループ本社／日本	AIガバナンス指針	2023年6月
ソニー／日本	ソニーグループAI倫理ガイドライン	2018年9月
富士通／日本	富士通グループAIコミットメント	2019年3月
欧州委員会／EU	Ethics guidelines for trustworthy AI	2019年4月
OECD	Recommendation of the Council on AI	2019年5月
IEEE／アメリカ	ETHICALY ALIGNED DESIGN	2019年3月
Microsoft／アメリカ	Microsoft AI principles	2018年1月

2017年頃から相次ぎ公表されたAI倫理には、"公平性"や"プライバシー保護"などの原則が含まれています。

たとえば、総務省発表の「AI利活用ガイドライン」では、"公平性"の項目の概要に、「AIの判断にはバイアスが含まれる可能性があることに留意し、個人や集団が不当に差別されないよう配慮すること」と記されています。また、"プライバシー保護"の項目では、「AIの利活用において、他者又は自己のプライバシーが侵害されないよう配慮する」と記されています。

その他のAI倫理の項目としては、"人間の尊厳"、"多様性"、"透明性"、"説明責任"、"セキュリティ"、"安全性"などが挙げられますが、いずれも抽象度の高い内容になっています。世界的には、AI倫理に含まれるこれらの項目は共通認識になりつつあり、現段階では、この抽象的なAI倫理を具体的に実践するために必要なAIガバナンスに関する議論に移行しています。具体的には、日本では政府・業界団体が、AI開発・品質に関する、より実践的なガイドラインを公表しています。また、企業では、自社のAI開発ガイドラインの策定、AI倫理推進体制の構築、データ品質やモデル公平性に関するチェックリストの作成、プライバシー保護など、AI倫理の実践に向けた関連技術の研究開発などの取り組みが進められています。

倫理的なAI開発・利用およびプライバシー保護の枠組み—ハードロー

AI倫理に関しては、法的拘束力を持つハードローについても、欧米諸国および日本において検討が進んでいます。

個人情報の取り扱いに関する法規制としては、世界各国でプライバシー保護や個人情報の保護に関する法律が誕生しています。その中でも、

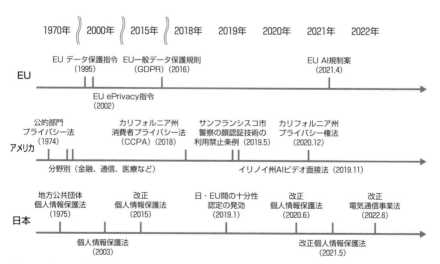

◆AI・プライバシー保護関連規制の制定状況

2016年に制定され2018年に適用が開始された**EU一般データ保護規則**（**GDPR**：General Data Protection Regulation）は、個人情報の取り扱いが厳格、かつ、その適用範囲がEU域外の諸外国にも及ぶという点で世界的に影響を与えた法令です。その後アメリカでは、2018年に**カリフォルニア州消費者プライバシー法**（**CCPA**：California Consumer Privacy Act）が公布されるなど、連邦レベルではなく州レベルで法規制が推進されています。日本でも、2003年に個人情報保護法が成立し、2015年以降は継続的に改正がなされるなど、世界各国において、関連法令が制定もしくは改正されています。

　AIの開発・利用に関する法規制としては、EUにおいて2021年4月に、欧州委員会が世界で最初の包括的な規則案（以下、「AI規制案」と呼ぶ）を公表しました。このAI規制案では、AI利用に伴うリスクを「許容できないリスク」「ハイリスク」「限定リスク」および「最小リスク」の4段階に分類し、リスクに応じて規制を設ける「**リスクベース・アプローチ**」を採用しています。

　具体的には、「許容できないリスク」の分類には公的機関によるソーシャルスコアリングAIなどが含まれ、利用が禁止されています。「ハイ

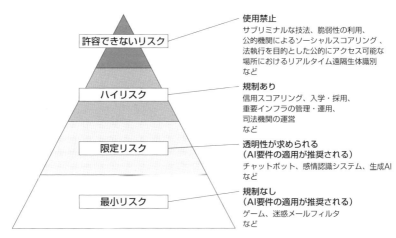

出典：EU「Regulatory framework proposal on artificial intelligence」
URL：（https://digital-strategy.ec.europa.eu/en/policies/regulatory-framework-ai）を基に筆者作成

◆AI規制案のリスクベース・アプローチ

リスク」に分類されるAIには入学や採用を判断するAIなどが含まれ、特定のAI要件（リスクマネジメントシステム、データガバナンス、ユーザーへの情報提供、人間による監視など）を満たすことが求められたり、AI提供者と利用者に従うべき義務が課せられたりします。「限定リスク」に分類されるAIにはチャットボットや生成AIなどが含まれ、ユーザーに対してAIからの情報提供である通知を行うなど、透明性確保の義務があります。

これら3つの分類以外のAIは「最小リスク」として、特段の規制は設けられていません。なお、「限定リスク」および「最小リスク」AIはともに、ハイリスクに分類されるAIが要求される要件を適用することが推奨されています。

EUのAI規制案は、2024年には全面施行になる可能性があるといわれていますが、「域外適用」と「多額の制裁金」が伴うため、日本企業でも備える必要があります。「域外適用」とは、EU域内に拠点がない場合であっても、EU在住者を対象としたAIシステムやサービスを提供する企業であれば規制の対象となってしまうことを指します。そして違反となれば、最大で4,000万ユーロもしくは全世界売上高の7％の、どちらか高い金額が制裁金として課されてしまいます。

このようなEUを中心としたAIを規制する動きは、GDPRがそうであったように、世界に影響を及ぼし、日本でも意識せざるを得ません。グローバルなビジネスを展開しない企業であっても、AIを取り扱う以上、避けては通れない動きと認識し、各国・大手企業の動向に注視しつつ、柔軟かつ迅速に対応できるよう準備を進めておく必要があります。

第 4 章

データサイエンスによって 実現される金融ビジネス

顧客データの活用

　企業が行う経済活動の中でマーケティングの扱う範囲は広く、市場調査やプロモーション、流通、顧客との関係構築などのようにさまざまな役割があります。近年、マーケティングにおいてデータを利活用してビジネスを拡大する**データドリブンマーケティング**が普及しており、顧客分析とパーソナライズドレコメンドは一般的なアプローチとして行われています。

顧客分析の目的

　顧客分析は、購買率や顧客満足度の改善のために行う分析です。自社の製品やサービスを購入した顧客の属性や行動を分析することで、有効と思われるマーケティング施策を打ち出します。顧客分析の目的には、次のようなものがあります。

● 顧客ニーズの理解

　購買率や顧客満足度を改善するためには、商品・サービスがなぜ買われたのか、あるいは買われなかったのかを明確にする必要があります。たとえば、商品内容に魅力を感じなかったために購入を見送った場合と商品価格の高さがハードルとなった場合では、購入してもらうための対策が異なります。前者であれば、商品設計の見直しが必要になりますが、後者では価格を下げることで商品が購入される可能性を高めることができます。

・ターゲットとなる顧客の特定

　製品やサービスが多くの人に役立つものであればあるほど、顧客となる対象範囲は広がります。しかし、ターゲットが曖昧では、顧客満足度や購買率は高まりません。「誰にアプローチするのか」を特定することがビジネスには不可欠であり、そのときに重要な要素となるのが顧客分析です。

　顧客分析を行って顧客ニーズを理解すれば、現状の製品・サービスとのギャップを把握できます。このギャップをすり合わせることで、購買率・顧客満足度を改善するための効果的なマーケティング戦略を打ち出すことができます。

パーソナライズドレコメンドが重要になった背景

　パーソナライズドレコメンドは、顧客の属性情報、購買や閲覧といった行動の履歴などを基に、個々の顧客に最適な製品・サービスを提案する手法で、顧客満足度や顧客単価の向上などを目的として行われます。

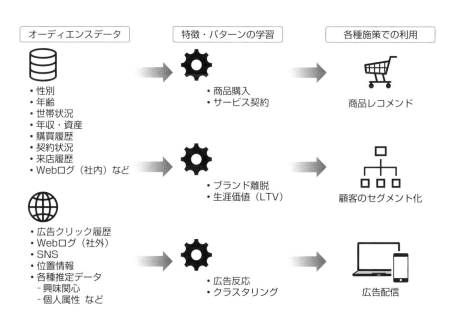

◆マーケティングに対するデータサイエンスの利用

ECサイトや動画サイトなどで「○○を閲覧したあなたにおすすめ」「○○を購入した人はこんな商品もチェックしています」といった見出しが表示され、別の商品をおすすめされたことがある人も多いのではないでしょうか。

　パーソナライズが重要になった背景のひとつとして、マスマーケティングの限界が挙げられます。従来は不特定多数の顧客に対して一律の情報発信を行う手法で商品やサービスを販売していました。しかし、インターネットの普及により顧客が容易に複数の商品やサービスを比較できるようになったことで、顧客獲得競争が激しくなりました。そのため、顧客満足度や購買率の向上を目的として、顧客ひとりひとりの行動パターンやニーズ、嗜好性に合わせたパーソナライズドレコメンドに注目が集まるようになったのです。

金融機関におけるパーソナライズドレコメンドの実践

　金融機関における顧客接点は、従来では店舗での対面サービスが中心でしたが、近年のインターネットの利用率の上昇、さらにはキャッシュレス決済の普及により、デジタル接点中心へと移ってきています。これにより、顧客の決済情報や明細などの行動データを活用して商品・サービスのパーソナライズがしやすい環境になっています。

　パーソナライズドレコメンドに用いられる主な推薦アルゴリズムには、**コンテンツベースフィルタリング**と**協調フィルタリング**があります。コンテンツベースフィルタリングは、ユーザーがどのようなアイテムを好むかを表すユーザープロファイルとアイテムの性質を表す特徴との類似度に基づいて、ユーザーの好みに合ったアイテムを推薦するアルゴリズムです。協調フィルタリングは、顧客間の類似性を基に、他の顧客が好評価を付けた商品やサービスを推薦するアルゴリズムです。

　金融機関は顧客ごとの資産状況や購買行動、ライフステージに合った商品・サービスを提案することで、顧客満足度の向上やクロスセルの促進、新規顧客獲得に取り組んでいます。以下に、実践例を紹介します。

・投資ポートフォリオの最適化

　顧客が投資を行う際に顧客のリスク許容度や投資目標に基づいて、最適な投資ポートフォリオを提案する推薦システムが活用されています。従来は時間や手数料の問題もあり、投資運用に関するアドバイスは、知識のある金融機関職員から富裕層が受けるものでしたが、推薦システムによってパーソナライズされた投資アドバイスを低コストで提供することで、すべての顧客層に広く門戸が開かれました（3-10・4-6参照）。

・住宅ローンの提案

　金融機関では、顧客の信用スコア、収入、資産額、購入予定の物件情報に加え、属性や家族状況なども使って、顧客の住宅ローンニーズを分析し、顧客に最適な住宅ローンプランを提案する推薦システムが活用されています。これにより顧客は、ちょうど家の購入を検討していたタイミングで、自分に適した「購入時に必要な頭金」や「月々の支払額」である住宅ローンを見つけやすくなります。金融機関は新規顧客を獲得しやすくなり、顧客は購入イメージや購入後の支払いイメージが具体的になるため、双方にメリットのある関係を築けます。

・保険商品の推薦

　保険会社の中には、スマホアプリを通じて、心拍数や歩数などのバイタルデータや健康診断結果データを収集し、分析した上で顧客にパーソナライズされた保険商品を提案する推薦システムを活用している企業があります。これにより、顧客は自分の状態に適した保険商品を見つけやすくなり、保険会社は新規顧客を獲得しやすくなります。

・セミナー情報の提供

　顧客の資産情報や自社Webページの閲覧情報などに応じて、関心が高いと思われるセミナー情報を顧客へ情報提供することで、来店機会を増やす取り組みが行われています。顧客は自分の金融状況について考えるようになるとともに店舗における相談のきっかけにもなり、金融ニー

ズが顕在化したタイミングでコンタクトしてもらえるような関係を構築しやすくなります。

　顧客分析とパーソナライズドレコメンドを活用し、顧客へ個人ごとに適切な金融商品やサービスを提供することで、顧客満足度や購買率の向上が期待できます。また、これまで営業員の経験と勘に依存していたサービス品質について、バラツキの抑制や顧客理解に要するコストの削減にもつながると考えられ、今後もパーソナライズドレコメンドが積極的に活用されていくと推測されます。ただし、顧客データのプライバシー保護やデータセキュリティの確保が、パーソナライズにとって重要な課題となります。法規制を守りながら顧客データを適切に管理し、顧客の信頼を維持しながら、顧客分析とパーソナライズドレコメンドの効果を最大化していくことが求められます。

4-2

Web広告の最適化
デジタルマーケティングにおけるデータサイエンスの活用

デジタルマーケティングとは？

　1990年代以降インターネットの普及に伴い、Webサイトの訪問者や検索エンジンの利用者に対して、企業が広告を表示し、商品・サービス・ブランド形成などに関するアピールを行う取り組みが発達してきました。2000年代以降ではFacebookやX（旧Twitter）などのソーシャル・ネットワーキング・サービス（SNS）のユーザー、2010年代以降ではスマホアプリのユーザーに対しても、同様にデジタル広告を表示して購買行動に影響を与える仕組みが整備されていきます。

　このような活動は、デジタルマーケティングと呼ばれます。デジタルマーケティングでは、企業などがデジタル広告の提示の仕方を調整し、なるべく小さいコストで最大の広告効果を得ることを目的として、大量のデータおよび機械学習技術が活用されています。

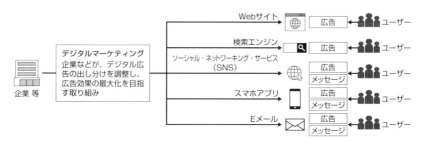

◆デジタルマーケティングの概要

デジタルマーケティングとブラウザCookie

　デジタルマーケティングでは、ブラウザCookieが重要な役割を果た

します。Cookieとは、Webブラウザに保存される小さなデータファイルであり、ユーザーの訪問したサイトにおける行動履歴や設定情報を一時的に保存するために使用されます。Webサイトごとにユーザーの設定を記憶できるため、Webサイトを何度訪れても前回の情報が適用され、ユーザーによる利用がより便利になる効果があります。

Cookieには、**ファーストパーティCookie**、**セカンドパーティCookie**、**サードパーティCookie**の3種類があります。ファーストパーティCookieは、ユーザーが訪問したWebサイトから直接発行されるCookieで、ユーザーごとにWebサイトの利用状況を記録するために使用されます。セカンドパーティCookieは、他サイトで収集されたファーストパーティCookieのことで、他サイトのユーザーが同意していることを前提に、他サイトから購入できます。サードパーティCookieは、ユーザーがWebサイトを訪問した際に、該当のWebサイト以外の第三者が発行するCookieで、Web広告配信やWebアクセス履歴のトラッキングに使用されます。

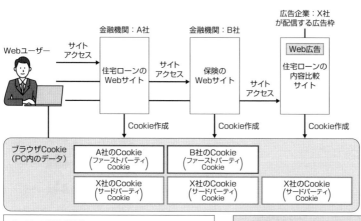

※A社とB社は、X社からWeb広告サービスの提供を受けている前提
※IDやパスワードなどの情報は、サードパーティ Cookieには記録されない

◆**Cookieを活用したWebアクセス履歴の識別**

顧客像の推定とWeb広告表示のパーソナライズ

　広告主企業は、できるだけ少ない広告コストで、自社の製品やサービスをアピールする広告を、できるだけ広告効果の高いWebユーザーのブラウザに表示したいと考えます。そこで広告企業は、各Webユーザー（ブラウザ）のサイトアクセス履歴を整理し、性別や年代、興味や関心などを要約・推定することによって、ひとりひとりのWebユーザー（ブラウザ）ごとに、属性・興味・関心といったラベルを設定するサービスを行っています。

　広告主企業は、広告企業が要約・推定・分類した属性・興味・関心などを参考に、できるだけ自社の製品やサービスに親和性の高いWebユーザー（ブラウザ）に対して、広告を配信することが可能です。このような、Webユーザー（ブラウザ）のサイトアクセス履歴を整理し、性別・年代・興味・関心などを要約・推定・分類する取り組みに、機械学習技術が活発に応用されています。

　Web広告配信は、広告の提供を制御する仕組みである**DSP**（Demand Side Platform）と、広告を表示する広告枠スペースの提供を制御する

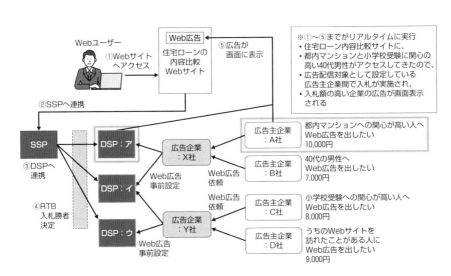

◆Web広告が表示される仕組みの一例

仕組みである**SSP**（Supply Side Platform）とが連動することによって実現しています。1つの広告枠を訪問した1人のWebユーザー（ブラウザ）に対して、複数の広告主企業による広告配信要望が重複した場合には、Web画面が表示されるまでの一瞬の間に**RTB**（Real Time Bidding）という入札が実施され、広告入札額の大きい広告主企業の広告が画面に表示されます。

プライバシー問題とサードパーティCookie規制

Web広告を代表としたデジタルマーケティングは、企業にとって「販売促進」「ブランド認知度の向上」など大きなメリットがあり、多くの企業が活発な取り組みを行っています。毎年発表されている電通の調査レポート（「日本の広告費」）によると、日本における「インターネット広告費」は、2021年にテレビ、ラジオ、新聞、雑誌をあわせた「マスコミ四媒体広告費」を上回り、2022年の実績は前年比14％増の3兆912億円に達しています。

ただ、ブラウザCookieを活用したデジタルマーケティングの仕組みでは、Webユーザーが明確に認識をしないうちにWebサイトの訪問履歴やユーザーの嗜好などが記録されているのも事実です。そのため、プライバシー保護の観点から、近年ブラウザCookieの利用を制限する動きが進んでいます。

Appleは2017年に、SafariブラウザにおいてCookieの利用制限を強化し、サードパーティCookieを24時間で無効にする「Intelligent Tracking Prevention（**ITP**）」を導入しました。2020年にはITPがさらに強化され、サードパーティCookieは完全にブロックされることになりました。これによってSafariブラウザでは、広告企業サイトなどによるWebアクセス履歴に関する情報収集が大幅に制限されています。

Googleも同様に、プライバシー保護のためにGoogle ChromeブラウザにおけるCookieの利用制限を検討しています。2023年7月現在では、2024年の後半から段階的にサードパーティCookieの利用を制限すると発表されています。

　これらの動きは、プライバシー保護の観点から歓迎される一方で、デジタルマーケティングにとっては大きな影響があり、企業が希望する顧客層へ広告を届ける効果や精度が低下する可能性があります。プライバシー保護と企業ビジネス活動を両立させるため、Googleでは、広告企業ではなくブラウザ自体が、Webユーザーのプロファイルを限定された情報から定義し外部へ公開する、「**プライバシーサンドボックス**」という機能を継続して開発しています。

個人ローンにおける与信審査

与信審査の特徴と時代による変化

与信審査とは？

　個人ローンにおける**与信審査**とは、金融機関などが個人に対してローンを提供する際、対象者の返済能力（信用力）を調べ、ローンの提供可否やローンの条件を判断することを指します。与信審査は、金融機関などが貸し倒れリスクを適切に管理するために必要です。

　なお、個人ローンにはさまざまな種類があり、担保の有無や資金使途の制限など、それぞれ特徴が異なります。

◆個人ローンの主な種類

No.	ローンの種類	担保	資金使途	特　徴
1	住宅ローン	有	有	マンションや建売住宅を購入したり、一戸建てを建築したりする際にお金を借りるローン
2	マイカーローン	無	有	自動車を購入するためにお金を借りるローン
3	教育ローン	無	有	・子どもの進学に伴う一時的な教育資金の不足などに対応するためにお金を借りるローン ・国や公的機関が行う公的なものと、銀行などが行う民間のものがある
4	カードローン	無	無	・専用のカードを利用し、ATM・CDを通じてお金を借りるローン ・あらかじめ決められた利用限度額の範囲内なら、いつでも何回でも借りられる
5	フリーローン	無	無	結婚資金、旅行資金、保険適用外の手術や入院にかかる費用など、借り手の資金需要に柔軟に応えられる、使用目的を制限しないローン

信用情報とは？

　信用情報とは、ローンの借入・返済やクレジットカードの支払いといった個人のクレジットヒストリー（信用取引履歴）が蓄積されたもので

す。信用情報は、金融機関などが信用情報機関に登録し、信用情報機関によって管理されています。

ローンの申込みを受けた金融機関などは、審査の一環として信用情報機関に照会し、申込者が過去にどのような取引をしたことがあり、また問題なく取引ができているかを確認できます。

信用情報機関には、次の3つが存在しています。

・株式会社日本信用情報機構（JICC）
・株式会社シー・アイ・シー（CIC）
・全国銀行個人信用情報センター（KSC）

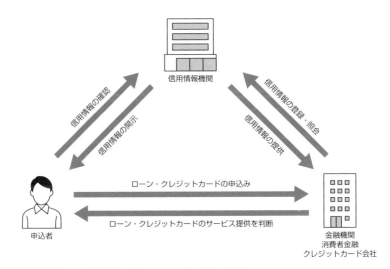

◆信用情報機関・金融機関などとローン申込者の関係

伝統的な個人与信審査

個人ローンの与信審査では、金融機関などが個人の収入や信用情報などを調査し、信用力を判断することで、ローンの提供可否やローンの条件を決定します。

具体的には、主に以下の審査項目を確認します。

①年収

②勤務先・勤務形態・勤続年数

③信用情報

④年齢・健康状態

⑤担保物件（住宅ローンの場合）

⑥所有資産

　信用力の判断にあたっては、審査項目を基に機械的に信用力をスコア化する**スコアリング方式**が、多くの金融機関などで採用されています。スコアリング方式には、機械学習モデルを用いて信用スコアを算出する方法や、審査項目ごとに一定のルールで点数を付けた上で合計点を信用スコアとする方法などがあります。

　また、金融機関などが個人ローンを提供する際には、保証会社による債務保証を利用することが一般的です。保証会社は、利用者から保証料を徴求する一方で、万一利用者が返済不能に陥った場合、利用者に代わって金融機関などに返済（代位弁済）を行います。保証引受可否や保証条件の決定のため、保証会社でも与信審査が行われます。

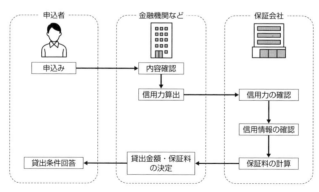

◆**与信審査の業務フロー（例）**

オルタナティブデータの活用

　従来の与信審査では、個人のクレジットヒストリーが蓄積された信用情報が、信用力の判断に大きな役割を果たしていました。そのため、クレジットヒストリーの蓄積が十分でない人たち（若者や外国人など）は、信用力の算出が正確にできない場合があります。

　そこで、従来の審査項目を補完するデータ（**オルタナティブデータ**）を用いて、信用力を判断するサービスが登場しており、特に海外でのサービス化が活発になっています。

　アメリカでは、クレジットヒストリーを基に信用スコアを算出する「FICO Score」が、個人ローンの与信審査でかねてから普及しています。近年、進化版である「FICO Score XD」が開発され、携帯電話料金や電気・ガスといった公共料金の支払履歴などのデータを新たに用いることで、クレジットヒストリーの蓄積が十分でない人たちにも、ローンの提供を受ける機会を提供しています。

　また、中国には、アリババグループの関連企業であるアントグループが運営する「芝麻信用（Zhima Credit）」というサービスがあります。当サービスでは、クレジットヒストリーなどに加えて、決済サービスAlipayの利用履歴、学歴、職歴およびSNS上のデータなどを基に、信用スコアを算出しています。算出されたスコアは、個人ローンの与信審査に用いられるだけでなく、スコアが高い場合、シェアサイクルの保証金免除、ホテル予約時の保証金免除、出国手続き簡素化といった優遇が受けられます。

　さらに、近年は日本国内でも新たなサービスが展開されてきており、その一例としてLINEが開発した「LINE Score」があります。これは、従来の審査項目に加えて、LINEでの行動データやライフスタイルに関するアンケート調査結果を基に、信用スコアを算出するものです。算出されたスコアは、個人ローンサービスLINEポケットマネーの与信審査に用いられるほか、スコアが高い場合、決済サービスLINE Payでの還元率優遇や割引クーポン配布といった特典を受けられます。

企業融資における
与信審査
新しい融資サービスに向けた動き

銀行の機能

　私たちが普段、銀行を利用するとき、銀行の機能についてあまり意識することはありませんが、銀行は次の3つの機能を持っています。1つ目は、預金を基に融資が行われ、融資された資金は融資先の預金となるというように、預金が新たな預金を生み出し預金通貨が増加していく「**信用創造機能**」です。2つ目は、現金を使わないで預金口座の振替で送金や支払いができる「**決済機能**」です。3つ目は、資金に余裕がある個人や企業から預金を集めて、資金を必要とする個人や企業に融資する「**金融仲介機能**」です。

　この中で最も重視されているのが「金融仲介機能」です。企業を中心とした融資から得られる利息は、銀行の主な収益源になっています。銀行がこの機能を果たすためには、融資した後に融資先が倒産して資金が回収できなくなるリスクを適切に管理すること（**信用リスク管理**）が必要です。そのため、融資先の返済能力（信用力）を見積もる信用評価の高度化が求められています。

信用評価で行われる分析の種類

　銀行で行われている企業向けの信用評価は、主に2つの分析を組み合わせています。ひとつは、**定量分析**です。売上高や経常利益などの決算書に記載されている数値や、それらの数値から計算される財務比率（たとえば、経常利益÷売上高×100％で表される売上高経常利益率）といった定量データを使った分析です。もうひとつは**定性分析**です。業界動向や技術力、取引先、経営者の資質など、企業へのヒアリングや実地調査で収集される定性データを使った分析です。

　これらの分析は融資先ごとに行われますが、審査担当者の実務経験によって、融資可否や融資条件といった与信審査結果にバラツキが見られることがあります。このような課題を解決する方法のひとつとして、融資先が倒産する確率を算出するモデルの利用が進められてきました。

スコアリングモデルで融資先の倒産確率を算出する

　融資先の倒産確率を算出する**スコアリングモデル**は、倒産のリスクと関係がありそうな財務データや企業の属性データを説明変数にして、倒産が発生する確率を算出します。モデルを作成することにより、審査担当者が異なっても、入力データが同じであれば同じ結果が得られ、信用評価のバラツキを抑えられます。

　主に利用されているのは**ロジスティック回帰モデル**（3-4参照）で、モデル構築に使用される変数は、財務データなどの定量データと、業種など一部の定性データです。このモデルの利点は、たとえば、算出された確率が高い場合に、どの変数に原因があるのかを確認ができることです。審査担当者は、原因と思われる変数についてさらに詳しく調査したり、銀行内外に対して融資する際の判断理由を説明したりできます。

　近年、勾配ブースティング決定木（3-4参照）など、より高度な機械学習モデルを活用する取り組みも見られます。しかし、財務データを中心とした変数を利用している限り、ロジスティック回帰モデルと比較して顕著な精度向上は得られておらず、実用に至るケースは限定的のようです。

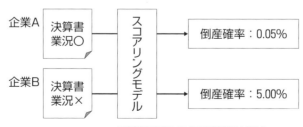

◆スコアリングモデルのイメージ

伝統的な与信審査とスコアリング融資

　銀行の与信審査では、３期分の決算書などを基に信用評価を行い、融資可否や、金額、期間、金利などの融資条件を決定します。融資先の信用力に懸念が見られた場合、融資金額の引き下げや融資期間の短期化、金利引き上げ、融資否決といった対応がとられます。

　従来、与信審査は人の手で行うことが一般的であり、審査担当者の経験と勘による目利き力に頼るところが大きくありました。そのため、前述のように審査担当者によって審査結果にバラツキが生じることが少なくありませんでした。また、個々の企業を入念に分析し、必要に応じて融資先との面談も実施するため、審査の迅速性にも課題を抱えていました。

　このような状況を変える動きとして、2000年代には、スコアリングモデルが算出する倒産確率を判断基準として、審査を大幅に簡略化した上でスピーディに融資を実行する、いわゆる**スコアリング融資**を提供する金融機関が現れました。しかし、スコアリングモデルへの過度な信頼は、想定外に多数の倒産を発生させる結果に終わりました。

　現在では、倒産確率を参考としつつも、人の手を介して審査を行う、ハイブリッド審査が一般的です。

新しい融資サービス：オルタナティブレンディング

　従来の融資の代替として、**オルタナティブレンディング**と呼ばれる新しい融資サービスが提供され始めています。ここでは、トランザクションレンディングとP2Pレンディングを紹介します。

・トランザクションレンディング

　トランザクションレンディングは、決算書の財務データだけでなく、預金口座の入出金データやクラウド会計システムの取引伝票データ、ECサイトでの売上げデータなどの取引履歴（トランザクション）を基に信用評価を行い、融資を実行するサービスです。機械学習モデルの高

度化に伴って、財務データよりも複雑なデータを信用評価に用いること
ができるようになりました。

　特に、融資の申込みから審査、実行、返済まで、すべてオンラインで
完結するオンラインレンディングが、コロナ禍をきっかけに注目されて
います。現在、銀行などで提供されているオンラインレンディングは、
主に預金口座の入出金データを基に、機械学習モデルで融資先にスコア
を付与し、スコアに応じて融資可否や融資条件を決定します。これによ
り、迅速な審査を実現するとともに、創業して間もないため決算書を有
さない企業なども、融資を受けられるようになりました。一方、かつて
のスコアリング融資における反省を踏まえて、融資は少額・短期のもの
に限られており、高金利であることが特徴です。

　この他、Web上の口コミデータやSNSのデータなどのテキスト情報や、
スマートフォンの位置情報など、非構造化データを信用評価に活用する
先進的な取り組みも一部で見られます。

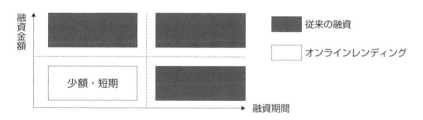

◆オンラインレンディングが対象としている領域

・P2Pレンディング

　P2Pレンディングは、Peer-to-Peerレンディングの略語であり、イン
ターネット上で金融機関を介さずに貸し手と借り手をマッチングさせる
ことで融資を実行するサービスです。P2Pレンディングは、ソーシャル
レンディングと呼ばれることもあります。また、混同されやすい言葉と
してクラウドファンディングがありますが、クラウドファンディングは
P2Pレンディングよりも広い概念で「寄付型」「報酬型」「融資型」「投
資型」などに分類されます。P2Pレンディングは、融資型クラウドファ

ンディングにあたります。

　日本では、貸し手から借り手に直接融資をすることが難しいなど、貸金業法による制約があるため、P2Pレンディングを提供する企業は多くありません。今後、法整備が進められれば、参入企業の増加も期待されます。

4-5 金融に関わる不正検知とAI活用

金融システムの信頼を守るために

金融に関わる不正行為

　銀行や証券、保険、クレジットカードなど金融サービスの発展に伴い、それらを悪用した不正行為も数多く発生しています。

　不正行為の例としては、下表のようなものがあります。

◆金融に関わる主な不正行為

不正行為	犯罪の種類
マネーロンダリング	犯罪など不正な手段で得た資金について、架空口座や無関係な口座を経由して出所を不明瞭にすること
不公正取引	風説の流布・偽計や相場操縦により健全な市場価格形成を妨げること、あるいは未公表の情報を利用して不正な利益を得るインサイダー取引など
保険金不正請求	架空の事故や事実とは異なる理由を基に保険金を請求すること、実際より損害を大きく見せて過大請求をすることなど
クレジットカード不正利用	フィッシング詐欺やスキミング、カード窃盗や企業からの情報漏洩などを利用して、正当な所有者以外がカードを利用すること
詐欺	振り込め詐欺や架空投資詐欺など

　これらの不正行為は犯罪であり、金融サービスの利用者や金融機関に損害が発生したり、健全な経済活動や投資家の資産形成を阻害したりするなど、社会にさまざまな悪影響を及ぼします。日本国内と海外をまたいだマネーロンダリングのように国内で問題が完結しないケースもあり、対策を怠れば国内の金融システム、ひいては日本国そのものの信頼を損ねる結果につながります。そうなれば、海外金融機関・企業などが日本国内の金融サービスの利用を避けるようになるなど、国内金融業や経済に悪影響を及ぼしかねません。そのため、金融機関、業界団体、官庁が一体となり、不正を防止するためのさまざまなシステムを構築して対応しています。

不正防止の取り組み

　金融機関、業界団体、官庁では、それぞれの権限や義務に応じてさまざまな不正防止の取り組みを行っています。

　金融庁は、証券取引等監視委員会のような委員会の設置や関係省庁との連携、不公正取引に対する課徴金など制度の制定、金融機関などが守るべき規則・ガイドラインの制定、金融サービスの利用者および金融機関などへの注意喚起や情報提供などを行っています。また必要に応じて、業界団体や金融機関などへの監査や指導を行います。

　業界団体主導の不正防止は、全国銀行協会や日本証券業協会、生命保険協会、日本損害保険協会、日本クレジット協会など、主に業種別に実施されています。これらの業界団体では、金融庁が定めた制度やガイドラインなどを業界の実情に合わせて運用できるように具体化しつつ、業界内での情報共有の推進、注意喚起などを行っています。また、必要に応じて金融機関への監査や指導も行います。証券業では日本取引所グループなどの取引市場も業界団体・自主規制機関に準じます。

　各金融機関は、金融庁や業界団体が定めた規則・ガイドラインの遵守、制度の活用、金融サービス利用者に対する注意喚起や情報提供、ITシステムを活用した不正の検知や通報などを行います。

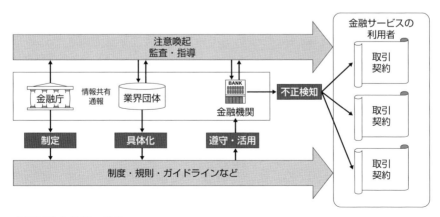

◆不正防止体制の構造

不正検知の方法

　不正を検知するためには、主に顧客の取引内容や契約内容、顧客属性、一般的な取引・契約に関わる統計量などのデータが利用されます。これらのデータを機械学習で分析することにより、不正取引のパターンを把握したり、あるいは通常の取引・契約に比べて異常である取引を抽出（異常検知）したりするなどして、不正を検知します。「**不正のパターン認識**」は、不正取引のデータが明確でデータ量も一定に多い場合に有効な手法です。「**異常検知**」（3-2参照）は、不正取引がどのデータに該当するかがわからない場合や、不正取引のデータ量が少ない場合に有効となります。

　なお、各金融機関における審査基準などの具体的な内容については、公表すると犯罪を助長するという主張もあります。犯罪者が不正取引を検知されないよう、それらの情報を利用することが考えられます。

不正検知における AI 活用

　金融に関わる取引・契約は件数が非常に多く、それらを監視する業務負荷は大きいといえます。しかし、負荷を軽減するために不正検知基準の最低ラインをルールなどで決めれば、不正検知に漏れが生じかねません。一方、そのようなルールを定めなければ監視ノウハウが属人化し、判断が各担当者で異なるなどの問題点が発生します。

　そこで、AIを活用して不正検知やその補助をさせるような取り組みが行われています。AIでは、複雑なルール、機械学習モデルによるリスクスコアリング、もしくはそれらの組み合わせなど、人間には対応できない高度な不正検知ロジックを構築可能であり、単純なルールよりも高い精度での検知能力を期待できます。処理速度も速く、処理件数も多く、属人化の懸念もありません。ただし、AIでも誤検知や見逃しがあることや、AIを保守するコストがかかること、さらにAI利用が妥当であると企業内外の関係各所に説明する必要が生じることなどは、考慮する必要があります。

不正検知の例①：株式のインサイダー取引

　株式のインサイダー取引（公表前の重要事実を用いて不正な利益を取得すること）では、重要情報を知り得る立場の役職員が違法に自社株式を買うケースなどが考えられます。この場合、当該役職員の通常時の取引銘柄や頻度、金額、時間帯などと比較し、傾向が異なるかどうかを機械学習モデルで判定させるケースがあります。傾向が異なる度合い（スコア）の大きい取引が、異常な不正取引候補として検知されます。

　証券取引市場における価格操作（相場操縦）行為の検知も、同様に機械学習による異常検知アプローチで実現されるケースがあります。

不正検知の例②：クレジットカードの不正利用

　急に限度額まで換金しやすい商品を購入したり、前回取引と異なる遠く離れた国や地域からインターネット経由でクレジットカードによる購入がされたりするなど、過去の不正取引データから発見した「よくある傾向」にデータ条件が類似している場合は、他人のカード情報を不正に使用している可能性があります。最近では、クレジットカードを利用しようとするスマートフォンのIPアドレスや、ブラウザの言語設定などを見て、前回取引と異なり異常であると検知する技術もあり、データ分析の結果から得られた新しい知見といえます。

┃今後の不正検知へのAI活用の展望

　各金融機関における取引量は膨大であり、不正検知には非常に大きな労働力が必要となっているため、業務効率化を目指したAI活用は早い段階で進展することが想定できます。また、不正行為の複雑化や多様化は年々進行しており、さらに不正を行う犯罪者側が逆にAIを活用するケースも想定されるため、人間では検知できない不正を検知する能力を持つ不正検知AIの必要性は高まっていくと考えられます。

　また、海外において先行して不正検知AIの普及が進む現状も、日本の不正検知AI普及を後押しするものと考えられます。なぜなら、金融機関の信頼度がグローバルで比較される際に、マネーロンダリングなど

への対応でAIが導入されているかどうかが評価ポイントとなり得るからです。そのため、官庁や業界団体などから不正検知AI導入の要請があることが想定でき、それらも普及の後押しになるものと考えられます。

資産運用・ロボアドバイザー

資産運用業界に起こるイノベーション

ロボアドバイザーとは？

　ロボアドバイザーとは、資産運用を行いたい人に対して、投資のアドバイスをしたり、自動で運用を行ったりするサービスのことを指します。インターネットを通じてPCやスマートフォンの画面から、人を介することなく気軽にアドバイスを受けられるのが特徴です。

　日本では、2015年10月にみずほ銀行から「SMART FOLIO」が登場したのを皮切りに、2016年2月にお金のデザイン「THEO」、7月にウェルスナビ「WealthNavi」が登場しました。特に2016年に登場したロボアドバイザーは、これまで金融業に参入していなかったベンチャー企業がサービスを提供している点から非常に話題になりました。

ロボアドバイザーは何をしてくれるのか？

　ロボアドバイザーには大きく「**提案型**」と「**運用型**」の2種類が存在します。

　提案型のロボアドバイザーは、投資家が「資産が減少する危険性をどの程度受け入れることができるか（リスク許容度）」を5〜10問程度の選択式の質問で診断します。診断の結果、資産配分比率やリスク値を求め、その比率やリスク値に近い国内株式型、海外株式型などの複数の資産を組み入れた投資信託または複数の投資信託の組み合わせを提案します。投資家は、提案された投資信託の資産が減少する危険性（リスク）や、どのくらいの収益（リターン）が得られる可能性があるのかなどの情報を、さまざまなグラフや図表で確認できます。

　提案型のロボアドバイザーの仕事はここまでで、実際に投資信託を買ったり、売ったりする「運用指示」は投資家自身が行います。資産運用

の過程で個別の資産価格の変動に伴い、理想の資産配分から比率が大きく変動することがあります。その変動を理想の配分に近づけることを「**リバランス**」と呼びますが、このリバランスの指示も投資家自身が行います。

提案型のロボアドバイザーには、大和アセットマネジメントの「ファンドロイド」や、前述の「SMART FOLIO」などがあります。

運用型のロボアドバイザーも提案型と同様に、いくつかの質問で投資家のリスク許容度を診断します。診断の結果、複数資産の組み合わせの資産配分を提案します。個別の投資信託を提案する提案型と異なり、最終的な提案内容が資産配分の比率となります。また、運用型ではこの後投資家に投資金額を確認し、資産運用や運用中のリバランスもロボアドバイザーが自動で行います。そのため、投資家は自分自身で投資信託などの金融商品を売買する必要はありません。ロボアドバイザーにお金を預けると、資産運用がスタートします。

資産運用には自分のお金をプロに預けて運用を任せる方式がありますが、その際は利用者と運用者の間で「**投資一任契約**」という契約を締結する必要があります。運用型のロボアドバイザーでは、最終的には「投資一任契約」を結んでいます。

運用型のロボアドバイザーには、大和証券の「ダイワファンドラップオンライン」、FOLIO の「FOLIO ROBOPRO」や、前述の「THEO」や「WealthNavi」などがあります。

これら2種類のロボアドバイザーのうち、提案型のロボアドバイザーは主に証券会社や銀行などが投資信託を販売するための補助ツールとして、運用型のロボアドバイザーは投資顧問会社と呼ばれる企業や証券会社が投資一任契約を結ぶために提供しているケースが多いようです。

これまでの投資一任契約は、主に大手の証券会社や信託銀行が富裕層向けのビジネス（「ラップ口座」）として提供し、最低投資金額が数百〜数千万円程度、手数料が運用資産の数％程度というものでした。これに対して運用型のロボアドバイザーは最低投資金額が1万〜10万円程度、手数料が年率1％程度のものがほとんどで、広く一般に利用しやすいサ

ービスになっています。

　一般的にこれまでのラップ口座が、人手をかけて対面で提案する運用商品の種類を幅広く用意していたのに対し、ロボアドバイザーは運用商品数を絞り、提案・リバランスを自動で行うなど、手数料を安く提供しています。これはFinTechによる技術革新の成果といえるでしょう。

◆「提案型」と「運用型」の比較

	提案型	運用型
診断	5～10程度の選択式の質問	
提案内容	• 資産配分比率 • 個別投資信託	資産配分比率
運用指示	投資家自身	自動
リバランス	投資家自身	自動
事例	• 大和アセットマネジメント：「ファンドロイド」 • みずほ銀行：「SMART FOLIO」	• 大和証券：「ダイワファンドラップオンライン」 • お金のデザイン：「THEO」 • ウェルスナビ：「WealthNavi」 • FOLIO：「FOLIO ROBOPRO」

ロボアドバイザー開発に必要な知識

　ロボアドバイザーの開発には大きく2つの知識が必要となります。

　ひとつは投資家のリスク許容度を診断し、投資商品のリスク・リターンから最適な資産配分を作成、運用していくモデル構築のための金融知識です。これは**現代ポートフォリオ理論**と呼ばれる知識がベースとなります。近年、機械学習による個別資産のリターン予測を組み入れたロボアドバイザーもサービスを始めています。このリターン予測を可能とするためには、機械学習のみならず、金融に関する深い知識も必要となります。

　もうひとつは、理論で導かれた結果を投資家にわかりやすく表現するための知識です。これには一般的なWebサイト作成の知識に加え、JavaScriptなどを使ったグラフ描画の知識が必要になります。

　ロボアドバイザーが提供する情報は、本来、投資初心者にもわかりや

すく作られるべきものですが、作成する側の金融のプロがさまざまな情報を盛り込もうとするあまり、初心者にはかえってわかりにくくなってしまうといったことが起こりがちです。投資初心者に対してもわかりやすく、洗練されたサービスを提供するためには、金融商品に関する業務知識とWebサイト開発に関する知識の両方が必要になります。開発者には、これら2つの知識を活用し、ユーザーエクスペリエンス指向でサービスを実現することが求められます。

ロボアドバイザーの今後

　日本銀行調査統計局『資金循環の日米欧比較』（2023年8月25日発行）によると、アメリカでは家計の金融資産の12.6%、日本では54.2%が現預金であり、日本はアメリカと比較して現預金比率が高く、株式・投資信託の保有比率が低いといわれています。これらのリスク性商品は、一般的にはまだまだ手を出しにくく、浸透しているとはいえない状況です。

　そのような中、注目されているのが**ポイント投資**です。ポイント投資は、2016年12月にクレディセゾンがクレジットカードのポイントである「永久不滅ポイント」を投資顧問会社で運用することを発表したのが始まりです。ポイント投資は運用型のロボアドバイザーよりもさらに少額から投資ができ、「ポイント」であることから投資初心者にも比較的始めやすいサービスだと考えられます。「ポイント」を入口として、リスク性商品の投資が一般に広く普及することが期待されています。

　今後は従来の金融機関に加え、広い顧客基盤を持つ企業が金融業界に参入し、これまで株式・投資信託を売買したことがない層へ資産運用サービスを提供していく流れが加速することが予想されます。

　新しい形態のサービスが始まる可能性を秘める分野になるので、開発に関わるエンジニアとしては、さまざまなニュースに対してアンテナを張り、情報収集をしておくことが必要となります。

トレーディング手法の多様化

データとITを活用して高度化する証券取引

アルゴリズム・トレードとは？

　証券会社と、年金運用事業者などの機関投資家との間では、業界標準の**FIX**（Financial Information eXchange：電子証券取引）プロトコルにより、効率的な電子発注が可能となっています。そこからさらに、機関投資家が求める証券取引注文執行の仕組みが取り入れられたアルゴリズム・トレードへと発展していきました。

　アルゴリズム・トレードは、あらかじめ決められた証券取引注文執行モデルに基づいて、タイミング、価格、数量などを選び発注を行う取引手法で、機関投資家に対して希望する価格での約定を、可能な限り提供する証券会社のサービスです。機関投資家の大口注文を案分して発注し、マーケットインパクト（発注による価格の変動）を小さくする意図があります。代表的な執行モデルである**VWAP**（Volume Weighted Average Price：出来高加重平均株価）は、銘柄ごとの出来高から算出

◆アルゴリズム・トレードの執行モデル（例）

執行モデル	説　明
VWAP	・出来高加重平均価格（VWAP：Volume Weighted Average Price）をベンチマークとして執行する方式 ・過去の取引から算出して作成したVWAP曲線を基に発注する
TWAP	・時間加重平均価格（TWAP：Time Weighted Average Price）をベンチマークとして執行する方式 ・機関投資家の大口注文を時間や数量を均等に分割して等間隔あるいは一定のタイミングで発注する
POV	Percentage Of Volume。出来高に対してあらかじめ設定された一定の参加率（市場の出来高に対する自身の出来高の割合）で執行する方式
Pegging	基準となる価格を追随し、常に基準価格で約定するように執行する方式
Iceberg	大口注文を分割し、分割された小口注文が約定した後、次の注文を発注する方式

した平均約定価格をベンチマーク（目標価格）として執行する投資戦略です。この他に、前ページの表のようにさまざまな執行モデルがあり、証券会社は独自のノウハウを組み込んでいます。

　アルゴリズム・トレード機能を有する証券会社内の発注システムの場合、大量注文の高速処理、市場予測のためのデータ蓄積や高度な分析が必要不可欠です。下図はアルゴリズム・トレードのシステムの概略です。各取引所や情報ベンダーから市場データを受信するフィードハンドラー、それを各システムに配信する相場エンジン、データを基に発注タイミングや発注量を決定し発注するアルゴエンジン、高速に発注する注文エンジンなどがあります。

　これらのシステムは証券会社内部で開発されることが大半ですが、最近では技術の高度化に伴い、外部ベンダーなどとの協業が進んできています。証券市場の特性は随時変化するため、証券会社ではデータ分析を基に執行モデルを継続的に改善しています。いわばアルゴリズム・トレードシステム自体が証券会社の付加価値の源泉となっています。

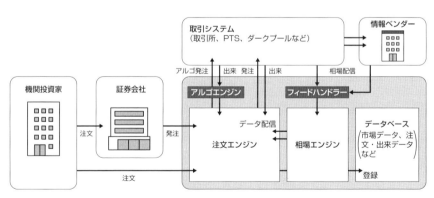

◆アルゴリズム・トレードシステムの概略（例）

ソーシャル・トレーディングとコピー・トレーディング

　ソーシャル・トレーディングとは、SNS内で投資家同士が交換した情報を基に取引を行う方法です。SNSに記載された情報を基に投資家個

人が判断して取引する場合と、成功している他の投資家の取引をそのまま模倣（**コピー・トレーディング**）する場合とがあります。特にコピー・トレーディングの場合、公開された取引を模倣する投資家は、手法を公開する投資家に対して手数料を支払うのが一般的です。

　ただし、ソーシャル・トレーディングでは法規制への対応が課題となります。投資戦略を公開することで対価を得ることは投資顧問業にあたる可能性があるため、日本では公的資格を保有しない一般投資家が行うことは事実上困難になっています。このため、自分の投資戦略を公開するサービスは存在するものの、コピー・トレーディングのサービスは提供されていません。

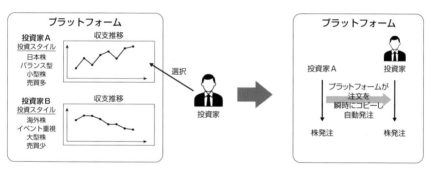

◆コピー・トレーディングの仕組み

　対して**ミラー・トレーディング**とは、投資家が選択した戦略（市場データを基にタイミングや数量を決定して発注するアルゴリズム）に基づき、自動で売買を行うトレーディング手法です。プラットフォームごとにさまざまな戦略が提供されており、機関投資家などのプロ投資家向けの戦略を投資初心者でも利用できます。複数の戦略を組み合わせることも可能で、それにより**リスク分散**が可能な場合もあります。

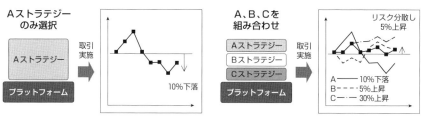

◆ミラー・トレーディングとリスク分散

超高速取引：HFT（High Frequency Trading）

　超高速取引（HFT） はミリ／マイクロ秒単位といった極めて短い時間に、注文や取消しを繰り返すトレード手法で、**高頻度取引**とも呼ばれます。市場では秒間何千万件もの市場データが流れ、短時間で株価が変化します。HFTは人間では対応できない速度で繰り返し売買し、少額の利益を積み上げます。アメリカの市場では2000年代後半から出来高の半数以上をHFTが占めており、日本市場でも高速な取引システムArrowheadを東京証券取引所が導入して以来、HFTが存在感を強めています。

　HFTでは、注文システムから送付される注文が取引所の取引システムに到着するまでの時間を短縮することが重要になります。システム間の物理的な距離が近くなることは通信時間の短縮につながるため、この2つのシステムを同じデータセンターに配置することが一般的です。このように両システムを併設するサービスは、**コロケーションサービス**と呼ばれています。これを利用することで、HFTは注文の到達時間を数十マイクロ秒まで短縮しています。

　HFTで用いられる取引戦略は、主に**マーケット・メイク**戦略です。これはビッド（買注文）・オファー（売注文）を同時に指値注文し、価格の差分を利益とする方法です。システムでは市場データを低遅延でリアルタイムに取得し、注文価格や数量を頻繁に変化させて収益を実現しています。

　HFTは、フロントランニング（市場に先回りして収益を上げること）

やフラッシュクラッシュ（価格を急変動させること）への懸念から批判を受け、欧米を中心に監視や規制の動きが強まっています。しかし、市場に高い流動性を供給している点を鑑みれば、HFTを悪として完全に否定することは望ましくないでしょう。HFTの存在は、流動性供給という視点から大きな影響があることは間違いありません。

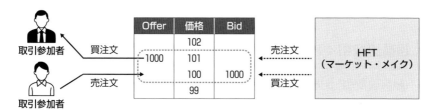

◆マーケット・メイクの仕組み

4-8 保険業におけるデータサイエンスの活用

データサイエンスが変える保険の未来

保険でデータサイエンスが注目されている理由

　保険では企業や個人のリスクに関係する、さまざまなデータの分析が必要であり、以前から**保険数理**と呼ばれる統計手法が活用されてきました。保険はいわば、統計学をベースにしたビジネスといえますが、近年になり、IoTやビッグデータを活用した新しいタイプの保険商品の開発ニーズが高まってきたことにより、機械学習やAIといったデータサイエンスに関心が集まっています。

　また、商品開発以外にも、業務の高度化・効率化のため、顧客接点やバックオフィスにおいてデータサイエンスが活用されつつあります。データに基づいたリスクの分析が業務の基本である保険は、データサイエンスの活用により大きく変わる可能性があります。

データサイエンスを活用したリスクの細分化

　保険には保険原理と呼ばれる原則があり、これを支えているのが確率論の基本定理である**大数の法則**です。大数の法則とは、確率pで起きる事象について、n回の試行をしたとき、r回その事象が起きたとして、そのとき、試行の数nを大きくすればr/nはpに近づいていくというものです。

　大数の法則によれば、同質のリスクを有する個人を多く集め、平均的な事故率を基に保険料率を設定すれば、保険料の総額と保険金の総額が釣り合います。これは、集めた保険料と支払った保険金が等しいという意味で「**収支相等の原則**」といいます。ただし、ある保険契約者の保険料は、その個人が保有するリスクの程度に相応するものである必要があります。したがって、リスクの程度ごとに集団を分けて保険料率を設定

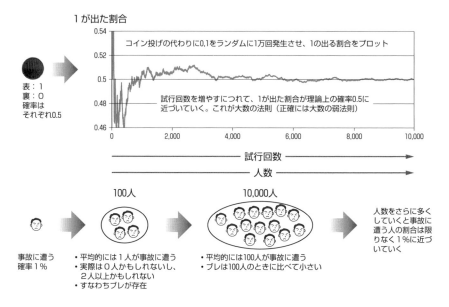

1 が出た割合

コイン投げの代わりに0,1をランダムに1万回発生させ、1の出る割合をプロット

試行回数を増やすにつれて、1が出た割合が理論上の確率0.5に近づいていく。これが大数の法則（正確には大数の弱法則）

表：1
裏：0
確率は
それぞれ0.5

試行回数

人数

100人　　　　　　　10,000人

事故に遭う
確率1％

・平均的には1人が事故に遭う
・実際は0人かもしれないし、2人以上かもしれない
・すなわちブレが存在

・平均的には100人が事故に遭う
・ブレは100人のときに比べて小さい

人数をさらに多くしていくと事故に遭う人の割合は限りなく1％に近づいていく

◆大数の法則

しなければなりません。ここでいう集団とは、たとえば火災で焼失しやすい木造家屋を持つ保険契約者の集団や、火災に比較的強い鉄筋コンクリートの家を持つ集団などが該当します。この原則は、「**給付・反対給付均等の原則**」といいます。以上の2つの原則が保険原理と呼ばれているものですが、大数の法則によってこの保険原理が成り立っているわけです。

「給付・反対給付均等の原則」に従って、より詳細にリスクの細分化を突き詰めれば、より厳密にリスクの程度に応じた保険料を設定できるかもしれません。しかし、細分化の仕方によっては保険の対象となる事象が大数の法則に従わないことや、データの蓄積が十分でないケースがあります。このような場合には保険原理が成立しないため、そのリスク集団では保険料が設定できないことになります。

保険業界ではリスクの細分化と保険原理とのせめぎ合いの中で、喫煙者に比べて非喫煙者の保険料が割安となる生命保険のように、さまざまな工夫をし、多様な商品を開発してきました。そして、ここにデータサ

イエンスが威力を発揮します。たとえばレセプトデータや健康診断データのようなビッグデータに対して、データサイエンスを活用した分析を行うことで、ある病気の発症リスクを予測できます。同一レベルの発症リスクのグループは、発症する確率が同じとみなすことができます。したがって、発症リスク別に一定数以上の保険者を集められれば、保険原理を満たした保険を設計できます。

このようにデータサイエンスを活用し、健康関連のビッグデータを分析することで健康リスクを細分化して、より利用者のニーズにマッチした保険商品の開発が進められています。また、このようなリスク細分化は、新保険商品の開発以外にも、引受査定などのその他の保険会社業務にも活用されています。

保険業におけるデータサイエンスの実践

保険業にはさまざまな業務（商品開発、マーケティング、募集、引受、保全、支払いなど）がありますが、データサイエンスが活用されている、または活用が期待されている主な分野として、商品開発と引受業務について以下に紹介します。

・健康増進型保険

従来の保険が基本的に加入時の健康状態で保険料が決められているのに対し、健康増進型保険は加入後、健康が増進すれば保険料が安くなります。

健康状態を正確かつ経時的に把握するためには、契約者からの告知や保険会社が以前から保持している保険金の支払いに関するデータだけではなく、契約者から直接入手する健康診断結果やウェアラブルデバイスを介して取得する歩数、心拍数、運動・睡眠時間などのバイタルデータが必要になります。それらはビッグデータとしての性質を備えているため、データサイエンスの活用が必須です。

具体的には、疾病発症予測モデルや健康リスクスコアリングモデルといった予測・シミュレーションが可能なモデルを開発し、それを活用し

て各契約者個別の健康リスクに応じた保険料を設定します。健康増進型保険とは、従来の保険に比べて、保険原理のひとつである給付・反対給付均等の原則をさらに推し進めたものといえます。

・引受査定業務の最適化・効率化

　保険会社における引受査定業務とは、保険契約時に、年齢・職業や健康状態といった顧客の告知情報から、保険の引受が可能かを判断する業務です。

　しかし、従来の引受査定業務には課題があります。従来の査定基準では、リスクの細分化が詳細に行えないため、たとえば特定の既往歴を持つと一律で引受不可となってしまうような場合があります。さらに告知だけでは、顧客の健康状態を正確に把握するために十分な質・量を備えた情報とはいえません。

　したがって、本当は引受可能な顧客を査定で落としてしまう可能性があります。そこで、健康診断結果やバイタルデータといった医療ビッグデータを使用し、顧客の健康リスクに関するモデルを開発・活用すれば、従来は引き受けられなかった顧客と契約できるような新しい引受基準を

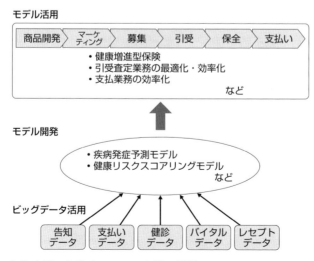

◆保険業におけるデータサイエンスの実践の概要

設定できるようになります。

　また、保険会社が使用する医療ビッグデータにはいくつか種類がありますが、政府が運営するオンラインサービスであるマイナポータルと連携して取得することができる医療保険情報が注目されています。利用するためには、マイナンバーカードを介して個人の同意を得ることが必要ですが、取得できれば顧客の特定健診情報などを健康リスク評価に活用できますし、顧客が自身の記憶を頼りに告知書を作成していた手間を省くこともできます。

第 **5** 章

デジタル資産と
ブロックチェーン

5-1 ブロックチェーンとは?

インターネット以来の革命!

ブロックチェーンへの期待

ブロックチェーンという言葉を聞いたことのある人は、現在ではかなり多くなったと思います。ブロックチェーンは、誕生以来、栄枯盛衰の中で発展してきましたが、注目を集めたタイミングのひとつとして、2017年頃の暗号資産（当時の仮想通貨、以下同）ブームが挙げられます。ビットコインなどの暗号資産が高騰し、ニュースでもたびたび取り上げられ、多くの人の目に触れるようになりました。

ブロックチェーンのニュースの内容は年々変わってきています。かつてユースケースの中心は暗号資産やICO（Initial Coin Offering：新規暗号資産公開）でしたが、現在では法定通貨などに連動したステーブルコインやCBDC（5-10参照）、ICOに代わる資金調達手段となるSTOやIEO、INO（5-11参照）、分散型金融を実現するDeFi（5-12参照）など、活用の幅が大きく広がっています。また、取り組みの内容としても、実証実験から業務適用へ、小規模から大規模へ、官民連携のプロジェクト実施へ、というように、ブロックチェーンを実際のビジネスに組み込む段階に入っています。

ブロックチェーンが実現すること

ひとことでいえば、ブロックチェーンは取引データを分散管理する仕組みです。これまで、さまざまな情報システムはそれを集中的に管理・運用することを前提に構築されてきました。一方、ブロックチェーンは利用者自身も管理・運用に参加することができ、参加者全体で分散してデータを管理することで中央管理者を不要とし、データの民主化（分散化）を図っています。中央管理者が不要になることのインパクトは非常

に大きく、ブロックチェーンはインターネット以来の革命といわれることもあるほどです。権威ある中央管理者に管理されるのではなく、分散管理によって信頼できる価値取引を実現することは、データの民主化（分散化）を目指す次世代のインターネットである**Web3.0**（Web3）のムーブメントにも合致しています。

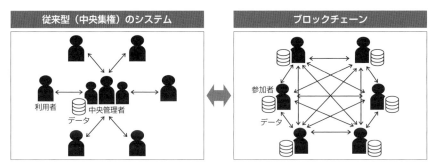

◆ブロックチェーンによる分散管理のイメージ

ブロックチェーンの仕組み

　ブロックチェーンでは、**信頼できる価値取引をどのように実現するか**がポイントになります。そもそも"信頼できる価値取引"とは何でしょうか。あらゆる経済活動には取引がつきものですが、それはインターネットの世界でも同様です。たとえば、デジタルコンテンツを購入し、その代金を支払う取引を考えてみましょう。取引相手がよく知っている人や企業なら問題ありませんが、初めての人と取引をする場合、相手を信頼できるのかが問題になります。代金を支払っても、相手が受け取っていないと嘘をつく、というような懸念があると取引は成り立ちません。そこで、従来型のシステムでは信頼できる中央管理者（政府や銀行など）が仲介をすることで、取引を成立させていました。一方、ブロックチェーンでは、そのような中央管理者は存在せず、ブロックチェーン自体の"仕組み"によって、見知らぬ人同士でも信頼できる価値取引ができるようになっています。

　その仕組みは、ブロックチェーンの構造によって実現されています。

下図は、ブロックチェーンの構造を、最小限の情報のみを抽出して描い
たものです（実際にはもっと複雑ですし、ブロックチェーンの種類によ
っても異なります）。ブロックチェーンという名前の通り、データを格
納したブロックがチェーンのようにつながって記録されています。ブロ
ックには、記録したいデータの他に、「**ハッシュ値**」（1つ前のブロック
の内容から導出されるデータ）などの改ざんを防止する文字列が格納さ
れており、これによって、改ざんが極めて困難になっています。すなわ
ち、悪意ある参加者が過去の取引を改ざんして、なかったことにしよう
としても、それは極めて困難（事実上不可能）であるため、そのような
心配をすることなく取引が行えるということです。

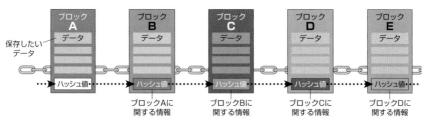

◆ブロックチェーンの構造

　ハッシュ値の仕組みをもう少し詳しく説明しましょう。多くの場合、
あるブロックのハッシュ値には、1つ前のブロックのデータを基に計算
された値が入っています。上図を例にすると、ブロックBにはブロック
Aに関する情報が入っており、それが同様の仕組みでブロックC、ブロ
ックD、ブロックEに伝播していることがわかります。したがって、悪
意ある参加者がブロックBの取引を改ざんしようと考えたときは、ブロ
ックBを書き換えるだけでなく、そこから伝播するブロックC、ブロッ
クD、ブロックEもすべて書き換えなければなりません。これは非常に
困難な作業であり、伝播するブロックの数が増えると、事実上不可能に
なります。このようにして、取引の信頼性が担保されています。

ブロックチェーンの特徴

　ここまで、ブロックチェーンは分散型（非中央集権）の仕組みであり、

高い改ざん耐性が得られることを説明しました。これらはブロックチェーンの重要な特徴のひとつですが、他にもさまざまな特徴があります。下図は、ブロックチェーンの主な特徴を示したものです。ブロックチェーンは多数のノード（参加者のこと）によって分散型で管理されていますから、仮に1つのノードが停止したとしても、ネットワーク全体が停止するリスクは小さく、高い可用性が得られます（255ページの図を見て考えてみてください。従来型のシステムは中央管理者に障害が発生するとネットワーク全体が停止してしまいますが、ブロックチェーンではそのようなボトルネックがありません）。また、オープンなネットワークで運用されているブロックチェーン（パブリックブロックチェーン、5-3・5-8参照）の場合、ブロックの中身は誰でも閲覧することが可能で、高い透明性も得られます。

　さらに、ブロックチェーンにはさまざまな共通規格が定められており、その規格に沿って**トークン**（ブロックチェーン上のデータ単位のこと）を設計することで、複数のプラットフォームを横断したトークンの相互運用を可能にします。また、イーサリアムなどのブロックチェーンには**スマートコントラクト**という機能があり、これを用いると、ブロックチェーン上で契約を自動的に実行する仕組みを実装できます。

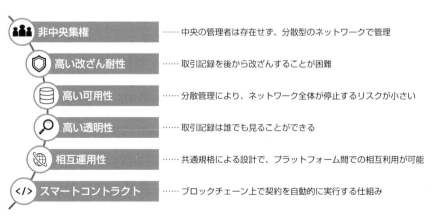

非中央集権	…… 中央の管理者は存在せず、分散型のネットワークで管理
高い改ざん耐性	…… 取引記録を後から改ざんすることが困難
高い可用性	…… 分散管理により、ネットワーク全体が停止するリスクが小さい
高い透明性	…… 取引記録は誰でも見ることができる
相互運用性	…… 共通規格による設計で、プラットフォーム間での相互利用が可能
スマートコントラクト	…… ブロックチェーン上で契約を自動的に実行する仕組み

◆ブロックチェーンの特徴

ブロックチェーンの歴史

ビットコイン、暗号資産、NFT、Web3.0

誕生から現在までのダイジェスト

　まずは、ブロックチェーンの誕生から現在までの流れを見てみましょう。

　ブロックチェーンは、代表的な暗号資産である**ビットコイン**のために考案された技術です。その後、ビットコインの模倣や派生、分裂などにより、さまざまな暗号資産が誕生しました。

　並行してブロックチェーンを活用してできることが、暗号資産以外の分野にも広がりました。たとえば、金融取引のプラットフォームや、デジタル空間におけるIDなどを管理する**デジタル・アイデンティティ基盤**としての活用です。その後、2020年代に入ってデジタル空間における証明書（**NFT**）として使用法が考案されたり、法規制の整備によって新たな資金調達の手段（**STO**）が生まれたり、というように幾多の変遷を経て、現在に至ります。現在では、**Web3.0**という考え方が世間の注目を集めていますが、ブロックチェーンはその中核技術を担っており、今

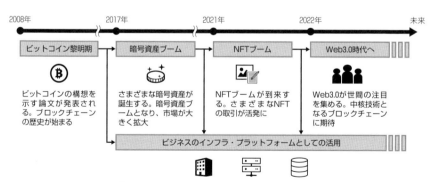

◆ブロックチェーンの歴史

後の発展にも期待が持てます。

　次に歴史における重要なイベントをピックアップして、詳しく見ていきましょう。

ビットコインの誕生

　ブロックチェーンの歴史は、2008年に「サトシ・ナカモト」を名乗る人物がビットコインの構想を示す論文を発表したことによって始まりました。この論文では、分散型の台帳技術を用いて取引履歴を管理することにより、中央管理者（政府や銀行など）に頼らない通貨システムを構築できると述べられています。

　翌年には、論文の内容を実装したビットコインがリリースされ、ブロックの作成が始まりました。リリース当初からしばらくの間、ビットコインは一部の専門家や技術者の間で利用されるだけにとどまっていましたが、徐々に一般のユーザーにも利用されるようになり、市場規模を拡大していきました。多数の暗号資産が誕生した現在でも、暗号資産市場におけるビットコインの時価総額のシェアはトップであり、基軸通貨の役割を果たしています。

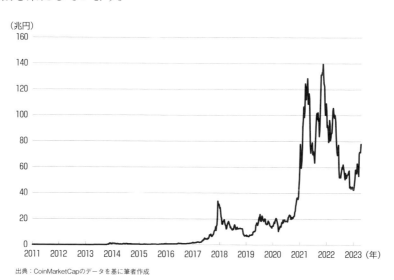

出典：CoinMarketCapのデータを基に筆者作成

◆ビットコインの時価総額の推移

暗号資産の戦国時代

　ビットコインは最初に誕生した暗号資産ですが、トランザクション処理能力の制限やセキュリティ上の問題など、いくつかの課題を抱えていました。これらの課題を解決するために、新たな暗号資産が多数開発されます。たとえば、**イーサリアム**は**スマートコントラクト**と呼ばれるプログラムを実行できるブロックチェーンです。ビットコインよりも高速で、より多様なトランザクションを処理できます。イーサリアムは、そのトークンが暗号資産として用いられるだけでなく、分散型アプリケーションのプラットフォームとしても活用されます。

　その他にも、下図で挙げるようなライトコイン、XRP、モネロなど、さまざまな暗号資産が存在します。これらは、ビットコイン以外の暗号資産という意味で、**アルトコイン**（alternative coin）とも呼ばれます。

　さまざまな暗号資産の誕生とともに、暗号資産市場全体の規模も大きくなっていきました。ビットコインの時価総額は2017年頃に大きく上昇しましたが、その他の暗号資産の時価総額も同様に上昇しています。こ

イーサリアム

- スマートコントラクトを備える最も代表的なブロックチェーン
- 暗号資産として利用されるだけでなく、プラットフォームとして活用できることが強み

発行開始：2015年
時価総額：約30兆円

ライトコイン

- ビットコインのシステムを基礎とし、改良によって利便性の向上を図った暗号資産
- ビットコインよりも高速な決済を実現する

発行開始：2011年
時価総額：約7,300億円

XRP

- XRP Ledgerというブロックチェーン基盤によって提供される暗号資産
- 米国リップル社の製品において、XRPとXRP Ledgerの技術が使用されている

発行開始：2012年
時価総額：約4兆1,000億円

モネロ

- 送金履歴などのプライバシーに関わる情報を匿名化できる暗号資産
- マネーロンダリングなどに利用される懸念から、日本では認められていない

発行開始：2014年
時価総額：約4,000億円

出典：時価総額はCoinMarketCapを参照（2023年8月30日時点）

◆アルトコインの例

の時期、日本では暗号資産を扱う取引所のルール整備も進み、多数の企業が暗号資産交換業者として金融庁に登録されました。当時最大手の暗号資産交換業者であったコインチェックの大塚雄介・取締役最高執行責任者（当時）は、『日本経済新聞』のインタビューにおいて、「仮想通貨の戦国時代が始まる」と表現していました。

　この時代、大きな注目を集めたのが暗号資産を用いた資金調達です。ICOと呼ばれる手法で、資金調達者が独自の暗号資産をブロックチェーン上で発行し、引き換えに投資家から資金を募ります。2017年前後には、短時間で巨額の資金調達に成功する案件が急増し、国内外で注目を集めました。しかし、ICOは法的な位置付けが不明瞭なことから規制が行き届かず、詐欺的なICOが横行してしまいました。2018年以降の暗号資産市場の低迷も逆風となり、現在ではICOはほとんど実施されていません。一方で、暗号資産を用いた資金調達というICOの考え方自体は有用なものであり、暗号資産交換業者が主催するIEO（Initial Exchange Offering）や、法規制の下で実施されるSTO（Security Token Offering）などに受け継がれています（5-11参照）。

NFTブームの到来

　2018年以降、バブルが崩壊した暗号資産は冬の時代を迎えます。この時代も、ブロックチェーンを活用したビジネスは着実に進展していたものの、かつて主役だった暗号資産の時価総額は大きく減少し、ニュースなどで取り上げられる機会も失われていきました。

　再びブロックチェーンが世間の注目を集めたのは、2021年頃に始まったNFTブームです。**NFT**（Non-Fungible Token）は非代替性トークンという意味で、デジタル世界における証明書のような役割を果たすものです。これによって、固有性の高いデジタルデータに唯一無二のものであるという価値を与えられます。また、NFTの所有者は一意に決まるため、デジタルデータの所有者が誰なのかを明確にすることができます。NFTが市場で取引されるようになることで、デジタルデータ（の所有権を示すNFT）が暗号資産による決済で取引される新しい経済圏

が生まれます。

　下図は、NFTブームで注目された事例をいくつか取り上げたものです。たとえば、2020年10月にサービスを開始したトレーディングカードゲーム『NBA Top Shot』は、NFTを活用したゲームの先駆け的存在です。このサービスでは、アメリカのプロバスケットボールリーグであるNBAの選手ごとの名シーンの動画を保存したカードをNFTとしてコレクションができます。アメリカにおけるNBA自体の人気も後押しし、『NBA Top Shot』は大人気となりました。

　その他、2021年には高額なNFTアートが一大ブームとなり、たとえば同年3月にはBeepleのデジタルアートのNFTが約75億円という高値で落札され、話題となりました。また、ゲームをプレイすることで換金可能なトークンを獲得できる「Play to Earn（遊んで稼ぐ）」をコンセプトにしたNFTゲームも登場し、『Axie Infinity（アクシーインフィニティ）』などが注目を集めました。さらに、「Play to Earn」から派生し、

NBA Top Shot

- NBAプレイヤーの名シーンを切り抜いた映像をデジタルカードとしてコレクションできる
- 人気選手のスーパープレイは高値で取引され、中には2,000万円を超える価格が付いたカードもある

BeepleのNFTアート

- Beepleとして知られるアーティスト、マイク・ヴィンケルマンの作品「Everydays-The First 5000 Days」
- 彼が5,000日の間、毎日描いた作品を1つにコラージュした巨大なデジタルアート。約75億円で落札された

Play to Earn（NFTゲーム）

- ゲーム内の課題をクリアしたり、バトルに勝利したりすることで、独自のトークンを獲得できる
- トークンは暗号資産取引所を通して換金できる
- 『Axie Infinity（アクシーインフィニティ）』などが注目を集めた
- 「Play to Earn」から派生し、サービスを利用してトークンを稼ぐ「X to Earn」のサービスも多数登場した

◆NFT ブームで注目された事例

サービスを利用してトークンを稼ぐ「X to Earn」のサービスも多数登場しました。

┃Web3.0時代へ

　2022年頃になると、NFTブームは終息し、ピーク期に比べると取引は大きく減少しました。その一方で、同時期に「**Web3.0**」という考え方が世間の注目を集めるようになります。Web3.0とは、ユーザーが自身のデータを自ら制御しながら価値取引を行えることを目指した、次世代のインターネットのあり方のことを指します。現在のインターネットにおいて、ビッグ・テック（Google、Appleなどの巨大IT企業）のプラットフォームにユーザーとその情報が集中していることに対する懸念から、Web3.0について議論する動きが活発になりました。

　Web3.0の中核技術となるのが、**ブロックチェーン**だといわれています。なぜなら、Web3.0はデータの制御を中央集権的に行わないこと、すなわち分散化することが根底にあり、それを技術的に実現できるのがブロックチェーンだからです。たとえば、前述のNFTを活用することで、デジタル空間における資産（デジタル資産）を特定のプラットフォームに依存せずに管理・取引ができます。また、ブロックチェーンを活用して**デジタル・アイデンティティ**（ユーザーのプロフィールのようなもの）の基盤を構築することで、デジタル空間においてユーザーの信用度を可視化できます。さらに、このようなデジタル資産やデジタル・アイデンティティは、メタバースの中でも活用されるものであり、メタバースの発展とも切り離せない関係にあります。

　Web3.0の考え方自体、さまざまな要素を内包した複雑なものであり、本節でそれに深入りすることはしませんが、その中核技術にブロックチェーンがあると知っておくことが重要です。また、前述の暗号資産やNFTも、バブル的な盛り上がりは終了しましたが、これらが市場から消滅したわけではなく、むしろ成熟しつつあり、デジタル経済圏における重要な要素になっていくだろうと考えられます。

ブロックチェーンの分類

エンタープライズ向けに適したブロックチェーンは何か?

運用方式から見るブロックチェーンの分類

ブロックチェーンはビットコインの基盤技術として開発されましたが、現在ではビットコイン以外の暗号資産で利用されているほか、金融取引のプラットフォームやデジタル・アイデンティティ基盤など、さまざまな分野への応用も行われています。本節では、これらのブロックチェーンをどう理解したら良いか、その特徴ごとに分類することで整理していきます。

◆ブロックチェーンの分類

分類	パブリックブロックチェーン	コンソーシアムブロックチェーン	プライベートブロックチェーン
	パーミッションレス型	パーミッションド型	
イメージ図	ネットワークは公開されており、誰でも参加可能	ネットワークの参加には管理者の許可が必要	ネットワークの参加には管理者の許可が必要
管理者	なし	あり（複数の組織による共同運営）	あり（単一の組織による運営）
参加者	誰でも参加可能	管理者に許可された者のみ参加可能	管理者に許可された者のみ参加可能
合意形成	ブロックチェーン固有の合意形成の仕組みに従う	特定の参加者間における合意形成を行う場合が多い（任意に設定可能）	特定の参加者間における合意形成を行う場合が多い（任意に設定可能）
データの処理速度	コンソーシアムブロックチェーンやプライベートブロックチェーンと比較すると遅い	パブリックブロックチェーンと比較すると速い	パブリックブロックチェーンと比較すると速い
主なブロックチェーン	ビットコイン、イーサリアム、ソラナ、ポルカドット、カルダノ、アバランチ	Hyperledger Fabric、Corda、GoQuorum	Hyperledger Fabric、Corda、GoQuorum

　ブロックチェーンはネットワークを活用した仕組みであることから、そのネットワークがどのように運用されているかによって分類できます。特に、そのネットワークがどの程度オープンなネットワークか、という観点に注目します。一般的に、その運用方式によって「**パブリック**」「**コンソーシアム**」「**プライベート**」の3つの方式に分類されます。

　前ページの表は、それぞれの方式の特徴を示しています。まず、パブリックブロックチェーンはオープンなネットワークによって運用されていて、**誰でも自由に参加できる**（パーミッションレス型）ブロックチェーンです。この方式は、ビットコインなどの暗号資産で主に利用されています。誰もが自由にネットワークに参加できるという性質上、悪意のある参加者が現れる可能性があり、その対策を施したコンセンサスアルゴリズムを採用することが必要となります。

　一方、コンソーシアムブロックチェーンは参加者を限定した**クローズドなネットワークにより運用されている**ブロックチェーンです。複数組織により構成されたコンソーシアムによって管理され、許可された参加者のみがネットワークにアクセスできます（パーミッションド型）。パブリックブロックチェーンと異なり、信頼できる者のみにネットワークへの参加を許可することで、悪意のある参加者を想定する必要がなくなります。これにより、目的に応じて柔軟な設計を行うことが可能になります。たとえば、金融取引で利用する場合は処理速度の高速化やプライバシーの確保を重視するというように、利用主体のニーズに合わせてブロックチェーンを構築できます。

　また、プライベートブロックチェーンもコンソーシアムブロックチェーン同様、参加者を限定したクローズドなネットワークにより運用されているブロックチェーンです。管理主体が単一組織という点を除いて、コンソーシアムブロックチェーンと同様の特徴を持ちます。

エンタープライズ向けに進化するブロックチェーン

　パブリックブロックチェーンのうち、**イーサリアム**はスマートコントラクトを実行するための分散型プラットフォームとして広く認知されて

います。スマートコントラクトという仕組みを活用した例としては、分散型の金融アプリケーションであるDeFi（5-12参照）や、企業間の電子契約、証券のトークン化、サプライチェーン管理などが挙げられます。その他、エンタープライズ向けのさまざまなソリューションを実装することが可能です。

　しかし、パブリックブロックチェーンの特徴として、自分と直接関わりのないトランザクションであっても、誰でもその内容を見ることができることがあります。これは透明性を担保する仕組みではあるものの、金融機関などプライバシー要件が求められるケースには適しません。そこで、エンタープライズ向けでは、コンソーシアムブロックチェーンやプライベートブロックチェーンがよく用いられます。

　たとえば、Corda（5-5参照）は、プライバシー保護に強みを持つパーミッションド型ブロックチェーンです。取引に関係する参加者間のみでトランザクションが共有される仕組みとなっており、プライバシーが確保されています。また、GoQuorum（5-6参照）は、イーサリアムと互換性を持つパーミッションド型ブロックチェーンです。イーサリアムをベースに開発されているため、プライバシーや処理性能など、エンタープライズ向けに求められる要件を満たしつつ、イーサリアムのスマートコントラクト開発のノウハウを活用することが可能です。さらに、Hyperledger Fabric（5-7参照）は、幅広いエンタープライズ向けユースケースに対応するブロックチェーンです。柔軟なアーキテクチャ構成によって、金融、物流、貿易などの広範なユースケースに対応できます。

　このように、エンタープライズ向けに適したブロックチェーンがいくつも登場しています。企業でのブロックチェーン活用を考える際には、このようなパーミッションド型ブロックチェーンが候補に挙げられるでしょう。なお、これらのブロックチェーンがパーミッションレス型よりも絶対的に優れているわけではなく、それぞれ得意なこと、不得意なことがあります。Web3.0の文脈では、むしろパーミッションレス型のパブリックブロックチェーンが求められることもあります。状況に応じてブロックチェーンを使い分けることが必要です。

5-4 イーサリアムの歴史とその特徴

スマートコントラクトを備えた初のブロックチェーン

イーサリアムの誕生とエコシステム

イーサリアムは、2013年に当時カナダの学生であったヴィタリック・ブテリン氏が発表した構想に基づいて開発されたパブリック型のブロックチェーンです。イーサリアムで発行されている暗号資産は**イーサ**（Ether、略称：**ETH**）と呼ばれています。

イーサリアム以前のブロックチェーンは暗号資産の取引を目的としたのに対し、イーサリアムは24時間自律的に可動する汎用コンピュータの実現を目的とし、「スマートコントラクト」を初めて実装したブロックチェーンです。そのためイーサリアムは「**ワールドコンピュータ**」と呼ばれることもあります。オープンソースにて公開されており、「Ethereum Foundation」というコミュニティにより開発が行われています。

イーサリアムへのスマートコントラクトのデプロイと実行

イーサリアムの大きな特徴は、スマートコントラクトという仕組みにより、**分散型アプリケーション**（Decentralized Applications、略称：**Dapps**）を構築するためのプラットフォームとして機能していることです。Dapps開発者はスマートコントラクトと呼ばれるプログラムを作成し、イーサリアムに展開（デプロイ）することでプログラムをブロックチェーン上で実行できるようになります。デプロイされたスマートコントラクトを実行すると、その処理結果をブロックチェーンに記録できます。イーサの送金、スマートコントラクトのデプロイや実行には手数料を払う必要があります。イーサは、このように手数料の支払いにも使用され、スマートコントラクトを利用するための実用性（使用価値）を持つため「**ユーティリティトークン**」としての側面も持っています。

口座の単位であるアカウント

イーサリアムには、**アカウント**というイーサを保有する主体を表す機能があります。アカウントは、外部所有アカウントから、他の外部所有アカウント（EOA）や後述するコントラクトアカウントに対して秘密鍵で署名したトランザクションを送信することで、イーサを送金したり、コントラクトアカウントが持つスマートコントラクトを実行したりできます。銀行口座でたとえると、アドレスを口座番号、秘密鍵を暗証番号と捉えることができます。

コントラクトアカウントは、スマートコントラクトをデプロイすると作成されるアカウントです。秘密鍵を持たないため自分自身でトランザクションを作成できない一方で、イーサの受取りや、EOAからのトランザクションに従ってスマートコントラクトを実行したり、別のコントラクトアカウントのスマートコントラクトを呼び出したりすることができます。

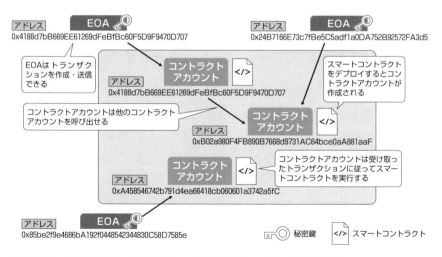

◆外部所有アカウント（EOA）とコントラクトアカウントの関係

ステートによるデータ状態の管理

　イーサリアムには**ステート**（State）という仕組みがあります。アカウントはそれぞれ固有のステートを持っており、トランザクションによってステートの内容が更新されます。EOAのステート内ではイーサの残高、コントラクトアカウントのステート内ではイーサの残高やスマートコントラクトの実行結果が管理されています。ステートは木構造の形式で管理されていますが、木構造そのものはブロックに含まず、チェーン外のデータとしてノードが管理しています。ブロックにはその木構造の要約値のみが記録されています。

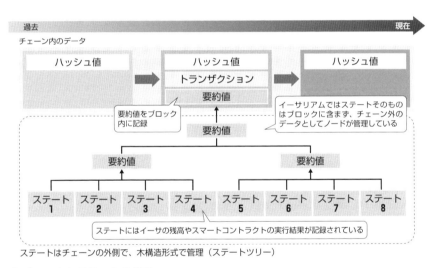

ステートはチェーンの外側で、木構造形式で管理（ステートツリー）

◆**ブロックとステートの構造**

トランザクションによるステートの更新

　イーサの送金やスマートコントラクトの実行には、ユーザーが所有する外部所有アカウントからある一定のフォーマットに従ってデータをノードに送信する必要があります。このデータのことを「**トランザクション**（Transaction、略称：**Tx**)」と呼びます。トランザクションを送信

する際はEOAに紐づく秘密鍵でトランザクションに署名を行う必要が
あります。

　トランザクションを送信すると、それを受け取ったノードはその有効
性を確認し、他のノードに転送します。これが繰り返されることでトラ
ンザクションはネットワーク全体で共有されます。

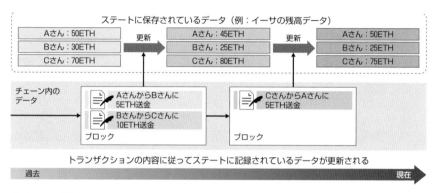

◆トランザクションによるステートの更新

ブロックの作成とコンセンサス

　ネットワークに拡散されたトランザクションは複数あるため、取り込
まれる順序を決定する必要があります。また、大量のトランザクション
のどこからどこまでを一度に取り込むか、という単位が必要です。この
複数のトランザクションをまとめた単位を「**ブロック**」といいます。

　ブロックにどのトランザクションを含めるかについて、ネットワーク
で合意をとることを「**コンセンサス**」といい、その技術的な合意形成方
法を「**コンセンサスアルゴリズム**」といいます。コンセンサスアルゴリ
ズムは、「どのノードに（一時的に）ブロック生成の権利を付与するか」
を合意するために事前に定められたルールであり、ブロック生成権を獲
得したノードはトランザクションが正しいかを検証し、ブロックにまと
めて入れることで、報酬を受け取れる設計となっています。

PoWアルゴリズムとPoSアルゴリズム

　2022年9月に初めてのメジャーアップデートである「The Merge」が行われ、コンセンサスアルゴリズムが「Proof of Work（**PoW**）」から「Proof of Stake（**PoS**）」に切り替わりました。

　「Proof of Work（PoW）」アルゴリズムはビットコインなどでも採用されていることで有名です。PoWでは、ノードは**マイニング**と呼ばれるブロック作成権の獲得競争を行います。マイニングでは一定の難易度の計算を行い、「**ナンス**（nonce、Number used onceの略）」と呼ばれる値を求めます。このマイニングを行うノードのことを**マイナー**(miner)と呼びます。ナンスをいち早く計算したマイナーはナンスを含んだブロックを他のノードに示し、正しいと判断されるとそのブロックは新たなブロックとしてチェーンに追加されます。その際、ブロックを作成したマイナーは報酬としてイーサを入手できます。

　PoWの特徴は、ブロックの改ざんが極めて難しい点です。仮に過去のブロックの内容を改ざんしようとした場合、それ以降の全ブロックに対してナンスの再計算が必要になりますが、マイニングで行う計算は計算量が膨大であるため改ざんは極めて困難です。また、マイナーにとってもコストをかけてブロックの改ざんを行うよりも、マイニングを正しく早く行い、報酬をもらうほうが経済的な面で合理的な仕組みとなっています。

　前述の通り、「The Merge」アップデート後は「Proof of Stake（PoS）」というコンセンサスアルゴリズムに変更されました。その理由のひとつは、PoWでは計算競争の激化により大量の電力が消費され、環境的な問題となっているためです。PoSに切り替わる直前の2022年の世界全体のイーサリアム電力消費量は、日本全体の電力消費量の約9％にも達すると推計されていました。PoWではノードが保有する計算パワーが大きいほどブロックを作成する権利を得る確率が高かったのに対し、PoSでは保有している暗号資産の量や保有期間の長さに応じてブロック生成権の獲得確率が高くなる仕組みとなっています。そのため、PoWと比

べてブロック作成に大きな計算量は必要なく、環境への負荷も少なくなっています。

　PoSではあらかじめ決められた量の通貨を預け入れることで、ブロック作成の権利候補者（バリデータ）の一員となれます。この「通貨を預け入れること」を**ステーキング**と呼びます。ブロックを作成したバリデータは、ステーキング報酬と呼ばれる報酬（イーサ）を得られます。PoSへの移行により環境負荷が改善した一方、ステーキングという行為が「Ethereum Foundationがバリデータからイーサを介して資金を調達している」と捉えられ、イーサが法律上の（無許可な）証券に該当するのではないかといった訴訟がアメリカの一部の州で行われており、新たな問題にもなっています。

	Proof of Work	Proof of Stake
概　要	「ナンス」と呼ばれる値を最初に見つけたノードがブロックを作成する権利を獲得する	通貨の保有量や保有期間に応じてブロックを作成できる権利が決まる
ブロック作成間隔	ビットコイン：10分 イーサリアム：数十秒	数秒～数十秒
ブロック作成者	マイナー	バリデータ
採用ブロックチェーン	ビットコイン、2022年9月25日より前のイーサリアム　など	2022年9月25日以降のイーサリアム、ソラナ、カルダノ、ポルカドット　など

◆PoWとPoSの比較

イーサリアムのトランザクション手数料

　イーサの送金やスマートコントラクト実行のためにトランザクションを送信する際には、トランザクション手数料を支払う必要があり、ブロックごとにかかる基本的な手数料（**Base Fee**）と、ブロック作成者へのチップとして支払う手数料（**Priority Fee**）の2種類が存在します。

手数料はイーサで支払いますが、そこで登場するのが「ガス（**Gas**）」という概念です。Gasはガソリンにたとえることができ、「あるトランザクションを実行するのに10リットル（＝10 Gas）かかった」というイメージです。Gasの消費量はトランザクションの処理内容によって決まり、手数料はGasの消費量とGasの単価によって計算されます。Base Feeは、Gasの消費量とトランザクションが取り込まれるブロックに設定されるGasの単価（Base Fee Per Gas）によって求められます。Base Fee Per Gasはブロックごとに自動で調整されます。Priority Feeは、Gasの消費量とトランザクション送信者が設定する任意のGasの単価（Priority Fee Per Gas）によって求められます。単価を高く設定することでトランザクション処理の優先度を高め、処理時間を短縮できる可能性があります。

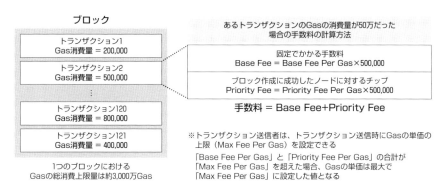

◆**イーサリアムのトランザクション手数料の計算方法**

ERCとトークン

　イーサリアムのコミュニティではイーサリアムを改善していくためのさまざまな議論がオープンに行われています。議論で生まれた改善提案は**EIP**（Ethereum Improvement Proposal）と呼ばれ、その中には**ERC**（Ethereum Request for Comments）と呼ばれるカテゴリーがあり、トークンなどのアプリケーションに関する規格が定められています。

ERCの規格に従ったスマートコントラクトを開発することで、ウォレットやマーケットプレイスなど、複数のサービス間で互換性のあるトークンを作成できます。

　著名なERCとして「**ERC-20**」と「**ERC-721**」があります。

　ERC-20はスタンダードなトークンが備えるべきインターフェースなどの性質を定めたものです。ERC-20により、ブロックチェーンそのものを新規に作成することなく、イーサリアム上にトークン用のスマートコントラクトをデプロイすることのみでイーサとは異なる独自の暗号資産としてトークンを扱えるようになりました。ERC-721は非代替性トークン（NFT）に関する規格です。イーサリアムにおけるNFTの多くは、この規格に従って発行されています。

　ERC-20ではトークンの所有者（アドレス）ごとにその保有数量を記録していたのに対し、ERC-721ではトークンひとつひとつにIDが振られ、トークンIDごとの保有者を記録しています。これにより、ERC-721で作成されたトークンはそれぞれ識別が可能で、非代替性を表現できるようになっています。

5-5 Cordaの特徴

**プライバシー保護に強みを持つ
パーミッションド型ブロックチェーン**

Cordaとは？

　Corda（コルダ）はニューヨークに本社を置く企業のR3が開発を主導しているパーミッションド型ブロックチェーンです。Cordaは金融機関が金融取引でブロックチェーンを適用する際に問題となる、トランザクションの内容のプライバシーに関するニーズを満たすための製品として開発が進められています。そのため、通常のブロックチェーンのように全参加者でトランザクションを共有し、ブロックをチェーン状につなげていく形式でデータを保存していないことから、ブロックチェーンではなく、分散台帳として分類されることもあります。

Cordaのアーキテクチャ

　一般的なブロックチェーンでは自分と直接関わりのないトランザクションであっても、誰でもその内容を見ることができます。一方、Cordaでは、トランザクションは、そのトランザクションで実行される取引に関係する参加者（ノード）間でのみ共有される仕組みとなっており、取引に関係しないノードはそのトランザクションの存在自体を知ることができません。

　ノードはデータをリレーショナルデータベースで管理しており、デフォルトではH2というデータベースを使用します。ノードは受け取ったトランザクションを基にデータベース内のデータを更新します。したがって、ネットワーク内のノードが保持するデータはそれぞれ異なる内容となり、たとえば、Cさんが保有するトークンαの残高を参加者①には公開せず、参加者②と③でのみ管理するということが可能です。このような仕組みにより、Cordaは金融機関が求めるプライバシー要件が厳し

いユースケースにも対応できるようになっています。

　Cordaで特徴的な存在は**Notary**です。前述のように、Cordaは取引の関係者のみにトランザクションを共有する仕組みとなっているため、「一度お金を支払ったにもかかわらず、異なる相手に再度支払う」という「二重支払い」を防ぐ仕組みが必要になります。Notaryは二重支払いを防止する役割に特化したサービスであり、トランザクションは最終的にNotaryによってその正当性が検証され、承認されることで正式なものとしてみなされます。

　また、Cordaには**CorDapp**と呼ばれる、一般的なブロックチェーンでいうスマートコントラクトに相当する仕組みが存在します。CorDappを用いることで、たとえば有価証券の取引など複雑なユースケースを実現できます。

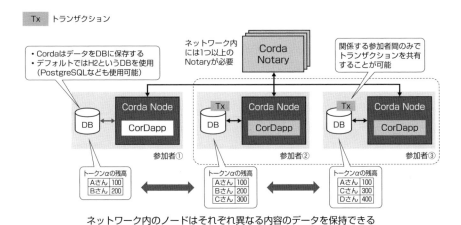

◆Cordaの構成図

Cordaの適応事例

　日本国内でもCordaを用いたシステムの商用化の事例が誕生しています。次ページの表にいくつか事例を紹介します。

◆Cordaの適応事例

事　例	提供元	特　徴
BCPostTrade	SBIホールディングス、SBIリクイディティ・マーケット	・外国為替取引データのコンファメーション（照合）システム ・手作業の部分が多いコンファメーション業務をシステム化し、確認漏れなどのリスクを低減 ・Cordaを用いることで高いプライバシー保護と改ざん耐性を実現
TBLOCK SIGN	豊田通商システムズ	・企業間の電子契約・企業間取引サービス ・契約書の登録・締結・管理および見積書・受発注書・請求書の送受信を、Cordaの持つ秘匿性・改ざん耐性を活かして行うことができるサービス
Progmat	三菱UFJ信託銀行（Progmat）	・セキュリティトークン、ステーブルコイン、ユーティリティトークン（NFT）のそれぞれの発行と管理を行うためネットワークで構成されるプラットフォーム ・三菱UFJ信託銀行が開発を主導 ・今後は同銀行を含む8社が設立した株式会社Progmatによる運営に移行

GoQuorumの特徴

イーサリアムと互換性を持つパーミッションド型ブロックチェーン

GoQuorumとは？

GoQuorum（ゴークオラム）はもともと米大手金融機関であるJPモルガンによって2016年に開発されたパーミッションド型ブロックチェーンです。その後、2020年に米ブロックチェーン企業のConSensysによって開発が引き継がれ、現在も同社が開発を主導しています。

イーサリアムを企業向けに使うにはデータのプライバシーの問題や、トランザクションの処理性能（スループット）などの問題がありました。GoQuorumはこうした問題を解消しつつ、イーサリアムの利点を享受すべく開発されたブロックチェーンです。

GoQuorumのアーキテクチャ

GoQuorumはイーサリアムをベースに開発されており、イーサリアムのスマートコントラクト開発のノウハウを活かしたアプリケーション開発が可能です。イーサリアムでトークンを発行するために使用されるスマートコントラクトのソースコードをそのまま利用できます。

GoQuorumのトランザクションには**パブリックトランザクション**と**プライベートトランザクション**の2種類が存在します。パブリックトランザクションは通常のトランザクションで、その内容はネットワーク内の全ノードに共有されます。一方、プライベートトランザクションでは**Privacy Manager**という機能をあわせることで、指定したノードとのみトランザクションの内容を共有できます（Cordaとは異なり、トランザクションの存在自体は全ノードが知ることができます）。

プライベートトランザクションを送信する際は共有先のノードを指定します（次ページの図の①）。ノードはプライベートトランザクション

を受け取ると Privacy Manager に転送します（②）。Privacy Manager はその内容を暗号化し、ハッシュ値を計算してDBに保存した上で共有先の Privacy Manager に送信します（③〜⑤）。また、ハッシュ値をノードに送り返します（⑥）。ノードは受け取ったハッシュ値でトランザクションの内容を置き換えたうえで全ノードに送信します（⑦・⑧）。

その後、ハッシュ化されたトランザクションを含むブロックが作成されチェーンに追加されると、ノードはハッシュ値を基に Privacy Manager から元のトランザクションの内容を取得しようとします（⑨〜⑪）。取得できた場合は Private データを更新し、取得できなかった場合はトランザクションが共有されていないとして更新は行いません（⑫・⑬）。

また、ネットワークへの参加者が限られていることから、イーサリアムとは異なるブロック作成のアルゴリズム（コンセンサスアルゴリズム）を採用し、イーサリアムと比べて大幅にトランザクションの処理性能が強化されています。

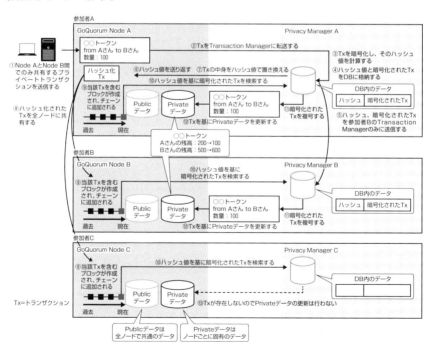

◆GoQuorumにおけるプライベートトランザクションの流れ

GoQuorumの適応事例

　国内外でGoQuorumを用いてコンソーシアムを設立する事例が誕生しています。下表にいくつか事例を紹介します。

◆GoQuorumの適応事例一覧

事　例	提供元	特　徴
The Aura Blockchain Consortium	LVMH	• ルイ・ヴィトンなどのブランドを傘下に持つLVMHやプラダ・グループ、カルティエが主導し、2021年に設立されたコンソーシアム • 製造・流通の過程をブロックチェーンに記録することでトレーサビリティを高度化し、その製品の真贋を証明する、真贋証明プラットフォームを開発
Liink	J.P. モルガン	• 2017年に米大手金融機関であるJ.P. Morganが中心となり立ち上げた銀行間ネットワーク • 銀行間のグローバル決済の手続きの効率化を目的に開発 • 日本からも三菱UFJ銀行や三井住友銀行、みずほ銀行などメガバンクをはじめとした多くの金融機関が参加
ibet for Fin	BOOSTRY	• 2019年に野村ホールディングスと野村総合研究所が設立した合弁会社のBOOSTRYが主導し、2021年に設立された金融機関向けのコンソーシアム • セキュリティトークン（5-11参照）の発行と流通を目的としたプラットフォーム • 野村證券や大和証券、三井住友銀行など国内の大手金融機関が参加

5-7 Hyperledger Fabric の特徴
**幅広いエンタープライズユースケースに対応する
ブロックチェーン**

Hyperledger Fabric とは？

Hyperledger（ハイパーレッジャー）は2016年に非営利団体Linux Foundationを中心に発足したブロックチェーンのコミュニティであり、複数のプロジェクトをオープンソースの形で公開しています。そのひとつとして、IBM主導で開発されているエンタープライズ向けパーミッションド型ブロックチェーンである**Hyperledger Fabric**（ハイパーレッジャーファブリック）があります。

Hyperledger Fabric のアーキテクチャとトランザクション（Tx）

金融、物流、貿易などの広範なユースケースに対応するため、機能ごとに役割分担されたノードを組み合わせることにより、柔軟にアーキテクチャを構成できることがHyperledger Fabricの特徴です。

企業や組織ごとに**Org**（Organization）と呼ばれる抽象レイヤーが存在し、各ノードはOrgに所属します。各ノードは**CA**（Certificate Authority）**ノード**から証明書を発行されます。ノード間でやりとりする際は、お互いのOrgを確認し、認証・認可を行います。

Peerノードは台帳（Ledger）を管理するノードです。スマートコントラクト（Chaincode）の実行環境も持ちます。Peerは2種類あり、ブロックを受け取って台帳にデータのコミット（書込み）を行う**Committing Peer**と、それに加えてクライアントから受け取ったTxの検証および署名ができる**Endorsing Peer**が存在します。クライアントアプリはEndorserノードに未署名のTxを提出し、EndorserはChaincodeのシミュレーション実行結果と署名を返却します。事前に定められた署名が集まったら、OrdererノードにTxを提出します。

281

OrdererノードはTxの順序を決定し、ブロックを生成して各Peerに送付し、Ordererの署名や結果を検証後、コミットするよう求めます。

このような構成・手順をとることで分散台帳やスマートコントラクトといったブロックチェーンの利点を活かしながら、組織ごとのメンバー管理などのエンタープライズ向けの機能を提供でき、逆に企業にとって不要なマイニングなどを排したブロックチェーンとなっています。

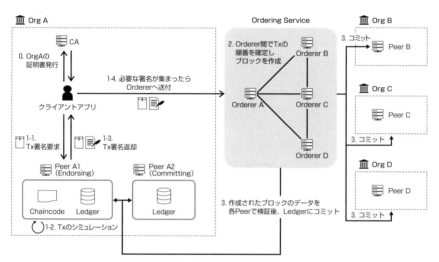

◆Hyperledger Fabricの構成例とトランザクションの流れ

Hyperledger Fabricの事例

国内外でHyperledger Fabricを用いた検証実験や実稼働しているプロジェクトがあります。次ページの表にいくつか事例を紹介します。

◆Hyperledger Fabricの事例

事例／ コンソーシアム名	ユースケース分類	特　徴
eナイラ	金融、決済	・ナイジェリアが2021年に導入を発表したCBDC（中央銀行デジタル通貨） ・同国の銀行口座未保有者に対する金融包摂を主な目的としており、法定通貨ナイラと等価で交換できるデジタル決済手段として普及の最中にある
GSBN（Global Shipping Business Network）	物流、貿易	・国際海運貿易のDX化を推進するテクノロジーコンソーシアム ・貿易データプラットフォームを構築し、紙やレガシーシステムで各国により個別に管理されている書類の標準化を行い、信頼できるデータソースとなることを目指す
RSBN（Responsible Sourcing Blockchain Network）	トレーサビリティ	・フォードやフォルクスワーゲン、ボルボ、LG化学などが参加する資源採掘の実証実験プロジェクト ・コバルトなどの希少金属はEVや半導体に欠かせない一方で、近年現地労働者に対する搾取や人権侵害が国際的に問題になっているため、トレーサビリティをブロックチェーン上で管理することで、倫理的・経済的なリスクを下げることが期待されている

さまざまなパブリックブロックチェーンとその関連技術

スケーラビリティ問題へのさまざまな取り組み

イーサリアムの課題

イーサリアムの誕生により、スマートコントラクトの仕組みを用いてブロックチェーン上で任意のアプリケーションを実行できるようになり、さまざまな暗号資産やNFTが発行され流通するようになりました。また、ブロックチェーン上で暗号資産の取引を行うことができるDeFi（5-12参照）というサービスも数多く生まれ、ブロックチェーンのユースケースが一気に拡大することとなりました。

一方で、イーサリアムの人気が上昇するにつれて取引量が大幅に増えたことで、取引の処理に時間がかかったり、取引の際に支払わなければならない手数料の額が高騰したりすることがしばしば起こるようになりました。こうした問題のことを「**スケーラビリティ問題**」と呼びます。

イーサリアムは継続的に機能のアップデートが行われ、スケーラビリティ問題に対する機能の強化が行われていますが、同時にサイドチェーンやLayer2など一部の処理を別の場所に移すことで負荷を減らす仕組みも生まれました。また、スケーラビリティ問題に対応するためのイーサリアムとは異なる仕組みを持つブロックチェーンも誕生しています。

サイドチェーンとは？

サイドチェーンとは、ビットコインやイーサリアムなどの主要なブロックチェーン（メインチェーン）と接続し、相互に連携させて使用するブロックチェーンのことです。メインチェーンで行われていた処理をサイドチェーンに移すことで処理の高速化と手数料の削減を実現しています。メインチェーンとサイドチェーン上の資産を双方向に移動する仕組みを備えており、たとえばビットコインをサイドチェーンへ移動させて

からサイドチェーン上で取引を行うことで、高速かつ低コストで取引を行えます。

　サイドチェーンは、ブロックを作成できるノードの数がメインチェーンに比べて少ないため、メインチェーンとは異なるコンセンサスアルゴリズムを採用したりするなどの方法で取引の高速化と手数料の削減を実現しています。そのため、メインチェーンと同レベルの非中央集権性とはならないこともあります。

　サイドチェーンの例としては、ビットコインでは**Liquid**、イーサリアムでは**Gnosis Chain**が挙げられます。いずれも限られたノードのみが取引の承認を行っており、メインチェーンよりも高速かつ低い手数料で取引を行えます。

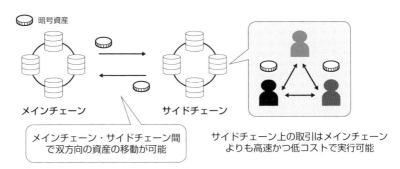

◆サイドチェーンの仕組み

Layer2とは？

　Layer2（または**セカンドレイヤー**とも呼ばれる）とは、ブロックチェーンのセキュリティを活用しながらブロックチェーンの外部で取引の処理を行い、取引の高速化と手数料の削減を行う仕組みのことです。既存のブロックチェーンを1層目（Layer1）とし、その上の層で機能する仕組みであることからLayer2と呼ばれています。その仕組みにはいくつか種類があり、代表的なものに**ロールアップ**があります。

　ロールアップでは、Layer2で複数の取引をまとめて処理し、結果を

圧縮してLayer1に送り返します。Layer1では圧縮された取引データの正当性が検証され、正当であればブロックに取り込まれます。正当性の判断方法として代表的なものが**Optimistic Rollups**と**ZK Rollups**です。

Optimistic RollupsはOptimistic（楽観）という言葉が表すように、Layer1に送り返された取引データはすべて正当だと楽観的にみなす方法です。不正な取引を見つけた場合、発見者はその証拠と掛け金を提出します。すると、その取引がLayer1で再処理され、その結果不正であった場合、取引がその時点の取引まで巻き戻され、発見者には報酬が、不正な取引をした者には罰金が科されます。シンプルな仕組みである一方で、不正を暴くための検証期間を十分に設けなければならず、その間は資産を引き出せないというデメリットもあります。Optimistic Rollupsを採用した主なLayer2として**Arbitrum**や**Optimism**が挙げられます。

ZK Rollupsは、「**ゼロ知識証明**（Zero Knowledge）」という暗号学の証明法を用いた方法です。ゼロ知識証明を利用すると、ある命題が正しいことを、正しいという情報以外を開示することなく証明できます。

ZK Rollupsでは、Layer1にゼロ知識証明の結果が送り返されます。これは数学的に正しいことが証明されているため、検証期間を設ける必要がなく、すぐに資産を引き出すこともできます。一方でゼロ知識証明は非常に複雑な仕組みであるため、開発途上のものが多く、正式版として利用されているものはほとんどないのが現状です。ZK Rollupsを採用した主なLayer2として**zkSync Era**や**Polygon zkEVM**が挙げられます。

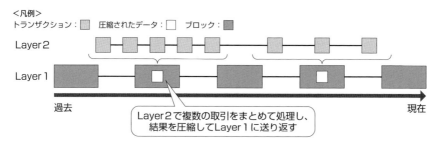

◆ロールアップの仕組み

イーサリアム以外のさまざまなブロックチェーン

スケーラビリティ問題に対応すべく、イーサリアムとは異なる特徴を持つさまざまなブロックチェーンが生まれています。たくさんの種類が存在しますが、ここでは代表的なものを紹介します。

- **Solana**（ソラナ）：PoH（Proof of History）と呼ばれる独自の仕組みを用いることでPoSを強化し、高い取引処理性能を実現しています。
- **Cardano**（カルダノ）：ウロボロス（Ouroboros）と呼ばれる、学術的に安全性が証明されたコンセンサスアルゴリズムを採用しています。
- **Polkadot**（ポルカドット）：複数の異なるブロックチェーンと相互に接続できる相互運用性（インターオペラビリティ）が特徴のブロックチェーンです。
- **Tezos**（テゾス）：取引の処理時のエネルギー効率が高く、電力消費量が少ないという特徴があります。
- **Avalanche**（アバランチ）：X-Chain、C-ChainおよびP-Chainと呼ばれる用途の異なる3つのブロックチェーンを組み合わせ、取引の処理を効率化しています。

広がるブロックチェーンの世界

以前はブロックチェーンといえばビットコインやイーサリアムのことを思い浮かべる方が多かったかもしれません。NFTやDeFiといったブロックチェーンのユースケースの広がりとともにニーズも多様化し、それに応える形でさまざまなブロックチェーンやその関連技術が開発されています。一方で、コミュニティや開発体制がビットコインやイーサリアムほどに成熟していない場合もあり、機能だけでなく持続可能性という観点からそれらを評価する必要もあります。

◆主なサイドチェーン

名　称	Liquid	Gnosis Chain
稼働開始年	2011年	2018年
開発言語	C++	C#、Goなど
メインチェーン	ビットコイン	イーサリアム

◆主なイーサリアムのLayer2

名　称	Arbitrum	Optimism	zkSync Era	Polygon zkEVM
稼働開始年	2021年	2021年	テスト版のみ公開中	テスト版のみ公開中
開発言語	Go	Go	Rust	Go
種類	Optimistic Rollups		ZK Rollups	

◆主なパブリックブロックチェーン

名　称	Solana	Cardano	Polkadot	Tezos	Avalanche
稼働開始年	2020年	2017年	2020年	2018年	2020年
コンセンサスアルゴリズム	PoS	Ouroboros (PoS)	NPoS (PoS)	LPoS (PoS)	PoS
開発言語	Rust	Haskell	Rust	OCaml	Go

NPoS：Nominated Proof of Stake
LPoS：Liquid Proof of Stake
※いずれもPoSをベースとして改良が加えられたコンセンサスアルゴリズム

5-9 暗号資産の概観と今後

デジタル関連の先端技術とのシナジーに向かう暗号資産

暗号資産の現状

　現在、暗号資産市場には2万種類を超える暗号資産が存在していると
いわれています。その中でも、最初の暗号資産であるビットコインは依
然として最大のシェアを誇っていますが、その他にも有力な暗号資産が
数多く誕生しています。下表では、主に国内の暗号資産取引所で取引さ
れている代表的な暗号資産を紹介し、それぞれの特徴から3つの種類に
分類して記載しています。

◆代表的な暗号資産

分類		決済・送金系			プラットフォーム系			サービス系		
通貨名		ビットコイン	エックスアールピー	ライトコイン	イーサリアム	Solana	Polygon	Filecoin	Axie Infinity	サンド	Basic Attention Token
通貨単位		BTC	XRP	LTC	ETH	SOL	MATIC	FIL	AXS	SAND	BAT
発行年		2009年	2012年	2011年	2015年	2020年	2019年	2020年	2020年	2019年	2017年
発行者		プログラム自動発行	プログラム自動発行	プログラム自動発行	Ethereum Foundation	Solana Labs, Inc.	Polygon Technology	プログラム自動発行	Sky Mavis PTE. LTD	TSBMV Global Limited	Brave Software
仕様	コンセンサスアルゴリズム	PoW	Ripple Consensus Algorithm	PoW	PoS	PoS & PoH & タワーBFT	Polygon PoS	PoSt & PoRep	PoS	PoS	PoS
	発行上限（枚）	2,100万	1,000億	8,400万	なし	なし	1,000億	20億	2.7億	30億	15億
市場※	時価総額	74兆円	3.9兆円	6,900億円	29兆円	1.2兆円	7,700億円	2,100億円	950億円	930億円	370億円
	単位価格	380万円	74円	9300円	24万円	2,900円	83円	480円	680円	45円	25円
	発行済み数（枚）	1,950万	すべて発行済み	7,100万	1.2億	5.6億	すべて発行済み	4.3億	すべて発行済み	すべて発行済み	すべて発行済み

※市場情報はCoinMarketCapを参照（2023年9月7日時点）

①決済・送金系の暗号資産

　ビットコインやビットコインから分裂した、または類似の性質を持つ
暗号資産です。決済・送金系の特徴は、"通貨"としての意味合いが強
いことです。送金・決済の利便性を高めることが念頭に置かれており、

暗号資産の草分け的存在といえます。なお、従来の暗号資産が決済・送金に向いていないことから開発されたステーブルコイン（5-10参照）も暗号資産の一種です。代表的なものとして次のようなものがあります。

・ビットコイン（BTC）

いわずと知れた世界初の暗号資産です。多くの暗号資産取引はビットコインを基軸として行われており、基軸通貨のような役割を果たしています。

・エックスアールピー（XRP）

米リップル（Ripple Inc.）が推奨するノードを含め100以上のバリデータの信頼によって管理されているため、やや中央集権的な性質を持つという意味で他の通貨とは異なっています。リップルは送金速度が非常に速く、銀行間送金を担う基盤として注目されています。

・ライトコイン（LTC）

ビットコインのシステムを基礎とし、改良によって利便性の向上を図った通貨です。ビットコインよりも高速に決済が完了することや、発行上限が多いため流通量が増えやすいことがメリットに挙げられます。

②プラットフォーム系の暗号資産

スマートコントラクトの機能を備えた暗号資産で、"プラットフォーム"としての意味合いが強いことが特徴です。"通貨"として利用することもできますが、スマートコントラクトを利用してアプリケーションをブロックチェーン上に構築できます。次のようなものが代表例です。

・イーサリアム（ETH）

スマートコントラクトを備える最も代表的な通貨です。イーサリアムのトークン発行機能（5-4参照）を利用して発行されている通貨も多数あります。

・Solana（SOL）

　イーサリアムキラーと呼ばれるブロックチェーンのネイティブトークンです。比較的歴史の浅い暗号資産ですが、DeFiや暗号資産のプロジェクトで使用されるなど、さまざまな企業と連携されています。

・Polygon（MATIC）

　イーサリアムのスケーラビリティ問題を解消するために開発された、イーサリアムと互換性のあるブロックチェーンのネイティブトークンです。MATICを消費することで、NFTの発行やNFTゲームの処理を実行できます。

③サービス系の暗号資産

　既存のプラットフォーマーを代替するようなサービスやNFTやメタバース（7-2参照）などの先端技術により提供されるエコシステムを利用するために使用される暗号資産です。現時点ではデファクトになっているイーサリアム上での発行が多くなっています。主なものとして次のようなものがあります。

・Filecoin（FIL）

　スマートフォンやPCの空きストレージを貸し出すことで得られる暗号資産です。貸し出されたストレージは分散型のストレージサービスとしてFILを支払うことで利用できます。DropboxやGoogle Driveなどの特定のデータセンターに依存したクラウドストレージサービスの代替として考案されました。

・Axie Infinity（AXS）

　現在ではさまざまなX to Earn（「何らかの行動（X）」）をすることで報酬として暗号資産やNFTを得ること（to Earn）の暗号資産が存在していますが、その先駆けとなったのが、ゲームを遊ぶことで稼げる仕組み（Play to Earn）を実現させた『Axie Infinity』というブロックチェ

ーンゲームのAXSです。AXSはゲームをプレイするためだけでなく、ゲーム内の決まり事に関する投票に参加するのにも使用されます。

・サンド（SAND）

Web3.0の重要な要素であるメタバース（『The Sandbox』）内のブロックチェーンゲームで流通する暗号資産です。メタバース上のLANDと呼ばれる土地にゲームやテーマパークが開発されるなど、さまざまな活用が広がっています。2022年には英大手銀行のHSBCがその土地を一区画購入し話題になりました。

・Basic Attention Token（BAT）

次世代Webブラウザ「Brave」上で使用される暗号資産です。Brave上では基本的にWebサイトの広告表示が自動的にブロックされますが、Brave独自の広告配信を許可すると、その対価としてBATを受け取れます。BATはさまざまなサービスに連携しているため、気に入ったインフルエンサーやWebサイトに投げ銭をするような感覚で支援ができます。

暗号資産におけるビジネス事例

ここでは暗号資産に関連する主なビジネスの事例を紹介します。

①暗号資産交換業

暗号資産に関連する代表的なビジネスのひとつに**暗号資産交換業**があります。2017年4月、日本では改正資金決済法が施行され、暗号資産交換業を取り巻く環境が大きく変化しました。改正資金決済法によって、それまで曖昧だった暗号資産や暗号資産交換業の定義が示され、交換業を営むには金融庁・財務局への登録が義務付けられました。交換業のビジネスモデルには大きく分けて「**販売所**」と「**取引所**」の方式があります。

販売所では、ユーザーと業者が相対して取引を行います。店頭で買い物をするときのように、ユーザーは販売所から暗号資産を購入したり、

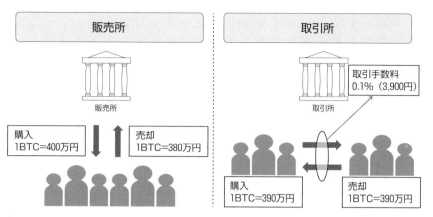

◆販売所と取引所

保有している暗号資産を売却したりすることができます。この方式では、販売所から提示される購入価格と売却価格に差があり、この差額が販売所の収益になります。

　一方、取引所では、ユーザー同士が直接取引を行い、取引所はそのマッチングの場を提供します。ユーザー同士の取引となり、希望通りの取引が行えるとは限りませんが、販売所方式のようなスプレッドが存在しないため、ユーザーにとって有利な価格で売買する機会があるといえます。この方式では、多くの場合取引手数料が設定されており、この手数料が取引所の収益になります。

②暗号資産のカストディ

　暗号資産の保有者は、ウォレットや秘密鍵を使用して資産を自己管理（**セルフカストディ**）することはできますが、技術的な課題を自己解決できる能力が必要になります。そのため、保有者の代わりに資産の保管・管理を安全・便利に行う専門的な第三者企業（カストディ業者）が暗号資産のカストディサービスを提供しています。ただし、資産を預けている企業が倒産してしまうと資産を失ってしまう可能性があるため、信頼性の高いカストディ業者を選ぶ必要があります。

　これまで日本では、暗号資産のカストディ業者は、暗号資産交換業者

か、銀行グループから独立した信託会社に限定されていました。しかし、2022年10月に改正された内閣府令の規制緩和によって、信託銀行による暗号資産のカストディ業務が可能になりました。信用力の高い信託銀行がカストディビジネスに参入することで、個人や機関投資家の暗号資産の保有が増加することが期待されます。

一方で、Web3.0の将来を見据えて、暗号資産をセルフカストディするためのウォレットの開発を多くの事業会社が取り組み始めており、今後、暗号資産を安全に管理する方法の選択肢が増えると考えられています。

③暗号資産のレンディング・担保ローン

暗号資産交換業者の業務の中で注目度が上がっているビジネスとして、**暗号資産のレンディング**が挙げられます。暗号資産交換業者が提供しているレンディングサービスでは、ユーザーと業者の間で消費貸借契約を締結し、一定期間、ユーザーは業者に暗号資産を貸し付けます。契約期間が満了すると、業者は借り受けた暗号資産を返却し、貸借料をユーザーに支払います。レンディングは、手軽に収益を得られる運用手段といわれています。

その他の暗号資産の活用方法としては、**暗号資産担保ローン**が挙げられます。暗号資産担保ローンは、暗号資産を売却することなく、暗号資産担保ローン業者から日本円を調達する手段です。暗号資産の売買益が確定されないため、担保ローンによる税金が発生しないことがメリットです。

暗号資産のレンディングおよび担保ローンのいずれにしても、銀行預金と異なり預金保険制度のようなものが存在しないため、業者が倒産するリスクや契約期間中に暗号資産の価値が暴落するリスクに注意する必要があります。

▍暗号資産の展望

2021年、暗号資産市場は時価総額が3兆ドルを超え、急速に成長しました。しかし、2022年に入り、TerraUSDの崩壊や暗号資産交換業を運

営するFTXトレーディングなどの暗号資産関連業者が相次いで経営破たんしたことで、国内外で暗号資産離れが顕著に表れました。暗号資産関連ビジネスが複雑化する中で、暗号資産の仕組み自体の欠陥や、事業者のガバナンスの欠如が露呈したといえるでしょう。

　海外ではこのような事象に対応して法規制の強化が加速していますが、日本では2022年12月に閣議決定された税制改正によって、一定の条件を満たすと自己発行暗号資産が期末時価評価課税の対象から除かれるなど、税制面で大きな一歩を踏み出しています。今後も、利用者保護に配慮した上で、規制の見直しが進められると予想されます。

　また、Web3.0やメタバースなどの新しい技術は、暗号資産の取引や利用方法を大幅に変える可能性があります。暗号資産業界が以前より発展するかどうかは、それらの進歩に合わせて、利用者、業者の双方にとって魅力的な暗号資産を提供できるかどうかに左右されるでしょう。

ステーブルコイン・CBDCの発展と動向

民間・中央銀行が発行するデジタル通貨

ステーブルコイン・CBDCの誕生

　暗号資産は価格の変動（ボラティリティ）が大きく、決済手段としての利用がしづらいことから、暗号資産に詳しくない個人や企業への普及が難しいとされてきました。そのような背景からドルや円などの法定通貨と価値が連動した暗号資産・デジタル通貨が求められるようになりました。その中で民間の企業などが発行するものを**ステーブルコイン**、中央銀行によって発行されるものを**CBDC**（Central Bank Digital Currencies：**中央銀行デジタル通貨**）といいます。

ステーブルコインの類型と仕組み

　ステーブルコインは、民間の企業や団体が発行する法定通貨に連動するように設計された暗号資産です。暗号資産の中では比較的安全な資産であるとされ、かつ法定通貨に対しても小幅に変動するため投資対象として扱われることもあります。

　ステーブルコインは**担保型**と**無担保型**に大別でき、また、担保型のステーブルコインは、**法定通貨（フィアット）担保型**と**暗号資産担保型**に細分化できます。

　法定通貨担保型ステーブルコインは、発行者が法定通貨（や相当の低リスク資産）を担保として保有し、それに応じたステーブルコインを発行する形式です。たとえば、USD Coin（USDC）やTether（USDT）などが該当します。法定通貨担保型ステーブルコインの価格が法定通貨と連動するためには、ステーブルコインを償還したいと思ったら確実に担保資産と交換できると利用者から信頼される必要があります。そのため、メジャーな法定通貨担保型ステーブルコインの発行体は担保資産の

保有状況を公開するなどの方法で信頼の獲得を目指しています。また、国内の日本円連動型のステーブルコインの多くは、法律上は**受益証券発行信託**や**前払式支払手段（電子マネー）**の形態で担保資産を準備することで倒産時の資産保護対策（倒産隔離）を行っています。

　暗号資産担保型ステーブルコインは、1つまたは複数の種類の暗号資産を担保とすることで、その価値を法定通貨に結び付けたステーブルコインを発行する形式です。たとえば、MakerDAOのDAIが該当します。暗号資産担保型ステーブルコインは、担保となる暗号資産もブロックチェーン上にあることが多く、スマートコントラクトを通じてオンチェーンで購入・償還が可能なため、DeFiでの利用が盛んです。担保資産である暗号資産はボラティリティが高いため、発行者は連動させたい法定通貨の本来の価格より高額な担保（過剰担保）を準備する必要があります。

　代表的な無担保型のステーブルコインとして、自動的に発行・償還（または焼却）を行うなどの方法で需給を調整し価格安定を目指す**アルゴリズム型ステーブルコイン**が挙げられます。たとえば、フラックス（FRAX）やTerraUSD（UST）などが該当します。無担保型ステーブルコインは、原理上第三者の担保を信頼することなく価値が安定します。しかし、TerraUSDは2022年5月に需給バランスを崩すほどの巨額の売却をきっかけとして暴落し、本来1米ドルと連動すべきところ、2023年9月現在約0.01米ドルとなっています。このように、担保型のステーブルコインに比べて、需給アルゴリズムが十分に機能しなかったり、レピュテーシ

◆ステーブルコインの類型と特徴

類　型	連動（ペグ）を 目指す対象	担保となる資産	発行・償還が 行われる場所
法定通貨担保型 （USDC、USDTなど）	米ドルや円など の法定通貨	米ドルや円などの法定通貨 （もしくは長期債券などの低リスク資産）	オフチェーン（ブロックチェーン外）も必要
暗号資産担保型 （DAIなど）	米ドルや円など の法定通貨	暗号資産 （ボラティリティが高い分、過剰担保となる）	オンチェーン（ブロックチェーン内）のみで可能
アルゴリズム型 （FRAX、USTなど）	米ドルや円など の法定通貨	なし （需給調整アルゴリズムによる連動）	オンチェーンのみで可能

ョンが悪化することによって、実際には不安定になったりすることがあります。

CBDCの定義と特徴

CBDCは、中央銀行が発行するデジタル通貨であり、その定義は一般的に、①デジタル化されていること、②円などの法定通貨建てであること、③中央銀行の債務として発行されること、の3つとされています。デジタルな決済手段という点でクレジットカードや電子マネー、モバイル決済アプリなどの民間の決済サービスと近いですが、いくつか違いがあります。

CBDCは法定通貨と同等の効力を持つと考えられるため、原則としてどこのお店でも使える**「強制通用力」**を持つとされます。また、途中で銀行間の振替が必要ないため即座に決済が完了する**「即時決済性（ファイナリティ）」**を持つとされます。

CBDCのメリットとデメリット

CBDCのメリットとして、銀行口座や決済手段をすべての人が利用可能になる金融包摂の実現、徴税や社会保障などの自動執行（スマートコントラクト）化による社会負担の軽減、プログラム可能な通貨（プログラマブル・マネー）の特徴により「マイナス金利の通貨の発行」といった従来は実現できなかった金融政策の実施、などが挙げられます。

一方CBDCのデメリットとして、金融システムへの影響が挙げられます。たとえば、人々が市中銀行に預金しなくなることで企業への貸出資金の原資が失われる（金融仲介機能の消失）、デジタル化されることで有事の際の銀行への取り付け騒ぎが加速する（デジタル取り付け騒ぎ）、などです。それ以外にも、決済事業者に対する民業圧迫や資金決済の流れが監視されてしまうことなどが懸念されています。

海外および国内のCBDCの状況

海外では既にCBDCが実用化されている国もあります。そのような国々

では、導入に積極的となる事情が垣間見えます。

たとえば、世界で初めて本格運用されたCBDCであるカンボジアの「**バ
コン**」は、同国の低い銀行口座保有率と国内で自国通貨ではなく米ドル
が使用されている状況を改善するために導入されました。同様の状況に
ある多くの新興国が、金融包摂と通貨独立をCBDC導入検討の目的と
して掲げています。

スウェーデンでは、急速なキャッシュレス化により法定通貨である現
金がほとんど使用されなくなり、「現金お断り」を掲げるお店も増えて
います。また、少数のキャッシュレス決済サービスが決済手段をほぼ独
占している状態に対する懸念から現在CBDC「**eクローナ**」の実証実験
をしています。

中国では、GDP世界2位である同国の経済規模に対して人民元の取
引量は世界5位と少なく、世界の基軸通貨を目指す政策の一環として「**デ
ジタル人民元**」がパイロット運用されています。また、Alipayや
WeChat Payなど、既に広く普及している民間決済手段へ政府の権限が

◆各国のCBDC導入に対する動向

国名（通貨名）	フェーズ	トークン／口座型	ブロックチェーン（DLT）技術	備　考
カンボジア（バコン）	実運用	トークン型	Hyperledger Iroha	2019〜実証実験 2020/10発行
スウェーデン（eクローナ）	実証実験	口座型	R3 Corda	2017〜プロジェクト開始 2020〜パイロットプロジェクト 2026年度までの発行を見込む
中国（デジタル人民元）	パイロット運用（一部都市で実用）	口座型	非公開	2014〜検証開始 2020〜段階的に都市数を拡大
バハマ（サンドドル）	実運用	口座型	非公開	2019〜実証実験 2020/10発行
ナイジェリア（eナイラ）	パイロット（実運用報道有）	口座型	Hyperledger Fabric	2021/10発行
日本	実証実験	—	—	2020〜日銀内に「デジタル通貨グループ」を発足 2021〜実証実験
アメリカ	調査	—	—	2022/09「デジタルドルについての報告書」を公表
EU（デジタルユーロ）	調査	—	—	2021〜ヨーロッパ中銀CBDCプロジェクトチーム発足

及ばないことへの対抗策であるとする報道もあります。

　日本でも、日本銀行が「**デジタル通貨グループ**」を発足させ、2021年度から実証実験を開始しています。ただし、実際にCBDCの発行を行うかは未定です。また、民間銀行が発行主体であるデジタル通貨の発展を目指すために発足した「**デジタル通貨フォーラム**」があり、デジタル通貨フォーラムのオブザーバーとして中央銀行である日本銀行や各関連省庁が参加しながらも、民間主体での安定したデジタル通貨導入に向けた取り組みがなされています。

┃CBDCの設計とその論点

　各国の実証実験や実運用を通じてCBDCの設計は一様ではなく、さまざまな実現案と設計上の論点があることがわかります。

　設計上の大きな論点としては、CBDCの発行経路について、中央銀行から直接ユーザーに対して発行する（直接発行／一層型）のか、仲介機関（市中銀行やFinTech企業）を通じて発行する（間接発行／複数層型）のか、などがあります。近年では、間接発行型のほうが、中央銀行の預金をベースに市中銀行が信用創造を通じて預金通貨を民間へ供給する、という従来の預金システムに近く、安定的かつ効率的だと考えられています。間接発行型の場合、CBDCの発行や流通に関する業務など、中央銀行と仲介機関での役割分担をどうするのかが新たに論点となります。

　また、中央銀行や仲介機関が各個人の口座を管理し残高を記録する口座型なのか、各個人が端末上で自身のCBDCを管理するトークン型（価値貯蔵型）なのかも、ブロックチェーンなどの技術選定の上で重要です。

　その他にも、災害時のオフライン決済の有無やスマートフォンを持たない人々へのカード配布、決済履歴などのプライバシーに関する設計など、さまざまな論点があります。

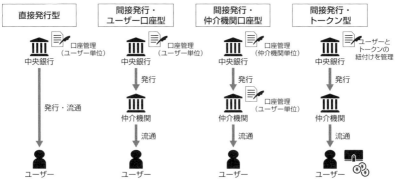

	直接発行型	間接発行・ユーザー口座型	間接発行・仲介機関口座型	間接発行・トークン型
中央銀行	・CBDC発行・還収 ・流通（払出し・移転・受取り） ・ユーザー口座管理	・CBDC発行・還収 ・ユーザー口座管理	・CBDC発行・還収 ・市中銀行口座管理	・CBDC発行・還収 ・トークンとユーザーの紐付け管理
仲介機関	―	流通（払出し・移転・受取り）	・流通（払出し・移転・受取り） ・ユーザー口座管理	流通（払出し・移転・受取り）
価値記録の所在	中央銀行の台帳	中央銀行の台帳	中央銀行・仲介機関の台帳	ユーザー保有のトークン

◆CBDCの設計パターン（一例）

STO・IEO・INOによる資金調達

ブロックチェーンを利用した新たな資金調達手段の登場

ICOに変わる資金調達手法の登場

ブロックチェーンを用いた資金調達手段として、以前はICO（Initial Coin Offering）が行われていました。ICOは資金調達者が暗号資産（トークン）を発行して投資家に販売することで、仲介者を排除して投資家から直接資金を調達できるメリットがある一方で、投資家保護の仕組みが存在せず、集めた資金を持ち逃げするなどの詐欺的な事案が発生することもありました。これに対し、暗号資産による資金調達に法律や規制を適用し、投資家保護の仕組みを導入したものとしてSTOやIEO、INOが誕生しています。

STOとは？

STO（Security Token Offering）とは、ブロックチェーンなどを利用して電子的に発行される有価証券である「**セキュリティトークン（ST）**」を発行して行う資金調達のことです。セキュリティトークンはデジタル証券と呼ばれることもあり、裏付け資産を持たないビットコインなどの暗号資産とは異なり、株や債券などを裏付け資産とし、証券性を有します。

日本でのセキュリティトークンは、2020年5月に施行された改正金融商品取引法（金商法）において「電子記録移転有価証券表示権利等」と規定されているものを指すことが一般的です。金商法の第2条第2項で有価証券とみなされている権利について、金融商品取引業等に関する内閣府令で「電子情報処理組織を用いて移転することができる財産的価値に表示される場合に該当するもの」が「電子記録移転有価証券表示権利等」にあたるとされています。

このうち株や社債など金商法第2条第2項柱書で定められている有価

証券をトークン化したものは「**トークン化有価証券**」と呼ばれています。また、受益証券など金商法第2条第2項各号で定められている有価証券をトークン化したものは「**電子記録移転権利**」と呼ばれており、そのうち一定の基準を満たしたものは「**適用除外電子記録移転権利**」と呼ばれています。

◆セキュリティトークンの分類（電子記録移転有価証券表示権利等）

分 類	概 要	金商法による規制
トークン化有価証券	株式・社債などの第一項有価証券をトークン化したもの	第一項有価証券として扱われ第二項有価証券よりも厳しい規制が適用される
電子記録移転権利	集団投資スキーム持ち分・信託受益権などの第二項有価証券をトークン化したもの	裏付けとなる有価証券が第二項有価証券であったとしても、それをトークン化した場合には流動性が高くなることが見込まれるため、第一項有価証券としての規制が適用される
適用除外電子記録移転権利	電子記録移転権利のうち一定の基準を満たしたもの	第二項有価証券としての規制が適用される

セキュリティトークンのメリット

　セキュリティトークンを活用することによるメリットとしてよく挙げられるのが、**新たな金融商品による証券市場の創出**です。今まではコスト面で小口化が難しく機関投資家中心で取引されていた金融商品が、デジタル化による業務プロセスなどの改善により小口化できるようになれば個人投資家への販売が可能となり、個人投資家には新たな投資機会の提供、資金調達者にはその手段の多様化につながります。

　また、ブロックチェーンの仕組みにより、発行体が投資家に直接アプローチしやすくなることで、債券などの既存の金融商品でも金銭による利払いだけでなく、優待券やポイントなどの非金銭的なリターンを提供できるようになり、より投資家の興味・関心を惹く金融商品を提供できるようになることが期待されています。

セキュリティトークンのためのプラットフォーム

　国内ではセキュリティトークンの発行と流通を目的としたプラットフォームを大手金融機関が中心となり、**プライベートブロックチェーン**もしくは**コンソーシアムブロックチェーン**を用いて構築するのが主流となっています。

◆国内の主なプラットフォーム

プラットフォーム名	運営者	ブロックチェーン	概　要
Progmat	三菱UFJ信託銀行（Progmat）	Corda	・2019年に三菱UFJ信託銀行により開発されたプラットフォーム ・今後は同行を含む8社が設立した株式会社Progmatによる運営に移行 ・セキュリティトークン、ステーブルコイン、ユーティリティトークン（NFT）の発行と管理を行う3つのネットワークで構成されている
ibet for Fin	ibet for Finコンソーシアム	GoQuorum	・2019年に野村ホールディングスと野村総合研究所が設立した合弁会社のBOOSTRYにより開発されたプラットフォーム ・同社を中心に2021年に設立されたコンソーシアムによって運営されている

　同時に、流通市場の整備も進みつつあります。SBI PTSホールディングスと三井住友フィナンシャルグループが2021年3月に私設取引所（PTS：Proprietary Trading System）である大阪デジタルエクスチェンジ（ODX）を設立しました。2022年6月に事業を開始し、既に株式の取り扱いを開始しています。将来的にはセキュリティトークンの取り扱いを開始する予定となっています。

STOの事例

　SBI証券が2021年4月に自社の社債をセキュリティトークン化して発行したのが、個人投資家向けに公募された初のセキュリティトークンの事例です。この事例では通常の社債の利息の他に保有額に応じて暗号資産の「XRP」を付与し、投資家に対して従来とは異なるリターンを提

供する試みが行われました。

2021年7月に初めて発行されて以降主流となりつつあるのが不動産関連のセキュリティトークンです。不動産セキュリティトークンでは単一もしくは少数の不動産に小口での投資が可能となるため、従来の個人投資家による不動産への投資方法として挙げられる不動産投資信託（J-REIT）投資とは異なる、現物の不動産投資に近い「手触り感」を感じられる金融商品として注目を集めています。

◆プラットフォーム別の主なST発行事例

プラットフォーム名	発行日	発行体	商品種別	概　要
Progmat	2021年7月	ケネディクス	不動産ST	国内初の公募型不動産STO
	2023年4月	ケネディクス	不動産ST	購入者に対象不動産内で販売されているお土産の交換券をユーティリティトークンとして付与
	2023年7月	ケネディクス	不動産ST	2023年8月時点で国内最大となるSTOによる134億円の資金調達
ibet for Fin	2021年4月	SBI証券	社債ST	・国内初の公募型STO ・通常の社債の利息の他に、保有額に応じて暗号資産の「XRP」を付与
	2022年6月	日本取引所グループ	社債ST	・国内初のデジタル環境債（グリーンボンド） ・発電量やCO_2削減量といったグリーン性指標をブロックチェーンに記録し、可視化するためのシステムを構築
	2022年11月	ケネディクス	不動産ST	・購入者に対象不動産を利用する際に使用できる優待券をユーティリティトークンとして付与 ・ユーティリティトークンはibet for Finとは別の「ibet」と呼ばれるデジタル化されたさまざまな権利の発行と取引を行うためのプラットフォームを用いて発行
その他	2022年6月	丸井グループ	社債ST	・アメリカでセキュリティトークンの発行・管理プラットフォームの提供を行うSecuritizeの日本子会社であるSecuritize Japanにより構築されたプラットフォームを使用 ・エポスカード会員のみが購入可能なデジタル社債を発行
	2022年8月	丸井グループ	社債ST	
	2022年10月	丸井グループ	社債ST	
	2023年9月	丸井グループ	社債ST	

STOの今後の展望

　法改正を契機にSTOを行うための環境の整備が少しずつ進んでいますが、まだその事例も少なく黎明期の段階です。ブロックチェーンという技術そのものに対する理解を深め、トークン化・デジタル化のメリットを活かせるような商品の設計や法制度の整備ができるかどうかが今後の市場拡大の鍵となるでしょう。

IEOとは？

　IEO（Initial Exchange Offering）とは、暗号資産交換業者を介してトークンを発行して行う資金調達のことです。IEOでは資金調達者がトークンを発行し、販売を暗号資産交換業者（暗号資産取引所）に委託します。暗号資産交換業者は発行企業やその事業内容を調査し、問題がなければ取引所に口座を持つ顧客へのトークン販売と取引所への上場を行います。

　IEOとSTOの違いは、**発行されるトークンの証券性の有無**です。セキュリティトークンは金商法で規制され有価証券として扱われますが、IEOで発行されるトークンは有価証券ではなく暗号資産として扱われます。日本ではIEOは資金決済法によって規制され、金融庁の「事務ガイドライン（第三分冊：金融会社関係）」と自主規制団体である一般社団法人日本暗号資産取引業協会（JVCEA）が公表している「新規暗号資産の販売に関する規則」によりIEOを行う際のルールが定められています。

IEOのメリット

　IEOでは、トークンを顧客に販売する前に暗号資産交換業者が発行企業やその事業内容の審査を行います。したがって、投資家にとってはICOで発生した投資詐欺のような事態に直面する可能性が低くなるというメリットがあります。

　また、資金調達をしたい事業者側にとっても、暗号資産交換業者の持つ顧客に対してアプローチできるというメリットがあります。通常、資

金調達をする際はマーケティングを行い、投資家を集める必要があります。IEOの場合、暗号資産取引所に口座を持っていれば、そのトークンを購入できるため、暗号資産取引所が既に持っている顧客に対してアプローチでき、マーケティングのコストを抑えながら資金を集められます。

IEOの事例

日本では2021年7月に初のIEOが実施されました。その後、2023年8月現在で4件のIEOが行われています。

◆IEOの事例一覧

上場日	発行元	IEOを実施した暗号資産交換業者	発行したトークンの名称	概　要
2021年7月	Hashpalette	Coincheck	パレットトークン（PLT）	・エンターテインメント領域に特化したNFTプラットフォーム（コンソーシアムチェーン）である「パレット（Palette）」で利用できるトークン ・パレット上で発行されたNFTの購入などに利用できる
2022年5月	琉球フットボールクラブ	GMOコイン	FC Ryukyu Coin（FCR）	・日本プロサッカーリーグの2部リーグ（J2）に所属する沖縄のサッカークラブ「FC琉球」を運営する琉球フットボールクラブが発行するトークン ・同社が提供する「FC RYUKYU SOCIO」というプラットフォーム内で選手やチームへの支援、投票機能などに利用できる
2023年3月	フィナンシェ	Coincheck	フィナンシェトークン（FNCT）	・フィナンシェ社が提供する、ブロックチェーンを利用したトークン発行型クラウドファンディングサービス「FiNANCiE」で利用できるトークン ・FNCT保有者はFiNANCiEプラットフォームのガバナンスに参加できるなど、さまざまな特典を受けられる
2023年4月	オーバース	DMM Bitcoin coinbook	Nippon Idol Token（NIDT）	・「ブロックチェーン技術とメタバースを利用した活動領域の拡大」をミッションとする新しい女性アイドルグループを組成し、当該女性アイドルグループの運営を行うプロジェクトに活用するトークン ・NIDTを通じてアイドル活動の応援および支援を行える

IEOの今後の展望

　IEOは暗号資産交換業者の果たす役割が大きい資金調達手法です。日本では暗号資産交換業者による審査プロセスや情報開示に対し、ガイドラインや自主規制団体によるルール整備が進み、IEOを行う暗号資産交換業者も少しずつ増えてきています。一方で、IEOのトークンは証券性を有しないため、配当などの金銭的なリターンはありません。したがって、トークンそのものを魅力あるものにするために、トークンの購入者に対してどのようなインセンティブを与えるかという設計面での難しさがあります。

　また税制面では、これまでは企業がIEOによりトークンを発行した後にその価値が上昇した場合、保有しているトークンの含み益に対して法人税が課されていたため、IEOを行いたい企業にとって課題となっていました。しかし、2023年6月に税制が改正され、条件を満たせば自社発行の暗号資産に対しては期末時価評価課税の対象から除外されることとなり、企業による資金調達の面でのハードルは下がりました。

　一方で、他社が発行した暗号資産を保有している場合はこれまでと同じように課税されるため、たとえばベンチャーキャピタルが投資を行いトークンを受け取った場合、その含み益に対して課税される可能性があります。このように、トークン発行後の企業の成長をサポートするエコシステム全体の観点からはまだ課題が残っています。

INOの概要とメリット

　INO（Initial NFT Offering）とは、NFTを販売して行う資金調達のことです。INOはNFTマーケットプレイスなどのプラットフォームを介して行われ、IEOと同じく販売前に事業者やその事業内容に対し、プラットフォームの運営者による審査が行われます。これにより、投資家にとっては投資詐欺のような事態に直面する可能性が低くなるというメリットがあります。また、事業者側にとっても、IEOと同じようにプラットフォームが持つ顧客に対してアプローチできるというメリットがあ

り、マーケティングのコストを抑えながら資金を集めることができます。また、INOで販売されるNFTはまだ一般向けに販売されていない数量が限定されたものであるため、2次流通が継続的に行われることによる知名度の向上も期待できます。

INOの事例

日本でもブロックチェーンを用いたゲームのプロジェクトを中心にINOが行われています。

◆INOの事例一覧

販売開始日	事業者	プラットフォーム	概　要
2022年11月	METAVERSE. inc	Zaif	• RPG系のブロックチェーンゲームである『Chain Colosseum Phoenix』のキャラクターを獲得できるNFTを販売 • 決済にはAVAX（Avalancheで発行されている暗号資産）を使用
2023年4月	山形県西川町	HEXA	• 山形県西川町のデジタル住民票NFTを販売 • NFT保有者は西川町のデジタル住民として、オンラインコミュニティへの参加や、西川町の施設への入場料が無料になるなどの特典を受けられる • 決済は日本円・クレジットカードで可能
2023年9月	ZEAL NOVA DMCC	Coincheck	• RPG系のブロックチェーンゲームである『Eternal Crypt -Wizardry BC-』のキャラクターのNFTを販売 • 決済にはイーサ（イーサリアムで発行されている暗号資産）を使用

INOの今後の展望

INOは国内ではまだ事例が少なく、販売するNFTを活かしたサービスをいかに構築し、NFTそのものの魅力をいかに高めていくかという難しさがあります。一方で、INOはNFTを用いたビジネスを展開したいと考える事業者にとっての資金調達手段として注目を集めつつあり、NFTの認知度の高まりやWeb3.0の進展とともに、資金調達手段のひとつとして利用が広がる可能性があります。

分散型金融の概観と今後

分散型金融がもたらす業界変化の可能性

DeFiの登場

DeFi（デファイ、ディーファイ）とは、「Decentralized Finance」の略で、中央管理者を介さずに無人で取引を仲介する仕組みであり、ブロックチェーン上に構築された分散型金融システムを指します。それと対照的に、既存の銀行・保険・取引所などが中央管理者として提供する金融サービスは、**CeFi**（セファイ、シーファイ：Centralized Finance、中央集権型金融）と呼ばれます。

DeFiでは、スマートコントラクトのプログラムが取引を実行し、プログラムの仕組み（ソースコード）は誰でも確認できます。設定された条件を満たすとプログラムに基づき取引が自動的に執行されるため、**取引スピードが速く、中央管理者が不在で利用者の支払手数料が安くなる**という特徴があります。

しかし、DeFiは中央管理者が不在で法規制もまだ整備されていない

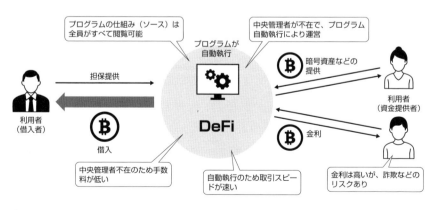

◆**DeFiにおける金融取引形態のイメージ**

ため、金利などが比較的高い反面、利用者にとってリスクも存在します。たとえば、流動性を供給するために提供した資産がDeFi提供者に持ち逃げされるという事件が過去に複数件発生しています。

DeFiの主なサービスには、**DEX**（Decentralized Exchange）と呼ばれる分散型取引所があり、利用者同士で暗号資産の売買が可能です。他にも暗号資産をDeFiに預けることにより金利報酬を得る**イールドファーミング**など、さまざまなDeFiサービスが登場しています。

なお、いずれのサービスでも企業が直接運営に関わることはありませんが、スマートコントラクトの開発・保守に携わる企業は存在します。DeFiは、仲介者の信用という形ではなくプログラム内容を公開することで信用性を保ちつつ、仲介者を置かずに自動で安価に取引を執行するなど、今までのCeFiにはなかった特徴を持つため、金融業界に一石を投じてさまざまなサービスのあり方を議論する機会を与えています。

DeFiとWeb3.0の関係と構成要素

Web3.0では、メタバースなどの仮想空間上で、ユーザーが自身のデータを自ら制御しながら価値取引ができるようになることを目指しています。この価値取引を金融によってなめらかにする役割を担うのがDeFiと位置付けられます。このような関係性から、Web3.0が現実社会に浸透するためにはインフラであるDeFiの整備が必要であるとともに、DeFiにとってニーズとなるWeb3.0全体の発展が課題となります。

DeFiを含むWeb3.0上のサービスには、運営自体も非中央集権で行うものがあり、このような運営を行う組織は**DAO**（Decentralized Autonomous Organization：**分散型自律組織**）と呼ばれます。DAOの運営ルールはスマートコントラクトに書き込まれており、誰でも閲覧可能です。DAOの運営方針は、ブロックチェーン上のトークン（ガバナンストークンと呼ばれ、暗号資産の一種に区分されます）による投票で意思決定されます。また、DAOが運営するサービスで利益が出た場合、ガバナンストークン保持者に利益が分配されるDAOも存在します。

これらの仕組みにより、中央管理者が不在の新しい組織運営が実現す

る可能性があります。ただし、DAOには組織の意思決定が遅くなる可能性や、スマートコントラクトのバグやハッキングのリスクが伴います。米ワイオミング州ではDAOが法人として認められましたが、日本を含む多くの国では法規制が整っておらず、発生した損失などが補償されないことにも注意が必要です。

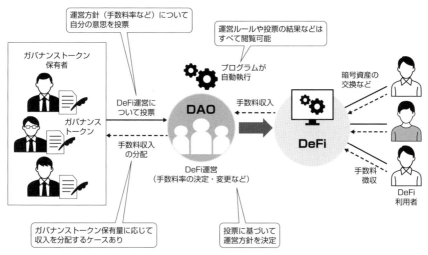

◆ガバナンストークンによるDAO運営のイメージ

　Web3.0において、DeFiを含むサービスをなめらかに利用するためには、**デジタル・アイデンティティ**も欠かせない要素です。これまでのデジタル・アイデンティティは、各プラットフォームに結び付けられ、FacebookやGoogle などのWeb2.0 プラットフォーマーが「中央集権的」に管理していました。しかし、既存のデジタル・アイデンティティはプラットフォームをまたいで移動できず、個人の手を離れた場所でどのように利用されているかが不透明な場合がありました。

　デジタル・アイデンティティは個人の重要な資産であり、本来は、本人がマネジメント（適切に管理し最大限に活用）すべきものといえます。Web2.0からWeb3.0への変化は、「非中央集権」的な方向性への流れであり、デジタル・アイデンティティのマネジメントを個人に取り戻すこ

とが議論されています。この変化への対応として、「**自己主権型アイデンティティ**」(Self-Sovereign Identity：SSI)、個人のアイデンティティを複数に分散して管理する「**分散型アイデンティティ**」(Decentralized Identity：DID)、命題(「自分があるアドレスに対応する秘密鍵を持っている」など)が真であることを真であること以外の一切の知識を相手に与えずに証明する「**ゼロ知識証明**」などが注目されています。

| DeFiの展望

DeFiと既存のCeFiの相違点は、①オープンであること(技術的な専門知識を有する者なら誰でもソースコードを読むことが可能)、②パーミッションレス(要件を満たせば、誰でもプロトコルの使用が可能)、③トラストレス(暗号資産などで必要な担保を提供できる人なら誰でも自動取引で利用可能であり、プラットフォーム上のスマートコントラクトを介した超過担保や、必要マージンのプログラムの執行により、利用者の身元確認と借り手の信用リスク評価を代替)、④所有権とガバナンス構造の分散化の主張、の4点があるとし、既存の金融インフラの適合性は低いと金融庁は指摘しています。

両者の相違点の多くはDeFiの技術的あるいは仕組みの特性に起因するものであり、問題は金融のエコシステムの中に融合することが可能な

DeFiとCeFiの相違		
CeFi		DeFi
クローズ	オープンソースの技術　ソースコードの開放	オープン
パーミッションド	プロトコルは要件を満たせば誰でも使用が可能	パーミッションレス
トラステッド	利用者の身元確認＜暗号資産取引に必要な担保、超過担保	トラストレス
弱い	所有権とガバナンス構造の分散化　ガバナンストークン(管理鍵保有の創業チームによる議決権行使、ガバナンス集中)	強い

出典：デジタル・分散型金融への対応のあり方等に関する研究会(第6回)「事務局説明」資料
(URL：https://www.fsa.go.jp/singi/digital/siryou/20220620/jimukyoku.pdf)を基に筆者作成

◆**DeFiと既存の金融の相違**

のかということです。その答えとして考えられるのは**CeDeFi**（セデファイ：Centralized Decentralized Finance）でしょう。下図はセキュリティトークンを例に考えると、上記の既存の金融との相違点を踏まえた上で、「STO領域におけるCeDeFi、規制DeFi」が導入される可能性があります。たとえば、「オープン」である特性を活かしながら、既存の金商法にのっとり（トラステッド）、DeFiプロトコルは要件を厳格にして使用に制限を設ける（パーミッションド）形態を採用すれば、既存の金融との相違を埋められると考えられます。

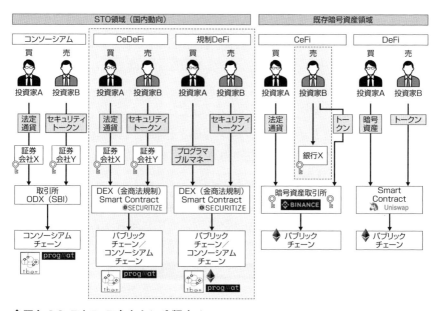

◆既存のCeFiとDeFiをさらに分類する

前述の通り、DeFiの展望には、Web3.0全体で考えることが求められます。そして、現実社会とWeb3.0の"健全な"融合のためには、Web2.5という概念が必要となります。これは、金融エコシステムがDeFiとの整合性を図るためにはCeDeFiが必要になると説明したように、いきなり"コード・イズ・ロー"（「コードこそがそこの法だ」という、米法学者ローレンス・レッシグ氏が唱えた新たなアルゴリズムの世界）

へシフトするのではなく、既存の規制・規範にものっとった中間的な世界が必要と考えられるからです。たとえば、いったん動き出した多くのDAOが止められなくなり、アルゴリズム民主主義が支配する仮想空間が多数でき、仮想世界の分断を招き、そのことが現実世界の分断を助長して複雑化する可能性が高くなります。将来的な仮想空間をディストピアにしないためにも、リアルな世界を正しい方向に導き、社会規範・法規制の下で正しい民主主義・自由主義を維持することが重要です。

第 **6** 章

金融業界における
サイバーセキュリティ

サイバーセキュリティの概観

金融機関を巡る脅威動向

サイバー攻撃の多様化と継続的な増加

　2021年に開催された東京オリンピック・パラリンピック競技大会（東京大会）は、世界205の国と地域から約1万1,000人の選手が参加し、日本人選手の活躍もあって熱い戦いが繰り広げられました。その一方で世界が注目する五輪は、サイバー攻撃の格好の標的となっており、2012年のロンドン五輪の際には、2週間で2億2,100万件の攻撃を受けたとされていますが、開催期間中、関係者の多大な尽力により、五輪運営者および金融機関やその顧客に被害を及ぼすサイバーインシデントはなく、無事に終了することができました。

　DX（デジタルトランスフォーメーション）の加速やデータ利活用の

◆情報セキュリティ10大脅威（組織）の順位

順位	2022年	2023年
第1位	ランサムウェアによる被害	ランサムウェアによる被害
第2位	標的型攻撃による機密情報の窃取	サプライチェーンの弱点を悪用した攻撃
第3位	サプライチェーンの弱点を悪用した攻撃	標的型攻撃による機密情報の窃取
第4位	テレワークなどのニューノーマルな働き方を狙った攻撃	内部不正による情報漏えい
第5位	内部不正による情報漏えい	テレワークなどのニューノーマルな働き方を狙った攻撃
第6位	脆弱性対策情報の公開に伴う悪用増加	修正プログラムの公開前を狙う攻撃（ゼロディ攻撃）
第7位	修正プログラムの公開前を狙う攻撃（ゼロディ攻撃）	ビジネスメール詐欺による金銭被害
第8位	ビジネスメール詐欺による金銭被害	脆弱性対策の公開に伴う悪用増加
第9位	予期せぬIT基盤の障害に伴う業務停止	不注意による情報漏えいなどの被害
第10位	不注意による情報漏えいなどの被害	犯罪のビジネス化（アンダーグラウンドサービス）

出典：独立行政法人情報処理推進機構セキュリティセンター「情報セキュリティ10大脅威2022」「情報セキュリティ10大脅威2023」を基に筆者作成

拡大に加えて、長期化した新型コロナウイルス感染症の拡大は、リモートワークやオンラインでの商品・サービス提供の普及といった社会のデジタル化にも影響を与えています。この結果、毎年独立行政法人情報処理推進機構（IPA）から公表されている「情報セキュリティ10大脅威」に見て取れるように、さまざまな**サイバー攻撃**を受けていることがわかります。また、「日本のサイバーセキュリティの現状」から日本へのサイバー攻撃がほぼ一貫して増加してきていることがわかります（サイバー攻撃手法の変化や金融機関に対するサイバー攻撃の動向については、6-2で説明します）。

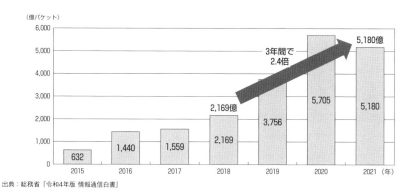

出典：総務省『令和4年版 情報通信白書』

◆**日本のサイバーセキュリティの現状**

増加するサイバー攻撃への備え

　詳しくは6-6で説明しますが、わが国では金融機関のサイバーセキュリティ耐性を高めるため、内閣サイバーセキュリティセンター（NISC：National center of Incident readiness and Strategy for Cybersecurity）が「サイバーセキュリティ戦略」および「重要インフラのサイバーセキュリティ対策に係る行動計画」に基づく施策を推進しています。

　また利用者保護、市場の公正性と透明性の確保を任務としている金融庁が2022年2月に公表した「金融分野におけるサイバーセキュリティ強化に向けた取組方針（Ver. 3.0）」では5項目が新たな取組方針として示

されています。

　サイバー攻撃の脅威の増大は、「金融サービスの担い手の多様化と連携による利便性の高い新たなサービスの展開」「クラウドサービスの利用の浸透」「外部委託の拡大、サプライチェーンの複雑化等の伸展」「リモートワークの常態化」など、取り巻く環境が大きく変化している金融機関も例外ではありません。

　また、これら不可逆的な変化の結果、アタックサーフェス（サイバー攻撃の対象となり得るIT資産や攻撃点ならびに攻撃経路のこと）は拡大し、比例するようにサイバーセキュリティリスクが増大してきています。

　これらサイバーセキュリティリスクに対して、どのような対策をとれるか、サイバー攻撃の変化とその対策の変遷、今後注目すべき技術的な要素について、6-2から6-5で紹介していきます。

　なお、セキュリティは次のように図示できますが、本章では②のサイバーセキュリティに焦点を当てて説明します。

①情報セキュリティ：紙媒体のようなアナログ情報も含め、情報の機密性、完全性、可用性を確保すること
②サイバーセキュリティ：データやネットワーク・コンピュータなどを悪意ある外部の攻撃者から守ること

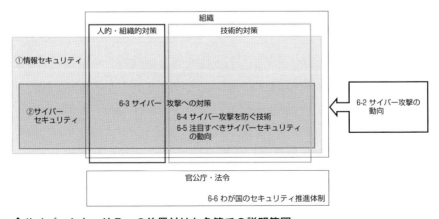

◆**サイバーセキュリティの位置付けと各節での説明範囲**

6-2 サイバー攻撃の動向

分業体制によるビジネス化が進む

攻撃者の変遷

インターネットが一般に普及し始めた当初のサイバー攻撃は、不特定多数の者にウイルスをばらまくといった技術力の誇示や嫌がらせを目的とした個人による犯行が大半を占めていました。

しかし、インターネットが世の中に広く普及し、人々の社会活動に必要不可欠な存在となるにつれて、サイバー攻撃の目的は、金銭の獲得、機密情報の窃取、政治的主張など多様化し、攻撃を行う主体も個人から組織へと拡大していきました。

そして現在はサイバー攻撃の分業体制が進んでいます。攻撃の実行者に対して、標的への不正アクセスの手段を提供する**AaaS**（Access as a Service）、ランサムウェアを提供する**RaaS**（Ransomware as a Service）、フィッシング攻撃に必要な環境やツールを提供する**PHaaS**（Phishing as a Service）といったサービスがダークウェブ上で取引されており、高度な技術を持たない者でもサイバー攻撃を実行するためのツールや情報が容易に入手できる環境が整備されているといえます。また、こうい

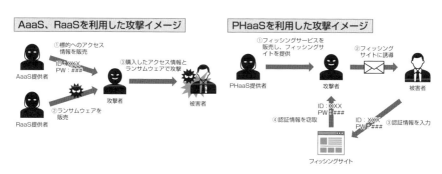

◆AaaS、RaaS、PHaaSを利用した攻撃のイメージ

ったサービスが非常に低価格で利用可能となっており、サイバー攻撃の増加に拍車をかけている状況です。

多様化・巧妙化するサイバー攻撃の手口

サイバー攻撃の手口は日々進化し続けており、防御側が特定の攻撃に有効なセキュリティ対策を講じても、攻撃側が新たな手口を考案し、その対策をかいくぐる「イタチごっこ」の状況が続いています。また、近年における社会環境の変化やデジタル化の進展によって、外部とのつながりは複雑化しており、サイバー攻撃による侵入のリスクは増大しています。

このような状況の中、ここではどのようなサイバー攻撃が近年問題となっているのか、その手口について見ていきます。

● テレワーク環境を狙った攻撃が急増

2020年の新型コロナウイルス感染症の大流行に伴い、人々の生活様式は一変しましたが、この類を見ない社会混乱に付け込んだと見られるサイバー攻撃が世界各地で急増しました。

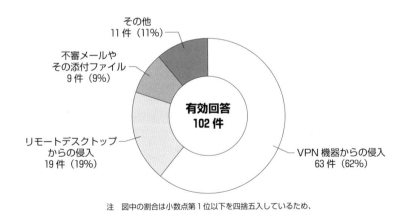

その他
11件（11%）

不審メールや
その添付ファイル
9件（9%）

リモートデスクトップ
からの侵入
19件（19%）

有効回答
102件

VPN機器からの侵入
63件（62%）

注　図中の割合は小数点第1位以下を四捨五入しているため、
総計が必ずしも100にならない

出典：警察庁「令和4年におけるサイバー空間をめぐる脅威の情勢等について」
URL：https://www.npa.go.jp/publications/statistics/cybersecurity/data/R04_cyber_jousei.pdf

◆ランサムウェアの感染経路

　テレワークを導入する企業・団体などが増え、社外から社内システムへアクセスするテレワーク環境の整備が急速に進められたことにより、セキュリティ対策が十分でない企業・団体などが攻撃者の標的になったと考えられます。

　警察庁の「令和4年におけるサイバー空間をめぐる脅威の情勢等について」によると、企業・団体などにおけるランサムウェアの感染経路の割合は「VPN機器からの侵入」が62%、「リモートデスクトップからの侵入」が19%を占めており、テレワークに利用される機器の脆弱性や強度の弱い認証情報などを利用して侵入したと考えられるものがあわせて81%と大半を占めていました。

　コロナ禍に伴ってテレワークによる働き方が広く普及し、3～4年が経過しましたが、いまだにテレワーク環境に起因するサイバー攻撃の被害は継続的に発生しており、その被害が収まる気配は見られません。人々の生活様式はコロナ禍当初に比べると以前の状態に戻りつつありますが、既にテレワークによる働き方が根付いた現代において、脆弱なテレワーク環境を狙った攻撃は今後も継続するものと考えられます。

・サプライチェーンの弱点を狙う攻撃の増加

　標的型攻撃に代表される巧妙かつ精度の高いサイバー攻撃は以前から問題となっていましたが、これまで主な標的とされていたのは多くの機密情報や金融資産を保有する大企業などでした。

　しかし、近年この状況に変化が見られます。攻撃者に狙われていた大企業などでは、対策に必要な費用をかけて高水準のセキュリティレベルの確保に努めてきたことから、大企業などへの直接的な侵入が困難となっており、セキュリティ対策の甘い取引先企業や海外拠点などの関係先を初期潜入の標的とし、これらの関係先を経由して大企業などへの侵入を試みる攻撃が増加しています。これは、**サプライチェーン攻撃**と呼ばれており、主な攻撃の手口として関係先のサーバーなどを踏み台とするもののほか、IT製品の製造・流通過程においてマルウェアを仕込むものなどがあります。

ビジネスはさまざまな企業間のつながりによって成り立っていますが、各企業のセキュリティレベルに大きな差があることは少なくありません。攻撃者は標的とする大企業などに対して長期にわたる調査を行い、最も攻撃に適したセキュリティレベルの低い関係先に狙いを定め、標的への侵入を試みています。

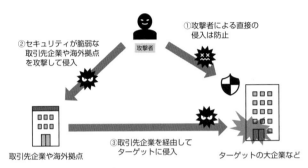

◆サプライチェーン攻撃のイメージ

・Emotetの感染手口の巧妙化と機能追加

　Emotetは2014年に発見されたメールの添付ファイルを主な感染源とするマルウェアです。

　当初Emotetはオンラインバンクなどの金融取引にかかる情報を標的とするトロイの木馬として機能していましたが、2017年以降は他のマルウェアへの感染や拡散を媒介するプラットフォームとしての機能を持つようになり、世界各国の政府機関や企業などに大きな被害をもたらしました。2021年1月に欧米8カ国の法執行機関が協力し、Emotetの攻撃基盤であったC&Cサーバーを差し押さえ、通信を遮断してインフラを停止させたことで、Emotetの脅威はいったん収束に向かっているかのように見えましたが、同年11月には活動の再開が確認され、翌年の2月から3月にかけては日本国内において被害が急拡大しました。

　Emotetの感染被害が長期にわたって継続している原因は感染手口の巧妙化と機能の追加によるものと考えられます。Emotetへの感染には当初、メールにWordやExcelのマクロ機能を用いた添付ファイルが使

用されていましたが、最近は添付ファイルをショートカットファイルに変更したものや、侵入したPCから抜き取ったメールの送受信履歴を基に、件名に「Re:」を付けて正規メールの返信を装ったものなどが見つかっており、受信者側の対策が追い付かないよう、手口を短期間で変化させている様子がうかがえます。

また、他のマルウェアへの感染や拡散を媒介するプラットフォームとしての機能を持つようになったことで、ファイルを暗号化して身代金を要求するランサムウェアとしての機能のほか、他の端末に感染を広げる自己増殖機能や、端末を踏み台として悪用する遠隔操作機能が追加され、被害が拡大しています。

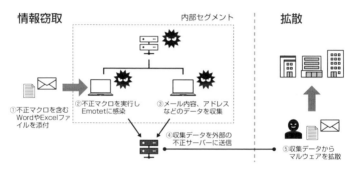

◆Emotetによる情報窃取と拡散のイメージ

金融機関に対するサイバー攻撃の動向

金融機関は多くの金融資産と個人情報を取り扱っているため、極めてサイバー攻撃の標的となりやすく、被害の規模も大きくなる傾向があります。2018年には国内の暗号資産取引所が不正アクセスを受けて、利用者から預託されている暗号資産であるNEMが外部に不正送金され、当時のレートで約580億円もの被害が発生し、多くの利用者に混乱をもたらしました。

次ページの表は2019年以降における金融機関に関連する主なインシデントをまとめたものです。不正アクセス、DDoS攻撃、マルウェア感染

◆2019年以降の金融機関に関連する主なインシデント一覧

発生時期	国	インシデント内容
2019年9月	日本	大手銀行が提供する決済サービスのテスト用システムが不正アクセスを受け、加盟店などに関する情報が流出した。流出した可能性がある加盟店などに関する情報は最大で約1万8,000件となっている
2020年8月	ニュージーランド	ニュージーランドの証券取引所がDDoS攻撃を受け、4日連続で証券取引の停止を余儀なくされた
2021年2月	日本	大手銀行のHPで利用するクラウド型システムが不正アクセスを受け、約2,000名分の個人情報が流出した
2021年4月	日本	証券会社で不正アクセスによってオンライントレードシステムに障害が発生し、オンライン取引が停止した
2021年5月	フランス	フランス大手保険・金融グループの複数のアジア支社がランサムウェア攻撃を受け、個人情報を含む3TB分のデータが窃取された。あわせて、同グループのWebサイトがDDoS攻撃によってアクセス不能になった
2022年2月	ウクライナ	ウクライナの政府機関や金融機関などに対する大規模なDDoS攻撃が発生し、多数のWebサイトがアクセス不能になった

などのサイバー攻撃によって、毎年、世界各国で被害が発生していることがわかります。

　一方、金融機関に対するサイバー攻撃は、金融機関そのものを標的とした攻撃のほか、金融機関の利用者を標的とした攻撃もたびたび問題となっています。利用者を狙った攻撃の代表的な手口として**フィッシング攻撃**がありますが、次ページの図のフィッシング報告件数とフィッシングサイトのURL件数が示す通り、ここ数年でフィッシング攻撃が急増していることがわかります。

　近年はPHaaSの出現によってフィッシング攻撃が容易となったこともあり、大手銀行だけでなく地方銀行のフィッシングサイトも数多く見つかるなど、規模の大小にかかわらず、あらゆる金融機関が標的となっています。そのため、政府機関をはじめ多くの金融機関からたびたび注意喚起が行われているところですが、いまだに被害の減少には至っていないのが現状です。

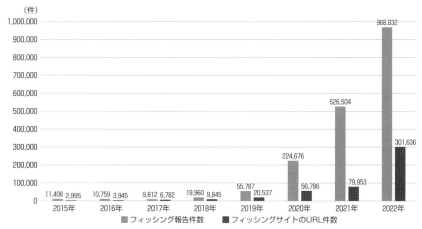

出典：フィッシング対策協議会の月次報告書を基に筆者作成
URL：https://www.antiphishing.jp/report/monthly/

◆フィッシング対策協議会に寄せられたフィッシング報告件数とフィッシングサイトのURL件数の推移

サイバー攻撃への対策

進化する脅威に立ち向かう

技術的対策と組織的・人的対策の両輪で備える

　近年、企業のサイバーセキュリティ対策では「テレワークを代表とするデジタル環境の活用を前提とした働き方の多様化」「サイバー攻撃による事業活動停止にまで及ぶ影響の拡大化」「サプライチェーンを介して連鎖する被害の甚大化」などの大きな変化への対応を迫られていることが議論されています。サイバー攻撃は急速に進化し、DDoS攻撃、Webサイトの改ざんといった従来の攻撃手法だけでなく、ソーシャルエンジニアリング、ランサムウェア、IoTをターゲットにした攻撃、AIによる攻撃など、巧妙で多岐にわたります。

　これらの脅威から組織の重要な情報を守るためには、ネットワークの監視やシステムのパッチ、アップデートなどの技術的対策だけでは十分とはいえなくなっています。社員のセキュリティ意識を向上させる教育やトレーニング、攻撃を許した際に組織全体でとるべき行動といった**組織的・人的対策も整備しておくこと**が大変重要になります。

◆サイバーセキュリティ対策の総合的アプローチ

対　策	説　明
組織的対策	セキュリティに関するポリシーやルールを策定し、社員に遵守させること （例）組織体制の構築、ポリシーやルールの策定
人的対策	セキュリティに関する正しい知識を教育し、セキュリティに関する最新情報を共有すること （例）教育（知識を学ぶ）、トレーニング（実践的なスキルを身に付ける）、簡単に推測できない複雑なパスワードの利用
技術的対策	セキュリティに関する技術的な手法やツールを使用して、不正アクセスやウイルスなどの脅威からシステムやデータを守ること （例）ネットワークの監視、システムのパッチやアップデート、アクセス制御、識別と認証

技術的対策

金融庁の「主要行等向けの総合的な監督指針」や「中小・地域金融機関向けの総合的な監督指針」には、「サイバー攻撃に備え、入口対策、内部対策、出口対策といった多段階のサイバーセキュリティ対策を組み合わせた多層防御を講じているか」という記載があります。この記載は元となる「金融検査マニュアル」から変わらず引き継がれたもので、技術的対策の基本的な考え方になっています。加えて、最近では「ゼロトラスト」を取り入れたセキュリティ対策が注目を集めています。

・多層防御

多層防御は、セキュリティ対策を複数の層に分けて実施することで、攻撃者がシステムに侵入することを困難にする手法です。**入口対策**、**内部対策**、**出口対策**に分けて対策を講じるのが効果的です。各層のセキュリティシステムに異なる手法を採用することで、攻撃者が1つの対策を回避しても次の対策によって妨げられるようにします。

また、入口対策、内部対策、出口対策には、それぞれ「**予防**」と「**検知・防御**」という2つの目的があります。予防とは、攻撃が成功しない

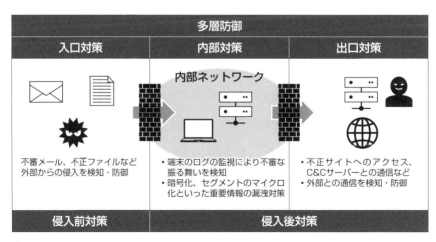

◆多層防御の要素

ようにあらかじめシステムの脆弱性を取り除いておいたり、攻撃が成功しても被害を最小限にとどめたりするための対策を講じておくことです。検知・防御とは、攻撃の予兆や有無を覚知し、攻撃があった場合にその攻撃を防ぐことです。目的別に整理した対策例を下表にまとめました。

◆技術的対策の例

対策の種類	対策の目的	
	予　防	検知・防御
入口対策	・パスワードの強化 ・セキュリティソフトウェアの導入 ・システムの更新とパッチ適用	・ファイアウォールの導入 ・外部通信先のチェック ・不正通信の遮断 ・データの暗号化 ・ログ監視システムを利用したログ監視の強化 ・アクセス制御の強化
内部対策	・OSやデータベースのID、パスワードの適切な管理 ・機密情報の暗号化（ファイル、データベース） ・エラーログを含む、アクセスログの取得と定期的な分析 ・システムのユーザーへの最小特権の適用 ・起動プロセスの制限	・システムのログを集中管理 ・特権行使状況の把握 ・特定コマンドの実行監視
出口対策	・ネットワーク分離 ・定期的なデータバックアップの取得 ・通信ログ、イベントログの取得と定期的な分析	・ファイアウォールの導入 ・外部通信先のチェック ・不正通信の遮断 ・データの暗号化 ・ログ監視システムを利用したログ監視の強化

・ゼロトラスト

　従来のセキュリティ対策の主流は境界防御と呼ばれ、信頼できる「内側」と信頼できない「外側」にネットワークを分け、その境界線で対策を講じてきました。たとえば、「内側」は社内LANやVPNで接続されたデータセンターなど、「外側」はインターネットです。境界線にファイアウォールやIDS/IPSなどのセキュリティ機器を設置し、通信の監視や制御を行うことで外部からのサイバー攻撃を遮断します。

　6-2で紹介したような社会環境の変化やデジタル化の進展、サイバー

攻撃を実行できる環境が容易に手に入る状況を背景に、従来の境界防御が破られ、内部ネットワークに侵入される脅威が増しています。たとえば、攻撃者がマルウェアを添付したメールを社員に送り、社員がそのメールを開封することで内部ネットワークに侵入するといった攻撃方法です。

また、IoTやクラウドコンピューティング、モバイルデバイスなどの普及により、新たな攻撃経路が生まれ、それにより従来のネットワークとは異なる形で攻撃が増加しています。これらの新しい技術によって生まれた攻撃経路は、従来のファイアウォールやIDS/IPSといったセキュリティ機器では保護することが難しいとされています。これは、従来のセキュリティ機器が、特定のポートやプロトコルに基づいて通信を制御することが多かったためです。しかし、IoTやクラウドコンピューティング、モバイルデバイスなどの技術は、さまざまなプロトコルやポートを使用して通信を行うため、従来のセキュリティ機器では対応しきれない場合があります。

このような理由から、境界防御だけでは限界となり、内部ネットワークに侵入されることを前提とした新たな対策が必要となりました。つま

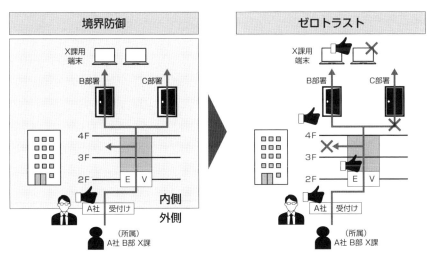

◆境界防御とゼロトラストのイメージ

り、一部が攻撃されて内部ネットワークへの侵入を許しても、全体への被害拡大を防ぐアプローチです。このセキュリティモデルを**ゼロトラスト**と呼びます。ゼロトラストにおける役割と関連する技術要素については、6-4で詳しく紹介します。

組織的・人的対策

サイバーセキュリティにおける組織的・人的対策は、人間が介在する部分に起因するセキュリティリスクを解消することが必要です。たとえば、社員の教育・啓発、適切なアクセス権限の設定、不正行為の検知・報告体制の整備、適切なログ管理などが挙げられます。また、組織文化の形成やセキュリティ意識向上の取り組みも、組織的・人的対策に含まれます。

ただし、情報セキュリティポリシーの策定や社内体制の整備を一から作り上げていくことは、専門知識を必要とするため、どの組織でも非常に困難です。しかし、できることから始めることが大切です。そのためには、**セキュリティフレームワーク**を活用して自社に適した対策を講じることが有効でしょう。

セキュリティフレームワークは、サイバーセキュリティに関するベストプラクティスをまとめたものであり、組織がサイバーセキュリティ対策を実施するための指針となります。たとえば、国際標準化機構（ISO：International Organization for Standardization）が策定した**ISO 27001**や米国国立標準技術研究所（NIST：National Institute of Standards and Technology）が策定した**NISTサイバーセキュリティフレームワーク**などがあります。セキュリティフレームワークを適用することで自社の現状を評価し、脆弱性やリスクを特定し、対策を講じることが可能です。また、セキュリティフレームワークに基づいた監査や評価を受けることで、自社のセキュリティレベルの向上が期待できます。

・ISO 27001

ISO 27001は、情報セキュリティマネジメントシステム（ISMS：

Information Security Management System）を構築するための国際規格で、情報セキュリティに関する方針や手順、制御措置などを体系的に整備し、継続的に改善していくための仕組みです。情報セキュリティに関する法的・規制上の要求事項に対応するための国際規格であるため、ISO 27001を適用し、認証を取得することで法的・規制上の要求事項を満たしている証明になり、顧客や取引先からの信頼度を高めることが期待できます。

・NISTサイバーセキュリティフレームワーク（CSF）

　NISTサイバーセキュリティフレームワークは、もともとアメリカの重要インフラ事業者向けにサイバーセキュリティのリスク管理を支援するために開発されたフレームでした。現在は、その有効性からさまざまな国・分野で利用されており、セキュリティ対策の現状把握、構築、改善、優先順位付け、コミュニケーションツールとして有用とされ、注目を集めています。

◆ISO27001とCSFの違い

	ISO27001	NISTサイバーセキュリティフレームワーク（CSF）
概要	ISMSに関するフレームワークとして、ISO/IEC（国際標準化機構と国際電気標準会議）が策定した規格	「重要インフラのサイバーセキュリティの改善」を目的にNISTが策定
	・リスクマネジメント（組織的にリスクを管理してリスクに基づく結果の発生の回避や低減などを図るプロセス）に関する枠組みを示す ・必ずしも提示しているセキュリティ対策をすべて取り入れる必要はない ・どのような組織にも導入できるような汎用性を意識して開発されている	
特徴	・管理するリスクの対象は、情報セキュリティ全般（サイバーセキュリティも含む） ・管理策の主な対象は事前の対策（侵入前のセキュリティ対策） ・PDCAを回すことで情報セキュリティマネジメント体制を構築していく方法が規定 ・ISMS適合性評価制度	・管理するリスクの対象は、サイバーセキュリティのみ（ただし、対策に関するコスト意識が高い） ・サイバー攻撃を受けたときの検知、対応、復旧といった事後対応についても多くの対応策を紹介 ・ギャップ分析に基づいて対応策の優先順位を決定し、実施 ・第三者機関による認証制度はなし

・NIST SP800-53とNIST SP800-171

CSFと関係が深いガイドラインに、NIST SP800-53とNIST SP800-171があります。IPAは、それぞれを日本語で「組織と情報システムのためのセキュリティおよびプライバシー管理策」、「非連邦政府組織およびシステムにおける管理対象非機密情報CUIの保護」と訳し、いずれもサイバーセキュリティ対策における実施すべきタスクと手順の特定や具体化、推奨技術などを提供しています。

CSFは、企業のサイバーセキュリティ戦略を策定するためのフレームワークであり、NIST SP800-53とNIST SP800-171は、CSFに基づいて策定した戦略を実際のセキュリティ対策として実装する際のガイドラインです。

セキュリティ人材の確保

セキュリティ人材を育成するためには、社内での教育・啓発活動が重要です。特に、**セキュリティスペシャリスト**の育成は、組織のサイバーセキュリティにとって欠かせない存在です。セキュリティスペシャリストは、高度なITスキルとセキュリティ知識を持ち、組織内で専門的にセキュリティ対策を担当します。

セキュリティスペシャリストの育成には、長い期間と多額のコストが必要です。一方で、外部からスペシャリストを調達することも一定のメリットがあります。たとえば、組織内の専門知識やスキルが不足している場合、外部スペシャリストの採用により、迅速かつ効果的なセキュリティ対策を実施できます。ただし、デメリットもあります。外部スペシャリストの採用には高額なコストがかかる場合があり、組織内の文化や環境に適応する必要があるため、時間と労力もかかる可能性があります。また、機密情報に接触するため、情報漏洩のリスクがあることも考慮しなければなりません。

以上のようなリスクを踏まえ、外部スペシャリストの採用が適切かどうかを判断する必要があります。組織内でスペシャリストを育成することも重要であり、両者をバランスよく組み合わせることが効果的です。

スキルや知識の裏付け

　スキルや知識の裏付けとした資格の取得は、セキュリティ人材の育成や確保において貴重な参考材料となります。たとえば、サイバーセキュリティのスキルをマネジメント向け、技術者向け、攻撃者視点、防御者視点の側面で捉えた場合、それぞれに応じたスキルや知識が必要となります。CISSP（Certified Information Systems Security Professional）、情報処理安全確保支援士、CISA（Cybersecurity and Infrastructure Security Agency）、CEH（Certified Ethical Hacker）、CND（Certified Network Defender）などの資格は、それぞれの側面に対応する代表的なものとして挙げられます。

　マネジメント向けの資格としては、CISSPやCISAがあります。これらの資格は、情報セキュリティに関する統合的な知識やビジネスリスクに関する知識を要求され、組織の中核的な役割を担う人材に求められる資格です。

　技術者向けの資格としては、情報処理安全確保支援士があります。情報処理技術に関する高度な知識や技術が求められ、セキュリティ技術者が必要とする知識やスキルを習得できます。また、情報セキュリティに関する法律や規制にも精通しており、一部マネジメント向けの要素も含まれています。

　攻撃者視点の資格としては、CEHが代表的です。この資格は、ハッキングや攻撃の手法を学ぶことで、攻撃者の視点を理解できます。この知識を持ったセキュリティスペシャリストは、攻撃者の手法を事前に予測し、攻撃を防げるようになります。

　防御者視点の資格としては、CNDが挙げられます。この資格は、ネットワークの監視・分析・防御に関する知識や技能を要求され、セキュリティインシデントに対する防御能力を高められます。

　これらの資格は、セキュリティスペシャリストのスキルや知識を裏付ける証明として役立ちます。特に、体系的な知識を有していることを共通認識にできるため、同じバックグラウンドを持つ相手であれば、「こ

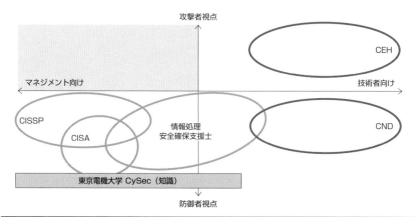

資　格	包括的知識			専門的知識	
	CISSP （シーアイエス エスピー）	情報処理安全確 保支援士 （登録セキスペ）	CISA （公認情報シス テム監査人）	CEH （認定ホワイト ハッカー）	CND （認定ネットワー クディフェンダー）
運営団体	ISC2	IPA	ISACA	EC-Council	EC-Council
概　要	国際的に認めら れている情報セ キュリティ・プ ロフェッショナ ル認定資格	情報セキュリテ ィに関する国家 資格	脆弱性の評価や コンプライアン スの報告など監 査に関する知識 とスキルがある ことを証明する 資格	サイバー攻撃と それに対処する ための知識と技 術を有すること を証明する資格	セキュアなネッ トワークを実現 し、インシデン トに対処する知 識と技術を有す ることを証明す る資格
必要な 知識	セキュリティに 関する幅広い知 識	セキュリティに 関する幅広い知 識	監査に関する知 識	サイバー攻撃技 術	ネットワークセ キュリティ
認定要件	5年以上の業務 経験	業務経験は問わ れない	5年以上の業務 経験	トレーニング受 講か2年間の実 務経験	トレーニング受 講か2年間の実 務経験

◆セキュリティ資格の領域マップと概要

の人とは共通言語で話せる」と瞬時に理解してもらえます。また、その分野の専門家として認知されるため、信頼性が高まります。さらに、セキュリティフレームワークと同様に、セキュリティに関するベストプラクティスを提供し、基礎的な考え方や知識を共有して活用する点で類似しています。

　ただし、資格はスキルセットのフレームワークとして捉えられ、フレームワークも自社のビジネスに適合させた「実践」が重要であることか

ら、資格取得だけがセキュリティ人材の育成・確保の唯一の手段ではありません。資格取得は、一時的なスキルアップや技能向上には効果的ですが、実務経験やトレーニングによって習得したスキルや知識が最も重要な要素となります。したがって、組織内での実践的なトレーニングやセキュリティ実務経験を通じて、セキュリティ人材を育成することが必要です。

サイバーセキュリティ対策は経営課題

セキュリティは現代のビジネスにとって不可欠な要素であり、経営課題として取り組まなければなりません。これまで、NISCや金融庁などから発表されるサイバーセキュリティ関連文書には、経営層がサイバーセキュリティへの意識を高めることを促す記載が多く見られました。

一方、2022年6月に政府が改訂した「**重要インフラのサイバーセキュリティに係る行動計画**」では、経営層がサイバーセキュリティに対する意識を持つことは既に当然であり、今後はコーポレートリスクの一部としてサイバーリスクを捉え、これを管理していくことが必要だ、という姿勢が感じられます。

すなわち、①自らがさらされているリスクをきちんと洗い出し、それぞれのリスクに対して現在どのような対策がとられているのかをまず把握する、②それをベースに、それぞれのリスクのコントロールできていない部分を把握する、③コントロールできていないリスクについて、それを保有するのか、移転するのか、低減するのか、回避するのかを決定して対応し、一連のプロセスのPDCAサイクルを回す、④こうした基本的なリスクマネジメント活動に、サイバーリスクを対象として組み入れる、というスキームを構築することが重要です。

また、2022年10月に経団連（一般社団法人日本経済団体連合会）が改訂した「**経団連サイバーセキュリティ経営宣言2.0**」では、「実効あるサイバーセキュリティ対策を講じることは、今やすべての企業にとって経営のトッププライオリティ」と掲げられ、サイバーセキュリティは経営層が関与し、組織全体で対応していくことが求められています。

6-4 サイバー攻撃を防ぐ技術

ゼロトラストとDevSecOps

サイバー攻撃を防ぐ技術の進化

　近年、テレワークの普及やクラウドサービスの利用により、リモートワークやコミュニケーション手段の多様化など、柔軟な働き方が可能になりました。一方で、業務上インターネットを利用する機会が増加したことにより、これまで以上にセキュリティリスクが高まっています。サイバー攻撃は常に新たな手口を考案して巧妙化しており、それに対抗するサイバー攻撃を防ぐ技術も日々進化しています。

　サイバー攻撃を防ぐ技術はさまざまな面で進化していますが、ここではまず、多くの組織が導入を進めている「ゼロトラスト」を構成する主な技術について解説します。

　また、セキュリティ対策を実施していても、ソフトウェアに脆弱性が存在しているとサイバー攻撃を受けてしまうリスクが高まります。この脆弱性を開発プロセスの中で検出して修正する「DevSecOps」と呼ばれる開発手法についても解説します。「DevSecOps」はセキュリティ担当者だけでなくソフトウェアを構築する開発者にとっても重要な要素となります。

ゼロトラストを構成する技術

　ゼロトラストは、"信頼（Trust）はなし（Zero）"の文字通り、「何も信頼しない」という前提に基づくセキュリティの考え方です。ゼロトラストを実現するためにはさまざまな要素がありますが、ここでは「ID管理」「デバイス管理」「ネットワーク制御」「インターネットサービスの監視」「情報漏洩防止」「監視、分析、運用の高度化」の6つに分類して、それぞれの要素の必要性と関連する技術要素について解説します。

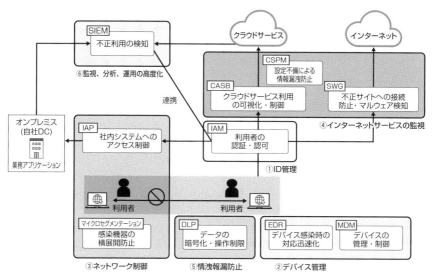

◆ゼロトラストのシステム構成例

①ID管理

　「何も信頼しない」というゼロトラストの考え方では、サービスへのすべてのアクセスに対して認証・認可を行い、そのアクセスが本当に正しいかどうかを判断する必要があります。また、個々のサービスごとにID管理をしていると利便性が損なわれることに加え、管理が煩雑になり、セキュリティリスクが高まることから、これらの情報を一元的に管理することが必要です。

　ID管理における技術要素として、**IAM**（Identity & Access Management）があります。

　IAMは各種サービスにおける利用者のIDを一元的に管理し、利用者の認証やデータなどへのアクセスの認可を行う技術です。利用者がサービスにアクセスする際に、ユーザーIDや役職などの利用者情報やアクセス可能なサービスを規定したポリシーを基に、認証・認可を行ってサービスへのアクセスを制御します。また、IAMにはSSO（Single Sign On）の機能があり、一度の認証で複数のサービスを利用できます。利用者は、サービスごとに脆弱なパスワードを設定する必要がなく、強力

なパスワードを1つだけ設定することで、管理の手間が省けてパスワードの漏洩を防げます。

②デバイス管理

　会社貸与のタブレットや携帯端末などのデバイスのセキュリティ設定を利用者に任せると、設定不備が生じる可能性があります。このため、組織がデバイスを一元的に管理し、適切なセキュリティ設定が行われていることを確認する必要があります。また、マルウェアに感染している疑いのあるデバイスを検知した場合、ネットワークから隔離して感染拡大を阻止する必要があります。

　デバイス管理における技術要素として、**MDM**（Mobile Device Management）と**EDR**（Endpoint Detection and Response）があります。

　MDMはスマートフォンやタブレット、ノートPCなどのデバイスを一元的に管理する技術です。デバイスを一元的に管理することで組織が規定したセキュリティ設定をすべてのデバイスに適用できます。業務において不要な機能の制限や紛失時のリモートロックなどを実施することで、情報漏洩の発生を未然に防ぎます。

　EDRはデバイスの不審な挙動を検知し、素早く対処する技術です。デバイスがマルウェアに感染した場合を想定し、デバイスの操作や動作を常時監視しており、不審な挙動を検知します。不審な挙動を検知した場合、他のデバイスの被害状況の特定やネットワークからの隔離などを実施することで、マルウェアへの対処を支援し、被害を最小限に抑えます。

③ネットワーク制御

　社外から社内システムにアクセスする際のセキュリティ対策として、一般的に **VPN**（Virtual Private Network）が使用されてきました。VPNはネットワーク単位で認証を行うため、攻撃者がVPNを突破して社内ネットワークに侵入した場合、さまざまな社内システムへのアクセスが可能になってしまいます。このため、社内システムのサービスごと

に認証を行い、利用者のアクセスを必要最小限に制御する必要があります。

　また、ゼロトラストの考え方では、信頼できるネットワークは存在しないため、デバイスが接続されているネットワークの場所に依存することなく、すべての通信を保護する必要があります。

　ネットワーク制御における技術要素として、**IAP**（Identity-Aware Proxy）と**マイクロセグメンテーション**があります。

　IAPは利用者と社内システム間の通信を仲介してアクセス制御を行う技術です。利用者が社内システムにアクセスする際に、IAMと連携して認証・認可を行い、問題がなければ社内システムへのアクセスを許可します。また、オンプレミスの社内ネットワーク上にコネクタを設置することで、インターネット経由で社内システムにアクセスできるようになります。IAPはVPNに代わる新たな社内システムへのアクセス手段として注目されています。

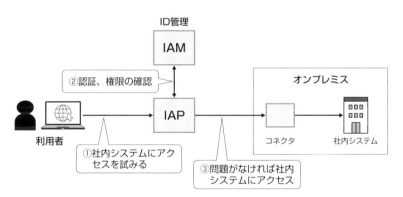

◆IAPのイメージ

　マイクロセグメンテーションは、ネットワークを複数のセグメント（部分）に分割し、セグメントごとにアクセス制御を行う技術です。ネットワーク内に細かくファイアウォールを設置し、複数のセグメントに分割します。分割したセグメントごとにポリシーを設定し、セグメント間の不正なアクセスを制御することで、マルウェアの感染拡大を防げます。

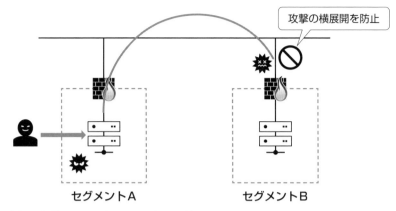

◆マイクロセグメンテーションのイメージ

④インターネットサービスの監視

　企業が管理するデバイスをインターネット上の脅威から保護するためには、デバイスからWebサイトなどのインターネットサービスへの接続を監視する必要があります。また、従業員が業務に使っているIT機器・サービスのうち、企業が把握していないシャドーITはセキュリティ対策が適用されていないため、脆弱な状態になる可能性が高く、セキュリティ侵害につながる恐れがあります。このため、組織が利用するクラウドサービスへのアクセスを監視し、シャドーITへのアクセスをブロックする必要があります。

　インターネットサービスの監視における技術要素として、**CASB**（Cloud Access Security Broker）、**CSPM**（Cloud Security Posture Management）、**SWG**（Secure Web Gateway）があります。

　CASBは、クラウドサービスの利用状況の可視化やアクセス制御を行う技術です。クラウドサービスへアクセスする際に、CASBと連携してクラウドサービスの利用状況を可視化することで、許可されていないシャドーITへのアクセス制御や組織のポリシーに従った利用がされているかをチェックします。

　CSPMは、クラウドサービスの設定に対するセキュリティリスク評価とコンプライアンスリスクの特定を行う技術です。CSPMとクラウ

ドサービスのAPI連携により、クラウドサービスの設定を継続的に監視し、セキュリティポリシーに準拠しているかを確認します。また、クラウドサービスの仕様変更や利用者の操作ミスによって生じる不適切な設定を検知し、修正方法を提案します。

SWGは、インターネットとデバイスの通信を中継し、危険なWebサイトやマルウェアからデバイスを保護する技術です。インターネットを利用する場合、SWGを経由させることでURLフィルタリングやマルウェア検出などが可能になり、デバイスを保護できます。また、Webサイトへのデータのアップロードを阻止することもできます。

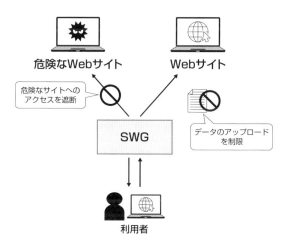

◆SWGのイメージ

⑤情報漏洩防止

ゼロトラストの考え方では、信頼できるネットワークは存在しないため、データがどこにあろうと、そのすべてが安全とはみなされません。このため、保護すべきデータに対するアクセスを監視、制御することで、情報漏洩を防止する必要があります。その技術要素のひとつが**DLP**（Data Loss Prevention）です。

DLPは、機密情報に分類したデータを常に監視して、データの侵害、流出、または破壊を検出して防止する技術です。組織はどのようなデー

タを機密情報とするか、機密情報をどう保護するかのルールを設定します。DLP はルールに従ってデータを監視し、クラウドサービスへのデータのアップロードや外部記憶媒体へのコピーなど、情報漏洩リスクのある行為を制御します。

⑥監視、分析、運用の高度化

近年、サイバー攻撃が巧妙化しており、個々のデバイスやネットワーク機器から得られる情報だけでは脅威を検知することが困難になっています。このため、組織の IT 環境を構成するさまざまな機器から情報を集約し、分析することで、サイバー攻撃や従業員による不正行為を早期に検知し、対処することが必要です。監視、分析、運用の高度化における技術要素には **SIEM**（Security Information and Event Management）があります。

SIEM は、あらゆる IT 機器のログを解析してサイバー攻撃の脅威を検知する技術です。組織内の IT 環境を構成するネットワーク機器やセキュリティ製品、アプリケーションなどから出力されるログを一元的に収集します。収集したログに対して時系列分析を行い、いつもと異なる動きをリアルタイムで検知します。また、複数のログの関係性を明らかにする相関分析を行い、単一のログからは検知できない異常を発見することもできます。

▌DevSecOps でセキュアなソフトウェア開発

従来のソフトウェア開発では、社会の変化に合わせた機能拡張が優先され、セキュリティ対策はソフトウェアのリリース直前に実施されることがしばしばありました。

システム開発が進んだ段階でのセキュリティ対策はアーキテクチャの大きな変更や、追加のテストが必要になる場合があり、対応に必要なコストや時間が増えてしまいます。このような問題に対処するためのものとして、**DevSecOps** と呼ばれる開発手法があります。DevSecOps とは、DevOps にセキュリティ（Security）を組み込んだものです。DevOps

とは、1-11でも説明した通り、開発担当（Development）と運用担当（Operations）が協力し合い、短い開発サイクルでの開発を実現する考え方です。つまり、セキュリティを確保しつつ、ソフトウェアの企画、設計からリリースまでを素早く行う開発手法のことをDevSecOpsといいます。DevSecOpsにより、従来のソフトウェア開発と比べて早い段階でセキュリティ対策を行うシフトレフトを実施することで、脆弱性を早期に検出して対処できます。また、余計な手戻りが少なくなるため、開発速度の向上やコストの削減にもつながります。

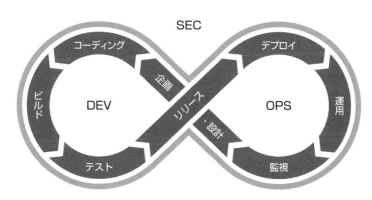

◆DevSecOpsのイメージ

脆弱性を検出する技術

DevSecOpsでは、さまざまな技術を使い脆弱性を検出します。ソフトウェア開発における要件定義、実装、テスト、リリース、運用の各工程でセキュリティ対策を実施することで、早期に脆弱性を検出して対処できます。ここでは脆弱性を検出する代表的な技術として、SAST、DAST、IAST、SCA、VMについて解説します。

・静的解析：SAST（Static Application Security Test）

ソースコードを解析して脆弱性を検出するテストです。脆弱性の検出だけでなく、フロー解析やコーディングルールのチェックなど、開発者

を支援する機能もあります。SASTはソフトウェアを動かすことなくソースコードを解析できるため、コーディングやビルドの工程で実行します。

・動的解析：DAST（Dynamic Application Security Test）

ソフトウェアに対してSQLインジェクションやクロスサイトスクリプティングなどの攻撃を仕掛けることで脆弱性を検出するテストです。DASTは実際にソフトウェアを動かす必要があるため、リリースの直前やリリース後に実行します。

・静的解析と動的解析：IAST（Interactive Application Security Test）

SASTとDASTの要素を組み合わせたセキュリティテストです。DASTと同様にソフトウェアを動かしてテストを行います。また、並行してソースコードを解析することで脆弱性の検出に加えて、問題のあるソースコードを特定できます。IASTはコーディング後のテスト工程で実行します。

・ソフトウェア構成解析：SCA（Software Composition Analysis）

ソースコードやバイナリファイルなどを解析し、ソフトウェアが利用するOSSや商用ソフトウェアなどのコンポーネントを特定します。特定したコンポーネントと脆弱性情報を組み合わせることにより、脆弱性が存在するコンポーネントを検出します。また、近年増加しているサプライチェーン攻撃への有効な対策として注目されているSBOM（6-5参照）を作成する機能も追加されています。SCAはSAST同様にソフトウェアを動かす必要がないため、コーディング工程から実行することができます。

・脆弱性管理：VM（Vulnerability Management）

VMは、ソフトウェアに存在する脆弱性の特定、評価、対応を行う機能を有しています。ソフトウェアが利用するコンポーネントの脆弱性情報が公開されていないかを自動的に確認します。脆弱性が存在する場合、**CVSS**（Common Vulnerability Scoring System：共通脆弱性評価システム）などを基にした優先順位付けや修正方法の提供などにより、脆弱性への対応を支援します。脆弱性は日々発見されているため、ソフトウェアをリリースした後も脆弱性管理は必要不可欠です。

◆脆弱性検出技術の実施タイミング

これらの技術は単体で実施するのではなく、組み合わせて実施することでより多くの脆弱性を検出できます。また、DevSecOpsを実現するセキュリティ技術は他にもあり、ソフトウェア開発における各工程でさまざまなセキュリティ技術を取り入れることにより、セキュアなソフトウェアを利用者に提供できます。

注目すべきサイバーセキュリティの動向

サイバーセキュリティの文脈で押さえておくべき最近のトピックス

サプライチェーン攻撃への対応

6-2で述べたように近年サプライチェーン攻撃が増加し、大きな問題となっています。6-1で触れたIPAの「情報セキュリティ10大脅威2023」でも「サプライチェーンの弱点を悪用した攻撃」は第2位にランクインしています。なお、この「サプライチェーンの弱点を悪用した攻撃」は2019年版で初めて第4位にランクインし、その後2022年版は第3位、そして2023年版では第2位と順位を上げており、近年大きな問題に発展してきていることがうかがえます。

このような状況を受け、サプライチェーンセキュリティの強化を促すガイドラインやフレームワーク、基準などの整備が国内外で進展しつつあります。ここではアメリカと日本について主だった話題を紹介します。

アメリカにおけるサプライチェーンセキュリティの話題

アメリカではこれまでもNISTなどが「サプライチェーンリスク管理」という名の下に各種フレームワークやガイドラインなどを整備してきました。たとえば、サプライチェーンリスク管理に関する主なガイドラインのひとつに「**NIST SP 800-161 Rev.1 システムと組織のためのサイバーセキュリティ・サプライチェーンリスク管理の実践**」があります。このガイドラインでは、サプライチェーンリスク管理を組織全体のリスクマネジメントプロセスの一部として位置付け、いかにサプライチェーンに関わるサイバーセキュリティリスクを特定、評価、緩和するかというガイダンスを提供しています。

また、6-3で紹介した代表的なNISTのフレームワーク・ガイドラインにもサプライチェーンリスク管理に関する事項が取り込まれています。

◆サプライチェーンリスク管理に関係するNISTのフレームワークなど

フレームワーク・ガイドラインなど	概要およびサプライチェーンリスク管理との関係
NIST SP 800-161 Rev.1	・組織内のすべての階層において、サプライチェーン全体を通じてサイバーセキュリティリスクを特定、評価、緩和するためのガイダンスを提供する ・Rev.1では2021年5月の大統領令に対するNISTの対応結果としてソフトウェアサプライチェーンを強化するためのガイドラインや対策が付録として追加された
NIST Cybersecurity Framework Ver1.1	・サイバーセキュリティに関わる機能を「特定」「保護」「検知」「対応」「回復」の5つに分類し、各機能のカテゴリー・サブカテゴリーごとにあるべきサイバーセキュリティ対策が示されている ・Ver1.1ではサプライチェーンリスク管理のカテゴリー・サブカテゴリーが追加され、またサプライチェーンリスク管理の目的でのこのフレームワークの使い方について詳細な解説が追記された ・現在、Ver2.0への更新に向けて作業が進められており、サプライチェーンリスク管理をより重要視するような改訂が計画されている
NIST SP 800-53 Rev.5	・情報システムと組織におけるセキュリティ対策とプライバシー対策を20種類に分類して示している ・米国連邦政府機関はこれらの対策を実施することが法令で定められている ・Rev.5でサプライチェーンリスク管理の分類が新たに追加された
NIST SP 800-171 Rev.2	・米国連邦政府機関以外の情報システムと組織において、「機密情報ではないが管理すべき情報」（Controlled Unclassified Information）を保護するために実施すべきセキュリティ要件を14種類に分類して示している ・米国連邦政府機関が業務を委託する際に、受託業者との契約に際して使用することが意図されている ・サプライチェーンリスク管理についての直接的な要件は記載されていないものの、直接業務を受託する企業だけでなく、その下請け企業もこのセキュリティ要件への対応が必要であるため、サプライチェーンにおけるセキュリティ対策として言及されることが多い ・現在、Rev.3への更新に向けて作業が進められており、NIST SP 800-53 Rev.5に合わせる形でサプライチェーンリスク管理の分類が新たに追加される予定である

　そして、2021年5月にはサプライチェーン攻撃の増加や重要インフラ企業における深刻なサイバー攻撃被害などを背景に「国家のサイバーセキュリティ改善についての大統領令」が発令され、NISTがソフトウェアサプライチェーンのセキュリティ強化を推進することになりました。その結果、前述のNIST SP 800-161 Rev.1に各種ガイドラインや対策がその付録として追加されました。なお、この付録はNIST SP 800-161 Rev.1とは独立して随時更新できるようにWebサイトで公開され、NIST SP 800-161 Rev.1にはこのWebサイトへのリンク（https://www.nist.gov/itl/executive-order-improving-nations-cybersecurity）のみが

記載されています。付録の内容をいくつか例示すると、次のようなものがあります。

・「重要なソフトウェア」の定義とそのセキュリティ対策
・ソフトウェア開発者が実践すべき安全なソフトウェア開発
・ソフトウェア購入者側が「安全な開発手法に従って開発されたソフトウェア」であることを検証するための推奨事項
・ソフトウェアベンダーおよび開発者が実施すべきソフトウェア検証のミニマムスタンダード
・Software Bill of Materials（SBOM）の利用
・ソフトウェアベンダーのリスクアセスメント強化

　なお、上記で言及されているSBOMの活用については日本国内でも議論されており、これについては後述します。

▌日本におけるサプライチェーンセキュリティの話題

　日本国内で近年公表されたガイドラインや施策方針などでは、必ずといって良いほど、サプライチェーンにおけるセキュリティが含まれています。たとえば、2023年3月に経済産業省が公開した「**サイバーセキュリティ経営ガイドライン Ver3.0**」では、サプライチェーン全体を意識した対策の必要性が強調されています。また、2022年6月に政府のサイバーセキュリティ戦略本部が策定した「**重要インフラのサイバーセキュリティに係る行動計画**」でも、サプライチェーン全体でセキュリティを向上するための方策を講じていくことが示されています。さらに、経済界でもサプライチェーンセキュリティに対する危機感は強まっており、2022年10月に経団連が公開した「**経団連サイバーセキュリティ経営宣言2.0**」でも、「経営者はサプライチェーン全体を俯瞰したサイバーセキュリティ強化が経営課題であると認識する必要がある」旨が記載されています。

　法制面での動きとしては、防衛省の外局である防衛装備庁が2022年4

◆サプライチェーンセキュリティに言及するガイドラインや施策方針など

ガイドラインなど	概要およびサプライチェーンセキュリティとの関係
サイバーセキュリティ経営ガイドライン Ver3.0	• 経済産業省とIPAが共同で策定しているガイドライン • サイバー攻撃から企業を守るために、経営者が認識すべき「3原則」と経営者が情報セキュリティ対策の担当幹部（CISOなど）に指示すべき「重要10項目」をまとめている • 2023年3月に公開されたVer3.0では、サプライチェーン全体を意識した対策の必要性が強調されている
重要インフラのサイバーセキュリティに係る行動計画	• 政府のサイバーセキュリティ戦略本部が策定している重要インフラ防護のための施策の方針 • 重要インフラ分野は情報通信、電力、金融などの14分野が指定されている • 2022年6月に策定された行動計画では、サプライチェーンセキュリティに関する施策や言及が改訂前と比較して大幅に増加した
経団連サイバーセキュリティ経営宣言 2.0	• 全員参加でサイバーセキュリティ対策を推進し、安心・安全なサイバー空間の構築に貢献するために経済界が実践に努める事項を経団連が宣言したもの • 2022年10月に公開された第2版では、サプライチェーン全体のサイバーセキュリティ強化が重要な経営課題であると記載されている

月に防衛産業におけるサイバーセキュリティ強化を目的に「防衛産業サイバーセキュリティ基準」を整備しました。この新基準は349ページの表にあるNIST SP 800-171 Rev.2を参考にして作成されており、防衛装備品に関する重要情報をサプライチェーン攻撃から保護することが意図されているといえます。前述の通りサプライチェーンセキュリティは日本国内でも大きな問題となっているため、今後は他の業界、たとえば金融業界などでもNIST SP 800-171 Rev.2を基にした何らかの基準策定の動きが出てくる可能性があります。

　また、経済産業省が設置する「産業サイバーセキュリティ研究会ワーキンググループ1」内の「ソフトウェアタスクフォース」では、ソフトウェアの適切な管理手法や脆弱性対応などを検討しており、アメリカをはじめとする海外の動向も参考にしながらSBOM活用の議論や実証実験が進められています。

SBOM（Software Bill of Materials）とは？

　SBOM（エスボム）はソフトウェア部品表と訳され、ソフトウェアを構成するコンポーネントや依存関係などの情報が含まれています。

SBOMの代表的なフォーマット（出力項目を定めた規格）として、Software Package Data Exchange（SPDX）、CycloneDX、Software Identification（SWID）Taggingがあります。下図はSPDXフォーマットの例を示しています。

出典：NTIA『Survey of Existing SBOM Formats and Standards - Version 2021』に掲載の例を基に筆者作成

◆SBOMの例（SPDXフォーマット）

現在、企業の基幹システムを構成するミドルウェアやアプリケーション、IoT機器に搭載される組み込みソフトウェア、そして、スマホアプリなど、大半のソフトウェアは、設計、開発からテスト、配布、保守などのすべての工程にわたってさまざまなソフトウェア部品やツール、サービスを利用して製造されており、結果的にさまざまな関係者が連なったサプライチェーンに依存しています。SBOMは前述の通りソフトウェアを構成するコンポーネントや依存関係などの情報が含まれるため、SBOMによってソフトウェアの透明性や管理容易性が向上し、ソフトウェアの脆弱性を迅速に特定・対処することに活用できるものと期待されています。

たとえば次ページの図では、上流に位置するコンポーネントが攻撃者によって改ざんされたとしても、SBOMを参照することで最下流に位置するソフトウェアでも脆弱性を迅速に検知し、対応できる様子を表しています。

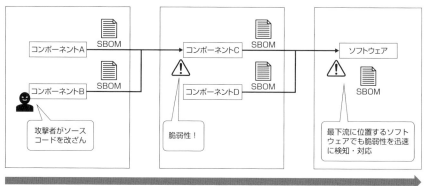

◆ソフトウェアサプライチェーンとSBOM活用のイメージ

対話型AIがサイバーセキュリティに及ぼす影響

　近年、**対話型AI**と呼ばれるテクノロジーが急速に発達し、私たちの生活にも大きな変化を引き起こしつつあります。ここからは対話型AIの代表例として3-5で触れた**ChatGPT**を参考にしながら、対話型AIがサイバーセキュリティに関してどのような影響を及ぼし得るかについて解説します。

サイバーセキュリティに対する対話型AIの脅威

　多くの有識者は、ChatGPTをはじめとする対話型AIがサイバーセキュリティに及ぼす悪影響を指摘しています。たとえば、次のようなことに悪用可能だと指摘されています。

・フィッシング詐欺に利用可能なメールを作成
・マルウェアのソースコードを生成
・SNS上でソーシャルエンジニアリングに活用（偽プロフィールを作成するなど）

　もちろん、このような利用方法は対話型AIの利用規約に違反する可

能性があります。ChatGPTに関しては、このような目的で利用することはOpenAIの利用規約で禁じられていますし、このような利用ができないように有害な情報の出力を制限するコンテンツフィルタも設定されています。しかし、コンテンツフィルタは完全ではなく、やり方によってはこのような利用ができてしまうため、実際にChatGPTを利用してマルウェアのソースコードを生成できたという報告が多くなされています。

　またサイバー攻撃者による悪用ではありませんが、機密データが流出する危険性もあります。一般に対話型AIに入力したデータは、対話型AIの学習データとして再利用される可能性があります。たとえばChatGPTに業務上の機密データを入力してしまうと、その機密データはChatGPTの学習に再利用され、意図せずして第三者の目に触れてしまうかもしれません。海外では、実際に業務上の機密データをChatGPTに入力してしまう事案が一定割合で発生しているという報告がなされています。

◆サイバーセキュリティに対する対話型AIの脅威の例

フィッシング詐欺	対話型AIを利用して巧妙な文面のフィッシングメールを作成できるようになる。また、攻撃者は対話型AIを利用することにより、母国語以外の言語でも自然な文面や言い回しのフィッシングメールを作成できるようになる
マルウェア作成	技術力の低い攻撃者でも対話型AIを利用して容易にマルウェアを作成できるようになる。もしくは、技術力の高い攻撃者も対話型AIを利用すればより効率的に高度なマルウェアを作成できるようになる
ソーシャルエンジニアリング	対話型AIを利用すれば、巧妙な偽プロフィールや投稿を容易に作成してSNS上で公開し、人々を引き寄せられるようになる
偽情報の拡散	攻撃者は対話型AIを利用してサイバーセキュリティに関わるもっともらしい偽情報を作成し、SNS上で大量に拡散できるようになる
脆弱性情報の収集	対話型AIを利用して攻撃対象の企業の脆弱性に関する情報を収集し、攻撃計画の策定に役立てられるようになる
情報漏洩	企業の従業員が機密情報や顧客の個人情報を対話型AIに入力してしまい、それが対話型AIの再学習に利用されることで情報流出が発生する

サイバーセキュリティに対する対話型AIの貢献

　一方、対話型AIはサイバーセキュリティに対して良い影響をもたら

す可能性もあります。たとえば、次のようなユースケースで対話型AIを活用できるものと期待されています。

・セキュリティインシデントの分析自動化
・ペネトレーションテストの効率化（ツールやレポート作成）
・脆弱性検査の効率化

　実際、このようなことを実現するサービスが登場し始めています。OpenAIの技術を自社のサービスに積極的に取り込んでいこうとしているMicrosoftは、2023年3月末にOpenAIのGPT-4を活用したセキュリティ分析ツール**Microsoft Security Copilot**を発表しました。これを利用すると、セキュリティ部門の担当者は発生したセキュリティインシデントなどに関して自然言語で質問し、回答も自然言語で得られます。

◆Microsoft社のWebページで紹介されているSecurity Copilotの機能の例

インシデントレスポンス	発生したセキュリティインシデントの内容や影響を分析・評価したり、発生したインシデントに対する対応手順を示したりする
脅威ハンティング	自社が既知の脆弱性の影響を受けるかどうかを調査したり、情報流出の証拠やセキュリティ侵害の兆候がないかを調査したりする。またアップロードしたログファイルやソースコードの一部からマルウェアの動きを分析し、図示する
セキュリティレポート	発生したインシデントや脅威の内容を要約したり、さらには発生したインシデントの内容や発生経緯、攻撃経路などのアウトラインをPowerPointスライドで作成し、報告の準備を支援したりする

参考URL
https://www.microsoft.com/en-us/security/business/ai-machine-learning/microsoft-security-copilot
https://news.microsoft.com/ai-security-2023/
出典：Microsoft社のWebページを基に筆者作成

　このような対話型AIをセキュリティ業務に活用していく動きは、今後、さらに増えていくものと思われます。対話型AIは登場してからそれほど時間が経過していないため、一見理路整然とした誤った回答を返すなど、技術的な課題も多く指摘されています。しかし、対話型AIなどの新しいテクノロジーを適切に活用していくことは、増加の一途をたどる巧妙なサイバー攻撃や慢性的なセキュリティ人材不足などに対する解決策のひとつとして期待されています。

自助・共助・公助

　自らを助ける「自助」、地域社会やコミュニティ内でお互いに助け合う「共助」、公的機関が助ける「公助」、これらの言葉は社会保障領域や防災領域で使用されることが多いですが、サイバーセキュリティの領域でも重要な考え方です。特にサイバーセキュリティの領域では攻撃側が圧倒的に有利であるため、**防御側が共同して守ること**が重要とされています。

　ここまでは主に自組織を守るためにどのように対策するかという「自助」に関わる事柄を中心に解説してきました。たとえば6-3では自組織を守るための技術的な対策と組織的・人的対策について解説しました。

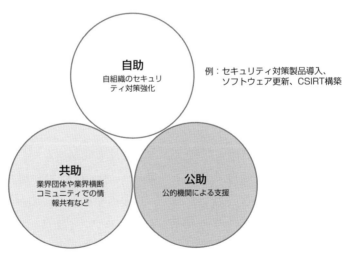

　自助
　自組織のセキュリティ対策強化

例：セキュリティ対策製品導入、
　　ソフトウェア更新、CSIRT構築

　共助
業界団体や業界横断
コミュニティでの情
報共有など

　公助
公的機関による支援

例：金融ISACや金融セプターでの情報共有

例：金融庁主催のサイバーセキュリティ演習、
　　警察によるサイバー犯罪調査

◆サイバーセキュリティにおける自助・共助・公助

また、6-4ではサイバー攻撃を防ぐための技術として、ゼロトラストや DevSecOps について解説しました。

　本節では複数の組織がコミュニティを形成してお互いに助け合う「共助」や、公的機関による支援である「公助」に関わる組織について解説します。まず「公助」として、わが国のサイバーセキュリティ政策を推進する政府機関のうち、金融機関と関係が深い組織について解説します。その後に、金融機関同士の「共助」を支える組織をいくつか紹介します。

内閣サイバーセキュリティセンターの動向

　2014年11月に成立した「サイバーセキュリティ基本法」に基づき、2015年1月、内閣にサイバーセキュリティ戦略本部、内閣官房に**内閣サイバーセキュリティセンター**（**NISC**：National center of Incident readiness and Strategy for Cybersecurity）がそれぞれ設置されました。NISCはサイバーセキュリティ戦略本部の事務局という位置付けですが、わが国のサイバーセキュリティ政策の推進体制において中心的な役割を担っています。

　下図にある通り、NISC内にはいくつかのグループが組織されていま

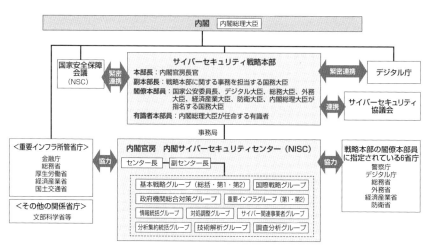

出典：NISC「我が国におけるサイバーセキュリティ政策推進体制」を基に筆者作成

◆NISCの位置付け

すが、重要インフラグループでは、「サイバーセキュリティ戦略」および「重要インフラのサイバーセキュリティ対策に係る行動計画」に基づき、次の5つの施策を進めています。金融分野も、この行動計画で定める13の重要インフラ分野のひとつに指定されており、これらの施策に注意を払う必要があります。

施策①：障害対応体制の強化
施策②：安全基準等の整備及び浸透
施策③：情報共有体制の強化
施策④：リスクマネジメントの活用
施策⑤：防護基盤の強化

なお、2022年12月に安保3文書（国家安全保障戦略、国家防衛戦略、防衛力整備計画）が閣議決定され、「内閣サイバーセキュリティセンター（NISC）を発展的に改組し、サイバー安全保障分野の政策を一元的に総合調整する新たな組織を設置する」と国家安全保障戦略に明記されました。今後、NISCに関して何らかの組織改編が行われる見込みです。

金融庁の動向

金融庁は金融システムの安定、利用者の保護、市場の公正性や透明性の確保を任務としており、前ページの図に記載されている通り、重要インフラ所管省庁のひとつです。

金融庁は、業界全体のサイバーセキュリティを強化することを目的に、2015年7月に「金融分野におけるサイバーセキュリティ強化に向けた取組方針」を公表しました。その後、金融分野におけるサイバーセキュリティを巡る状況の変化を踏まえて2018年10月と2022年2月の2回にわたってこの取組方針をアップデートしました。2022年2月に公表された最新版の「**金融分野におけるサイバーセキュリティ強化に向けた取組方針 (Ver. 3.0)**」では、以下の5項目が新たな取組方針として示されています。

①モニタリング・演習の高度化

　金融機関の規模・特性やサイバーセキュリティリスクに応じた検査・モニタリングを実施してサイバーセキュリティ管理態勢を検証し、その結果得られた共通課題や好事例について金融機関に還元することで金融業界全体のサイバーセキュリティの高度化を促す方針です。また、金融庁主催のサイバーセキュリティ演習については、サイバー攻撃の脅威動向、わが国の金融機関におけるインシデントの状況、他国の演習で参考となる事例などを踏まえ、演習の高度化に努めるとしています。

②新たなリスクへの備え

　昨今利用者が増加しているキャッシュレス決済サービスにおける安全性を確保するため、リスクに見合った堅牢な認証方式の導入などを促していく方針です。また、金融機関でも利用が浸透しているクラウドサービスについては、利用実態や安全対策の把握を進めていくとのことです。

③サイバーセキュリティ確保に向けた組織全体での取り組み

　組織全体でのサイバーセキュリティの実効性を高めるため、経営層の積極的な関与やリーダーシップの発揮、さらには組織全体でのセキュリティ人材の育成を促していくとしています。

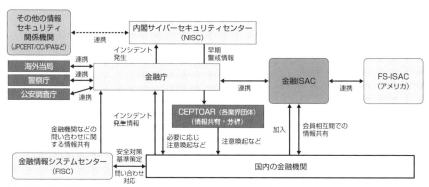

出典：金融庁「金融分野におけるサイバーセキュリティ強化に向けた取組方針（概要）」に「金融分野におけるサイバーセキュリティ強化に向けた取組方針（Ver. 3.0）」の内容を反映する形で筆者作成

◆金融庁と関係機関との連携強化

④関係機関との連携強化

サイバー攻撃などの情報収集・分析、金融犯罪の未然防止と被害拡大防止への対応を強化するため、NISC、警察庁、公安調査庁、金融ISAC、海外当局などとの連携を強化する方針です。

⑤経済安全保障上の対応

経済安全保障に対する政府全体の取り組みの中で、データの適切な管理やサイバーセキュリティの強化に加えて、機器・システムの利用や業務委託などを通じたリスクについて適切に対応していくとしています。

共助を支える組織

最後に、金融機関同士の「共助」を支える組織をいくつか紹介します。前ページの図にもある以下のような組織が金融機関同士の「共助」を支える組織の代表例です。

・金融情報システムセンター（FISC）

金融情報システムセンター（FISC：The Center for Financial Industry Information Systems）は1984年創設の公益財団法人であり、金融情報システムに関連する諸問題（技術、利活用、管理態勢、脅威と防衛策など）についての調査研究を行っています。その成果は各種ガイドラインや調査レポート、セミナーや研修などの形で金融分野の「共助」に役立てられています。特にFISCが発刊している『金融機関等コンピュータシステムの安全対策基準・解説書』は長らく日本の金融システムにおけるガイドラインとしてデファクト・スタンダードとなっています。

・金融セプター（CEPTOAR）

セプター（CEPTOAR：Capability for Engineering of Protection, Technical Operation, Analysis and Response）とは、重要インフラ分野におけるIT障害に関する情報共有・分析機能およびそれを担う組織のことです。2005年12月に当時のNISCが開催していた「情報セキュリ

ティ政策会議」において決定された「重要インフラの情報セキュリティ対策に係る行動計画」に従い、重要インフラ分野ごとに整備されました。金融分野では、銀行、証券、生命保険、損害保険、資金決済の各分野にセプターが組織されています。

さらに、2009年2月には金融分野以外の他のセプターも含めて、各セプターの代表で構成される協議会「セプターカウンシル」が創設され、分野横断的な情報共有が推進されています。

• 金融ISAC

わが国の金融機関の間でサイバーセキュリティに関する情報の共有・分析や安全性の向上のための協働活動を行う一般社団法人であり、2014年8月に設立されました。ISAC（Information Sharing and Analysis Center）は1990年代後半にアメリカで発祥し、重要インフラ業界ごとに組織されるものです。日本の金融ISACはアメリカのFS-ISAC（Financial Services Information Sharing and Analysis Center）とも情報共有活動を行っています。

第 **7** 章

その他の注目すべき技術
と金融ビジネス

ITの内製化を促進する ローコード開発

知っておきたい基本情報

ローコード開発とは？

ローコード開発とは、あらかじめ用意されているコンポーネント（画面部品、処理ロジックなど）を画面上でドラッグ＆ドロップ操作で組み合わせ、ソースコードの記述を必要最低限に抑えながらアプリケーションを構築する開発手法です。

これまで開発手法といえばプログラミング言語によりソースコードを記述する形態が一般的でしたが、システムをゼロから作り上げるスクラッチ開発では時間や工数がかかり過ぎる点や、高度なITスキルが求められる点などに問題がありました。現在、DXの必要性の高まりやIT人材の不足などを背景として、ITエンジニアなどのIT専門家でなくてもユーザー部門の社員自らがアプリケーションを簡単かつスピーディに開発できる形態としてローコード開発に注目が集まっています。エンジニアだけが行うことのできたシステム開発を非エンジニアにも可能にしたとすることから、「開発の民主化」あるいは「ITの内製化」などと呼ば

小規模なシステム向き　　　　　　　エンタープライズソリューション向き

ノーコード

- コンポーネントを組み合わせて開発（コーディング不要）
- 開発工数が少ない
- 自由度や拡張性が低い

ローコード開発

- コンポーネントの組み合わせとコーディングで開発
- カスタマイズやAPI使用により機能拡張

スクラッチ開発 （プロコード開発）

- ゼロからコーディング
- 開発工数がかかる
- 自由度や拡張性が高い

◆ノーコード開発、ローコード開発、スクラッチ開発の比較

れています。金融システムでも、業務効率化、DXの推進などを目的として、徐々にローコード開発の事例が増えています。

ローコード開発と同じような用語として、ノーコード開発があります。ローコード開発はコンポーネントの組み合わせをベースとし、追加で開発したい機能があれば自分でコーディングすることで機能を拡張します。一方、ノーコード開発は一切のプログラミングスキルを必要とせずコンポーネントの組み合わせのみでシステム開発を進めますが、その分自由度が低く複雑なシステムの開発には適していません。このような理由から、本書ではノーコード開発よりも利用範囲がより広いローコード開発について紹介します。

ローコード開発ツールの進化

当初、ローコード開発はコーディング作業の一部を自動化するプログラム生成型から始まりました。独立したプログラムの部品を自動生成しているため、連結するためには追加でコーディングが必要でした。その後、アプリケーション全体を統一的に開発する統合環境型のローコード開発ツールが主流となり、近年ではライフサイクル管理・運用までを含めたプラットフォーム型へと進化しています。このプラットフォーム型を**LCAP**（Low Code Application Platform）と呼びます。

ローコード開発ツールの主な機能

各社が提供しているローコード開発ツールによって搭載されている機能はさまざまですが、代表的な機能には次のようなものがあります。

・ビジュアルモデリング

ローコード開発は、再利用可能なコンポーネントを組み合わせることで、コード主体ではなく、データモデルを主体とした開発手法であるモデル駆動型開発をベースにしています。画面上でドラッグ＆ドロップする操作によって、コンポーネントを配置するデータモデリングを行い、その後プログラムの実装を自動化します。

・再利用可能なコンポーネント

　コンポーネントには、データベース操作や条件分岐などの業務の処理ロジックや、画面のレイアウトや背景模様・色、ボタンなどといった画面部品などが用意されています。ユーザーが自作コンポーネントを作成することも可能です。また、OCRや電子署名などをAPIコンポーネントとして取り入れることで、より高度なワークフローを実現できます。

・ライフサイクル管理

　LCAPでは近年、開発だけではなく、テスト、本番デプロイ、バージョン管理など、運用までのライフサイクル管理機能を提供する製品が増えてきています。

・AI機能

　開発体験の改善やガイド機能を提供するAIを組み込んだツールが登場し始めています。開発における反復作業の排除やフィールドへの入力、ビジネスロジックの推測・サジェスチョンといった開発作業を支援するもの、大きな話題となっている対話型AI「ChatGPT」をベースに自然言語の入力からアプリケーションを開発していくものなどがあります。

ローコード開発ツールが得意とするシステムの特性

　ローコード開発ツールは進化していますが、すべてのシステム開発に対してローコード開発が適応できるわけではありません。複雑な機能要件への対応や、サービスレベルを完全にコントロールしたいようなミッションクリティカルシステムへの対応には不向きとされています。具体的には、金融機関において高い処理能力と信頼性が要求される勘定系システムや、複雑な画面を伴う各種証券取引のフロントシステムが挙げられます。

　一方、ローコード開発は、ノーコード開発のようにある程度の開発品質を担保した上でリリースまでの期間を短縮することが可能です。加えて、プログラミング知識が必要になる場合がありますが、コーディング

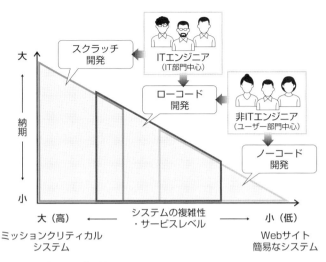

◆ローコード開発のカバー範囲

◆金融業界でローコードツールを採用した具体的な事例

保険業界	・ネット専用保険の申込み・契約管理基盤の構築 ・基幹システム全体の再構築 ・代理店向けのポータルサイトの構築 ・スマートフォンから各データベースやシステムの情報を一元的に閲覧するためのスマホアプリの開発
証券業界	・インシデント管理やリリース管理といった社内ITサービス全体の管理システム ・機関投資家向けのポータルサイトの構築 ・機関投資家情報や富裕層の顧客情報を一元的に管理するCRMとしての導入 ・顧客向けイベントでの来場者アプリの開発
銀行業界	・リテールのためのマーケティングサービス ・住宅ローンの審査業務アプリの構築 ・グループ各社の営業支援システムを統一するための再構築 ・キャッシュカードやクレジットカード申込みアプリの構築

によって機能追加などのカスタマイズを実現することができます。そのためローコード開発はスクラッチ開発とノーコード開発の中間的な位置づけといえます。

ローコード開発ツールの選定ポイント

　市場にはさまざまなローコード開発ツールがあります。実現したい目的に合ったツールを選ぶために、以下のポイントに着目することが大切

です。

・ユーザービリティと機能性

　採用するローコード開発ツールの学習にコストをかけずに開発の効率化を図るためには、ユーザービリティが高いツールを選ぶことがポイントです。ただし、一般的にユーザービリティと機能性はトレードオフの関係にあります。ツールのユーザービリティが高かったとしても、必要十分な機能が備わっているかを確認しておくことが重要です。

・拡張性・カスタマイズ性

　開発後にユーザーからの追加要望があることを想定し、画面のカスタマイズや外部連携などが柔軟に対応可能であるか、あらかじめ考慮しておくことが大切です。

・セキュリティ

　ローコード開発は、ローコード開発ツールが提供するセキュリティ機能に依存するため、その機能が自社のセキュリティポリシーに準拠するかを確認する必要があります。また、セキュリティ知識がないユーザーの無制限な使用は、不要なコンポーネントの外部公開やデータアクセスによる情報漏洩、データ消失・改ざん、システムダウン、プラットフォーム・ソフトウェアの障害などのリスクが生じる可能性があります。そのため、有識者によるセキュリティ確認とセキュリティテストの実施が推奨されます。金融業界では特にセキュリティが重要な選定ポイントになります。

・サポート体制

　製品ベンダーによるサポートが充実しているかを確認しておきましょう。ローコード製品は海外製品が多く、製品ベンダーの技術チームが海外にあることもめずらしくありません。トラブルが起きた場合に備えて、日本語対応の有無や24時間365日サポートが必要なのかも自社内で事前

に確認しておきたいポイントです。

・料金体系・価格

　サブスクリプションライセンスによる定額課金や開発ボリュームによる従量課金など、ローコード開発ツールによって料金体系は異なります。ただし、ライセンス購入費用といった表面上の金銭的なコストだけでなく、学習コストなども勘案しながらツールを選定することが大切です。

◆代表的なローコード開発ツール

Salesforce (Salesforce)	・もともとCRM製品として広く認知 ・現在はCRM機能を中心にデータモデルやコンポーネントが充実 ・機能拡張を行う場合には、Salesforce専用のプログラミング言語であるApexでのコーディングが必要
PowerApps (Microsoft)	・MicrosoftのPower Platform（LCAPソリューション）を構成するサービスのひとつ ・Excelのマクロを使う感覚で単純作業の自動化といった小規模なアプリ開発が可能 ・ほとんどのOfficeプランに含まれ、追加のライセンス購入が不要
OutSystems (OutSystems)	・当初オンプレからクラウドへの移行のためのツールとして登場 ・モバイルアプリのほか、ECサイトや従業員向けサイトなどの画面開発がしやすいのが特徴 ・開発したアプリケーションのボリュームに応じ課金

ローコード開発の今後

　さまざまなメリットがあるローコード開発は、今後も需要が拡大していくでしょう。これまでIT部門が主導してきたアプリケーション開発では、IT人材不足への対策や生産性の向上などを目的としてローコード開発が採用されるケースが増えていくことが考えられます。また、ユーザー部門でもビジネスの機動力を強化していくために、簡易なシステム開発は専門のエンジニアに頼らず自らで担うことが当たり前の時代になることが予測されます。

　金融業界では、多くのレガシーシステムが稼働しています。レガシーシステムの多くは、技術者の高齢化による退職などで人材の確保が年々難しくなってきていることから、メンテナンスや拡張が困難になってき

ています。そのため、**ローコードプラットフォーム**を活用することで、既存のレガシーシステムを近代化し、柔軟性や拡張性を向上させることが期待されています。

また、デジタルバンキング、オンライン支払いなど、さまざまな分野でイノベーションが求められています。ローコードプラットフォームは外部の開発者やパートナーとの協業を容易にし、新たなアイデアやソリューションをより迅速に生み出すための環境として利用されていくことも期待されます。

今後、AIや自動化技術の発展に伴い、ローコードプラットフォームにさまざまな機能が追加され、より複雑な業務処理やデータ分析、予測モデリングなども実現できるようになっていくことでしょう。

企業は自社で抱える人材のITスキルレベルや余力を把握し、IT部門とユーザー部門が両立してシステム開発を進められる体制を構築していくことが大変重要です。このような体制を構築したそのときこそ、真に「開発の民主化」が行われたと見るべきでしょう。

7-2 新たなUXを表現する XR・メタバース

金融業界における事例と普及への課題

XR（クロスリアリティ）とは？

XR（Cross Reality、別名 Extended Reality）とは、現実世界と仮想世界を融合することで、ユーザーに新しい体験を提供する技術の総称です。フラットなスクリーンであるスマートフォンやPCと異なり、3D空間内での移動や仮想オブジェクトの操作など、没入感のある体験をユーザーに提供できます。XRは主に**VR**（Virtual Reality：仮想現実）、**AR**（Augmented Reality：拡張現実）、**MR**（Mixed Reality：複合現実）の3つに分類できます。

◆XR技術の概要と主要なXRデバイス

	XR		
	VR（仮想現実）	AR（拡張現実）	MR（複合現実）
概　要	仮想空間内でリアルに近い体験ができる技術	現実世界にCGを重ねて現実世界を拡張する技術	VRとARを組み合わせた技術
主要デバイス	VRゴーグル、VRヘッドセット、ヘッドマウントディスプレイ（HMD）	HMDやARグラス	ARグラス

XRが注目される背景

金融業界を含めたあらゆる業界で、製品やサービスの比較・購入は今やWebの利用が当たり前となっています。また、データ処理能力が向上したことなどから、高品質・低価格な製品が提供されるようになり、企業は機能や価格で製品・サービスを差別化することが難しくなりつつあります。こうした外部環境の変化に対応するために、企業はPCやスマートフォンなどのUI（ユーザーとの接点となるインターフェース）

を活用して、これまでにないUX（ユーザーの体験）を提供することで他社との差別化を図ってきました。

　このような背景の中、XRはWebサイトやスマホアプリでは実現できない、没入感のあるUXを提供できる技術として注目されるようになりました。XRを取り入れた新しい体験による、顧客満足度の向上や新しいビジネスの創出といったさまざまな可能性に期待が高まっています。

　そして、XRが認知されることによって市場の拡大が期待されているのが「仮想空間（メタバース）」です。次項からは、メタバースの定義やビジネス活用について説明します。

メタバースとは？

　メタバースとは、前項で述べたXR技術や、Web3.0などのデジタル技術を組み合わせて、オンラインでユーザー間のコミュニケーションを可能とする仮想空間の総称です。XRデバイスが新しいUIの形であり、メタバースは新しいUXを提供するサービスといえます。ベンチャーキャピタル運営企業であるエピリオン（EpyllionCo）のCEOを務め、メタバース事業の第一人者であるマシュー・ボール氏によると、メタバースの主な構成要素は下図のように7つあります。

　メタバースの定義は徐々に変化しており、複雑で多面的な概念となっ

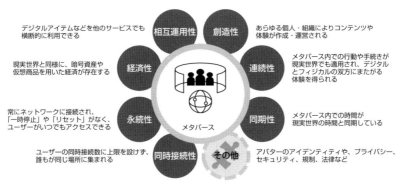

出典: Matthew Ball「The Metaverse: What It Is, Where to Find it, and Who Will Build It」を基に筆者作成

◆**メタバースの構成要素7つ＋α**

てきています。前ページの図の「その他」は今後メタバースの構成要素に加わる可能性のある領域として、本書で独自に追加しています。

メタバースは、金融業界でも新たな価値を生み出す可能性を秘めています。金融機関がメタバースに参入することで、たとえば地理的な制約を受けずに顧客とのコミュニケーションを多様な手段で行うことなどができるため、新しい「経済性」の創出につながる可能性があります。

金融業界におけるXR・メタバースの事例

金融業界では、XR・メタバースを活用し、下図のような取り組みがなされています。

◆金融業界におけるXR・メタバースの活用事例

後述するNikeの事例をはじめとして、アパレルや小売業界ではXR・メタバースを収益化するビジネスとして活用している企業もある一方、金融業界ではそのような事例は少なく、ほとんどがプロモーションや内部活用など、試験的な利用にとどまっているのが現状です。しかし、前ページの図の通り、多くの金融機関がメタバース上でのデジタル証券や

保険の販売、決済機能の構築といった実用的な活用を検討しており、今後活用の幅は広がっていくでしょう。

XR・メタバースがビジネス活用に期待されている理由

このように多くの企業がビジネス進出を試みているメタバースですが、ここではメタバースが新たなビジネスプラットフォームとして注目されている理由を3つ紹介します。

理由①：今までタッチできなかった顧客層の拡大

メタバースには、「ユーザーが新たなモノ・体験を発見しやすい」という特徴があります。これは、ユーザーが自身の探し求めているものだけでなく、偶然視界に入ったもの（広告、商品など）を認知することで、購買につながる可能性があるということです。近年主流のWebマーケティングでは、企業が認知できたユーザーに通知を送ったり、一定条件を満たしたユーザーに広告を配信したりするなど、明確なターゲット戦略に沿ったアプローチが前提となっています。

一方、メタバースはこのような前提を置く必要がなく、駅のポスターのように不特定多数の通行人の目にとまることで、企業が認知していない層のユーザーを獲得できる可能性があります。つまり、メタバースはアナログとデジタルの「いいとこどり」ができるのです。現に国内のメディアサービスにおいて、メタバース内のバーチャル看板などの広告プロダクトも販売されています。

理由②：シームレスな体験による売上げアップが期待

メタバースでは同一の空間内で商品の認知から比較、検討、購買までが完結します。ユーザーは実店舗に行く必要がなくなり、よりシームレスな体験が実現します。ユーザーにとって快適な購買体験は顧客満足度を向上させ、販売機会を逃さないことで売上げの向上も期待できます。

メタバースを活用する企業の中には、メタバースにおいて現実世界で使えるクーポンを入手できるといった、実店舗への来店を誘導するよう

なキャンペーンを展開する企業もあります。

理由③：アバターがもたらす体験

アバターとは、仮想空間上に表示されるユーザーの分身のことです。ユーザーは自身の外見や肉体の制限を受けることなくアバターの外見を変化させ、誰もがなりたい自分になることができます。

"Bring inspiration and innovation to every athlete in the world（世界中のすべてのアスリートにインスピレーションとイノベーションをもたらすこと）"をミッションとするNikeは、オンラインプラットフォームのRobloxで「NIKELAND」という没入感のある3Dワールドを公開しています。

そこではユーザーはアバターの外見を自由にカスタマイズし、3Dワールド内で購入したNike製品を着用しながらスポーツやミニゲームを楽しんで自己表現ができます。ユーザーはアバターを通して身体的な制約なしに身体を動かせるだけでなく、VRヘッドセットを使えばユーザー自身の身体の動きをゲームに反映させることもできます。

XR・メタバースが社会に浸透するための課題

XR・メタバースには、ここまで説明してきたような新しい体験が期待されている一方、社会に普及するには、現在のところ、多くの課題があります。課題の規模は、技術的な課題から政治・社会に関わる大きな課題までさまざまであり、国を挙げて議論が行われています。

経済産業省では、仮想空間ビジネス拡大に向けた課題を次ページの表のように4つの要因に分類しています。このうち、本書では金融業界にとって重要な課題を中心に説明していきます。

◆仮想空間ビジネス拡大に向けた課題

政治的要因	経済的要因
仮想空間ビジネスに関する法・ガイドラインの整備 →セキュリティ被害などによる仮想資産保護、アバターのアイデンティティ保護などの観点での法解釈や法的整備など	• VRヘッドマウントディスプレイなどの低価格化 • マネタイズ →コンテンツの製作コストが大きい。また、ユーザー獲得のため無償でサービスを提供している事業者も多い

社会的要因	技術的要因
• XR領域における人材の確保 →技術者だけでなく、ビジネスの企画ができる上流の人材も不足 • コンテンツの普及 →ヘッドマウントディスプレイを購入したいとユーザーに思わせるコンテンツが少ない	• VRデバイスの性能・ユーザービリティ・アクセシビリティの向上 →VR酔い対策などの高い安全性、かつ軽量・小型のデバイスが求められる • XRの仕様の標準化（相互運用性） →アバターなどのデジタルコンテンツがプラットフォームに依存しない標準化が望まれる

出典：経済産業省「仮想空間の今後の可能性と諸課題に関する調査分析事業 報告書」を基に筆者作成

アバターのアイデンティティ保護に関する課題（政治的要因）

　金融商品取引法や個人情報保護法など、金融機関が遵守すべき法律はさまざまありますが、メタバース上でこれらの法律がどこまで適用されるのか、具体的な法整備はまだ進んでいないのが現状です。前述の通り、ユーザーの分身であるアバターは、個人のプライバシー情報、クレジットカード番号のような決済情報などと紐づけられますが、アバターを模倣したなりすましによるプライバシーの侵害や、アバターを乗っ取られることによる経済的損失などが懸念されます。

　これらの対策としては、上表で述べた国による法整備のほか、多要素認証などを用いた本人認証の強化、不正監視など、プラットフォームやサービス提供側でもさまざまな対策を検討していく必要があります。

マネタイズの課題（経済的要因）

　前述の通り、金融業界では収益化を実現するサービスはまだ少ない状況です。

　その理由のひとつとして、既存システムの改修コストが大きいことが影響しています。企業がメタバース上でサービスを展開する場合、既存

システムとの連携などの改修が必要となります。基本的にメタバースはクラウド上のサービスであるため、特に大規模なレガシーシステムを抱える金融機関の場合、システムをメタバースと接続するためのネットワーク整備やセキュリティ対策などさまざまな考慮が必要であり、迅速な進出は容易ではないでしょう。

　また、システム改修に関するコストに限らず、業務プロセスの見直し、社員教育、場合によっては組織文化の変革など、多大な金額的・時間的コストがかかることが懸念されます。これらのコストに見合うようなビジネス活用の仕方を今後検討していく必要があります。

相互運用性の課題（技術的要因）

　372ページの図で説明した「相互運用性」は、メタバースならではのUXを実現するためには重要な要素です。

　たとえば、各サービスにアクセスする度にあちこちで認証を求められるのはユーザーにとって面倒です。また、支払い方法は暗号資産やNFTのみで、ユーザーがいつも利用している決済サービスが使用できない、といったケースも多いのが現状です。

　今後、ブロックチェーン技術の活用が進み、金融機関が本格的にメタバースを利用した決済の分野に参入してくるようになれば、決済の利便性も向上し、メタバースの普及促進に寄与する可能性があります。

XR・メタバースの今後

　XR・メタバースは、ゲームや音楽ライブなどの一部のエンターテインメント分野を中心に世界的に普及が進んでいますが、金融業界ではまだ研究開発や実証実験の範囲でビジネス活用が模索されている段階です。しかし、これまで考えられなかったような新しいビジネスチャンスが眠っていることも事実であり、新たに参入する企業は今後増えていくでしょう。

産業・社会基盤としての活用が期待される移動通信システム「5G」

移動通信の歴史と5Gの特徴

5Gとは？

5G（5th Generation）とは、5世代目の移動通信システムの略称です。2018年10月にアメリカで固定通信の代替としてサービスが開始され、2019年4月にアメリカ、韓国でモバイル端末を対象にサービスが開始されました。前世代までの移動通信と比較して、①高速大容量（eMBB：enhanced Mobile Broadband）、②超高信頼・低遅延通信（URLLC：Ultra-Reliable and Low Latency Communications）、③多数同時接続（mMTC：massive Machine Type Communication）、といった特徴を有しています。

5Gは、内閣府が2018年に提言した新たな社会の形「Society 5.0」において、現実世界とサイバー空間をつなぐ重要なファクターとして注目を集めており、スマートファクトリー、スマート農業、コネクティッドカー、スマートシティなどでの活用が期待されるなど、通信基盤としてだけでなく、産業・社会基盤としても注目を集めています。

移動通信とモバイル金融の歴史

移動通信は、1979年に日本電信電話公社（現NTT）が世界に先駆けてサービスを開始し、おおむね10年単位で大きな進化を遂げています。

第1世代（1980年代）はアナログ通信でしたが、第2世代（1990年代）からはデジタル方式が採用され、音声だけでなく、メールの送受信などが可能となりました。その後の第3世代（2000年代）では、高速大容量通信が実現されたことにより、モバイル・インターネットサービスという新たなサービスが誕生しました。その中でも、NTTドコモが1999年1月に世界に先駆けてサービスを開始した「iモード」は、携帯電話上

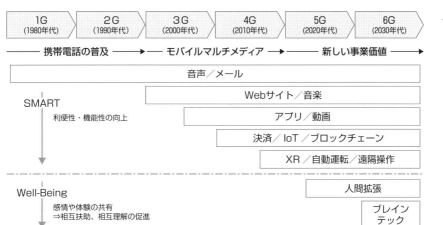

出典：NTTドコモ「5Gの高度化と6G」を基に筆者作成
URL：https://www.docomo.ne.jp/binary/pdf/corporate/technology/whitepaper_6g/DOCOMO_6G_White_PaperJP_20221116.pdf

◆**移動通信の進化と、モバイル端末の用途の推移**

でインターネットサーフィン、ゲーム、音楽、決済を可能にするなど、パラダイムシフトを起こしました。

　2008年にはスマートフォンが発売され、利用者の主な用途が、電話／メールから、インターネットサーフィン、アプリケーションの利用にシフトしました。また、時を同じくしてYouTubeなどの動画配信サービスも普及し、通信量が爆発的に増加したこともあり、数Mbpsの通信速度である3Gでは限界が見えてきました。このような状況を受け、第3世代移動通信を10倍以上高速化させた3.5世代通信、100倍以上高速化させた第4世代移動通信が登場しました。その後、スマートフォンなどのモバイル端末に限らず、あらゆるものがインターネットに接続されることを前提とした第5世代通信が登場し、社会に大きなインパクトを与える技術として注目を集めるようになりました。

　5Gの本格普及はこれからですが、移動通信会社などは、サービスの実現が目指されている2030年を見据え、次世代移動通信「**6G**」の研究開発に着手しています。国内最大手のNTTドコモでは、脳機能や身体機能の拡張を行う「**ブレインテック**」を6G時代の注目技術のひとつとして掲げており、2022年1月に同社が主催したイベントでは、「人間拡張

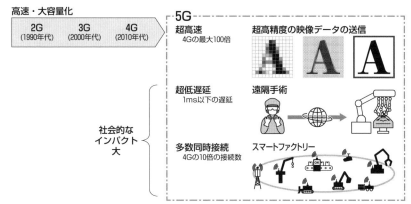

出典：総務省『令和３年版 情報通信白書』を基に筆者作成

◆5Gの特徴

基盤」の事例として、ネットワーク越しに人間の筋肉を操作するデモが行われました。

　金融の分野においても移動通信を活用したサービスの重要性は非常に高く、2000年代のモバイルインターネット時代（3Gの時代）から、金融機関や移動通信会社は残高照会／送金、マーケット情報の参照／株式売買、モバイル決済などの多種多様なモバイル金融サービスを顧客に提供してきました。

　4Gの時代になりスマートフォンが普及すると、この流れはさらに加速し、ほぼすべての金融機関が何らかの形でスマートフォンに対応したサービスを提供するようになり、多くの人が外出先などからも金融サービスを利用するようになりました。また、2020年頃からはキャッシュレス決済が本格的に普及し、コンビニエンスストア、スーパーマーケット、飲食店などで行っている日常の決済もスマートフォンで行われるようになるなど、モバイル金融は日常生活にとってなくてはならないものとなりました。このような状況下において、スマートフォンでの即時決済を実現し（超高速通信）、多数のスマートフォンからの接続（多数同時接続）を可能とする5Gは、モバイル金融にとって欠かすことのできないインフラといえます。

5Gの特徴

　4Gと比較した5Gの代表的な特徴として、「超高信頼・低遅延通信」と「多数同時接続」の２つが挙げられます。また、上記以外にも、移動通信事業者以外の者がプロバイダーとなることが可能な「ローカル5G」、ネットワークの帯域を分割する技術「ネットワークスライシング」も、ビジネス活用への期待から内外で注目を集めています。これらの技術について紹介します。

・超高信頼・低遅延通信（URLLC：Ultra-Reliable and Low Latency Communications）

　スマートフォンなどのモバイル端末から送信されたデータは、基地局と呼ばれる最寄りのポイントにアクセスし、その後、基幹ネットワークを経由してクラウドサービスやデータセンター内のサーバーで処理が実行されるという仕組み上、端末からサーバーまでの区間において遅延が発生します。5Gではこの遅延を低減するために、モバイル端末の近傍で処理を行わせる**MEC**（Multi-access Edge Computing）をサポートしており、これを活用することで、数ミリ～マイクロ秒程度の遅延が改善されます。MECは、自動運転、遠隔手術、精密機器の遠隔操作など、数ミリ秒単位の遅延が許されないサービスでの活用が期待されています。

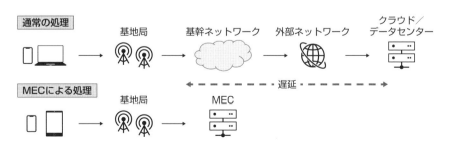

◆通常の処理とMECによる処理

- **多数同時接続（mMTC：massive Machine Type Communications）**

5Gは、スマートフォンなどのモバイル端末との接続だけでなく、ありとあらゆるものがインターネットに接続するIoTの基盤としての利用も期待されています。同時接続自体は4Gでも可能でしたが、5Gでは4Gの10倍程度である100万台（/km²）の接続が可能となっており、スマート工場など、スポット的に大量のセンサーが必要となるケースでの活用が期待されています。

- **ローカル5G**

ローカル5Gとは、移動通信事業者以外の事業者、企業、自治体などが、土地や建物の中で独自に提供する5Gネットワークのことであり、セキュリティやネットワークの柔軟性といった面でメリットがあるとされています。総務省が2018年8〜9月に行った「第5世代移動通信システムの利用に係る調査」にて、ケーブルテレビ、SIerなどから地域のニーズに応えた5Gサービスを提供したい、という要望が上がったこと、日本と同じく製造業が盛んであるドイツがローカル5Gを活用したスマートファクトリーに取り組んでいることなどから、国内でもローカル5Gが2018年12月に制度化されました。その後、ローカル5Gの免許人が2023

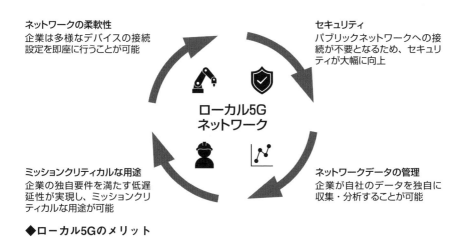

ネットワークの柔軟性
企業は多様なデバイスの接続設定を即座に行うことが可能

セキュリティ
パブリックネットワークへの接続が不要となるため、セキュリティが大幅に向上

ローカル5G ネットワーク

ミッションクリティカルな用途
企業の独自要件を満たす低遅延性が実現し、ミッションクリティカルな用途が可能

ネットワークデータの管理
企業が自社のデータを独自に収集・分析することが可能

◆**ローカル5Gのメリット**

年4月には138者にまで増加し、専用の帯域が追加で割り当てられるなど、ローカル5Gは通信／工業／農業の分野を中心に導入に向けた検討が進められています。

・ネットワークスライシング

　ネットワークスライシングとは、移動通信ネットワークをソフトウェアのレイヤーで仮想的に分割することです。ネットワークを用いるサービスは、動画配信などの大容量通信を要するものから、遅延が許されない通信まで多種多様に存在します。ネットワークスライシングを活用することで、用途ごとに最適なネットワークの構築が可能となります。

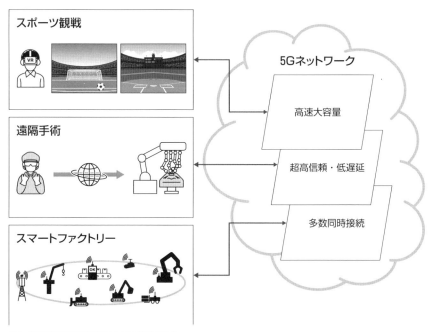

出典：総務省『令和2年版 情報通信白書』を基に筆者作成

◆ネットワークスライシングの活用例

　サービスの用途に応じてネットワークを使い分けることは固定通信の分野では以前より行われています。会社の拠点間の通信など、高いセキ

ュリティが求められるケースでは閉域網と呼ばれる関係者のみが利用可能なネットワークを、低遅延が求められるケースでは帯域保証型のネットワークを利用することが一般的です。5Gにも用途ごとに帯域を使い分ける機能が備わったことで、セキュリティやネットワーク遅延の面から実現できなかったサービスが利用できるようになります。

5Gを活用したサービスと金融

超高信頼・低遅延通信、多数同時接続、ローカル5G、ネットワークスライシングといった特徴を有する5Gは、スマートファクトリー、スマート農業、コネクティッドカー、スマートシティなどでの活用が期待されています。

スマートファクトリーの場合、「工場内の多種多様な機器をローカル5GでIoT化し、機器ごとの稼働状況のデータをリアルタイムに収集・集計し、工場全体での稼働状況を可視化し、全体最適を行う」というユースケースがあります。このときに収集したデータは、金融機関にとっても非常に有用なものです。たとえば、融資を行う際は、ヒアリングや実地調査などを通じて与信を評価しますが、その際、工場の稼働データを活用できれば、より正確かつ迅速な評価ができるようになる可能性があります。

農業の分野でもローカル5Gを活用し、超低遅延のネットワークを敷設することで、トラクターなどの機器の自動運転／遠隔地からのリモー

◆5G×金融のユースケース例

サービスの例	概　要
損害保険	災害で家屋などに損害が出た際、人が立ち入るのが困難な場所をドローンでリアルタイム撮影し、保険金の算定に用いる（5Gを活用することで高画質な映像の送信、正確なドローン操作が可能）
テレマティクス保険	高速・大容量通信が可能な5Gを活用することで、ドライブレコーダーのデータのリアルタイム送信が可能となる。当該データを分析し、運転時のリスクやドライバーのスキルを評価する
ポップアップ型支店	イベント会場などに一時的な支店を設置する際のネットワークインフラとして活用（TV会議越しでの面談、一部の金融サービスの提供を行う際に5Gを活用）

ト操作などが可能となります。また、5Gとドローンを組み合わせ、農作物の生育状況を画像処理し、必要箇所にのみ農薬を散布することで、低農薬という付加価値のある農作物の生育が可能となります。前述の工場の例と同様に、IoT化が行われることで、データの蓄積が可能となり、それらを活用することで、より適切な金融サービスの提供が可能となります。

5Gを活用した金融サービスの例としては、他にも保険やリモート面談などが挙げられます。

5Gは産業・社会基盤として、さまざまな分野で幅広く利用されることが期待されており、利用動向に応じた金融サービスも付随して生まれてくることが予想できます。

5GはIT事業者にとってもビジネスチャンス

5Gの活用では、通信速度の向上によるWebサービスのUX改善から、スマートシティまで大小さまざまなユースケースがあります。また、ローカル5Gという制度があり、移動通信事業者以外の事業者も5Gネットワークの敷設が可能です。

このような状況を踏まえると、IT事業者にとっても、5Gには大きなビジネスチャンスがあるといえるでしょう。現実世界とサイバー空間を高度に融合させ、社会的課題の解決と経済発展を実現する「Society 5.0」という内閣府が掲げる新たな社会の形を注視しつつ、5Gを活用したソリューションを企画・立案することが、今後、より一層重要になると推察できます。

量子コンピュータの概要と展望

大きな恩恵を受けられることが期待される

量子コンピュータとは？

　量子コンピュータとは、「量子力学の原理・現象を用いたコンピュータ」のことです。私たちが普段利用している従来型の「（古典電磁気学前提の）コンピュータ」（通称：古典コンピュータ）とはまったく異なる挙動・特徴を持っています。そのため、従来のコンピュータでは現実的な時間では解けない問題が、量子コンピュータを用いることで解けるようになることが期待されています。

　特に金融業界ではポートフォリオマネジメントとリスク管理の分野で大きな恩恵を受けられると期待されています。

古典コンピュータとの違い

　量子コンピュータの背景にある「量子力学」は、①一度に複数の状態を確率的に同時に持てること、②観測することで状態が一意に定まることが特徴です。この特徴を顕著に表すものとして、「シュレーディンガーの猫」と呼ばれる思考実験が有名です。

・古典コンピュータは
　入力ごとに結果を計算する
・複数の出力を比較し正解を求める

・量子コンピュータは
　入力をまとめて一度に計算する
・出力は確率的。複数回計算し正解を推定する

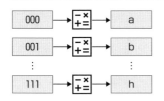
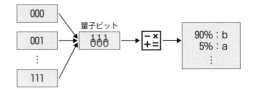

◆古典コンピュータと量子コンピュータの違い

　詳細な説明は本書では割愛しますが、この2つの特徴が量子ビット、量子演算などの各技術要素にも関連しています。エンジニアとして押さえておきたいのは、**「量子コンピュータは大量の状態（＝変数）が存在する・かつ超並列計算が行える場合に、その計算が超高速に行える可能性がある」**ことです。これは、たとえば大量シミュレーションで有用とされ、金融業界での利活用が期待されるポイントでもあります。一方で適用できるユースケースや計算が限られ、万能ではないことも覚えておいてください。

　計算が超高速に行える可能性がある、というフレーズをコンピュータサイエンスの用語で言い換えると、「状態数が増えるに応じて、古典コンピュータでは計算量が指数的に増大していく問題（計算量：$O(a^n)$）に対し、量子コンピュータは、より効率的に解ける場合がある（計算量：$O(1)$、$O(n)$、$O(n^3)$ など）」となります。

　たとえば、Nビット整数の素因数分解を考えてみましょう。この場合、古典コンピュータの演算では指数計算量（計算量：$O(2^{N/2})$）となります。一方で量子コンピュータではアルゴリズムにもよりますが、代表的なアルゴリズムのひとつ（例：Shorのアルゴリズム）を用いた場合、データの増加に伴い計算量の増加幅が古典コンピュータと比較して小さい多項式計算量（計算量：$O(N^3)$）と効率的です。

　具体的にN＝1024の場合を考えると、1024ビットというデータ量としては感覚的に小さなものでも、古典と量子の計算ステップ数を比較する

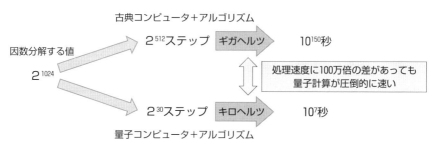

◆**古典・量子の比較：計算量の違いの例**

と、10^{150} vs 10^{10} と大差になります。これは古典コンピュータでは天文学的な時間が必要になる一方で、量子コンピュータでは数日程度で完了できる計算時間です。

量子コンピュータの研究活発化の背景

近年、量子コンピュータに関するニュースを目にすることが多くなってきました。たとえばIBMによる日本への量子コンピュータ実機設置、理化学研究所による国内製量子コンピュータ開発などです。なぜ2020年代に活発になっているのでしょうか。

これは量子計算の技術革新が活発であること以外に、現行の古典コンピュータにハードウェア観点の課題があることが挙げられます。半導体の製造精度（プロセスルール）はシリコン原子数十個（5nm）に相当する大きさであることや、高集約化に伴う熱冷却の対応が困難になってきているからです。

このため現在、古典コンピュータの処理能力向上は、チップの巨大化や並列化（コア数の増大）で対応されています。スケールアップではなくスケールアウトで対応する、ということです。これは単純並列計算を大量のコアで行えるGPUが注目されていること、大規模なスーパーコンピュータの開発競争が活発化していることとも関連します。量子コンピュータも並列計算が得意であり、同じ文脈で注目度が高まっています。

量子コンピュータの方式

量子コンピュータには大きく分けて2つの方式があります。量子ゲート方式と量子アニーリング方式と呼ばれるものです。単に「量子コンピュータ」というときは、「量子ゲート方式」のことを指す場合も多いようです。まず双方に共通する量子ビットについて、続いて2つの方式について解説します。

◆量子コンピュータの方式

	量子ゲート方式	量子アニーリング方式
扱える問題	汎用的な問題	最適化問題
量子ビット規模	127qubits (IBM Eagle)	+5000 qubits (D-Wave Advantage)
研究段階	・基礎研究 ・実用化まで10年以上	・検証・実用段階 ・公開事例も存在

・量子ビット（Qubit：キュビット）

　量子ビットは量子コンピュータが扱う記憶単位（ビット）です。古典コンピュータのビットは2進数の状態0/1のどちらかを排他的に表します。一方で、量子ビットはこの0/1の2状態を同時に扱えます。これは、「重ね合わせ」という量子力学の原理によるものです。量子ビットは、並列計算・大量の状態を扱うのが得意である量子コンピュータの最も特徴的なコンポーネントです。

・量子ゲート方式

　量子ゲート方式は、量子ビットの状態を演算する量子ゲート・量子回路を構築し、汎用的な問題の演算を実現する方式です。基本的なビット演算（例：AND/OR）を組み合わせる形で、古典コンピュータと近い考え方で汎用的な開発を行えます。

　現在の基礎研究において、量子ゲート方式がより活発に研究されています。IBMをはじめとするベンダーにて物理的な実現方式（例：超電導、イオントラップ）、ソフトウェア（例：誤り訂正技術）など幅広い研究開発が行われています。さらにゴールドマン・サックスなど一部の先進企業では、量子研究組織の設置、ユースケース検討・実用性評価の研究などが進んでいます。主な課題は、理論に沿ったハードウェアがまだ技術的に実現できないことです。

・量子アニーリング方式

　量子アニーリング方式は、「物理的に安定＝エネルギーが最小の状態

をとる」という物理事象を根拠とし、最適化問題に特化した演算を行うものです。現時点のハードウェアの制約・課題が少なく、検証・実用事例もいくつか公開されています。たとえば、「配送ルートの最適化」「シフト配置の最適化」「金融商品ポートフォリオの最適化」などがあります。

　主な課題は、古典コンピュータを用いた現行の最適化を置換する成果を出すのが困難であることです。計算速度や精度といった単純な課題以外に、運用コスト・必要な技術力、量子コンピュータの特性に合わせた業務改善が求められる、などの実務的な課題もあります。

　また、興味の対象である最適化処理は、シナリオに合わせたアルゴリズムの改善で現在でも大きな効率化が見込まれる分野であり、古典コンピュータ側でも日々改善されていることもひとつの要因と考えます。

量子コンピュータの現状と課題

　量子コンピュータはなぜ基礎研究レベルにとどまっているのでしょうか。また、なぜ実用化に至らないのでしょうか。特に量子ゲート方式では、大規模なハードウェア実機開発における、困難な技術的課題が存在するからです。

　たとえばIBMのロードマップには、「2026年以後10万qubits超えを目指す」との記載があります。一方で、このロードマップに沿った開発を進めるために解決すべき課題は数多くあり、このロードマップは保証されたものではありません。また、真の実用に向けては、量子メモリなどの周辺ハードウェアの開発や、各シナリオに沿った量子コンピュータ向けアルゴリズムの研究も必要です。人類未到の分野であり、現時点では基礎研究フェーズにとどまっています。

　また、現状で実現できているハードウェアは **NISQ**（ニスク：Noisy Intermediate-Scale Quantum computer）と呼ばれ、誤り訂正が行えない前提のものです。これは、古典コンピュータにおける基盤機能がまだ量子コンピュータでは実装されていないことを指します。量子力学の性質上、時間経過で状態が変化することは避けられず、確率的なエラーへの対応は必須です。誤り訂正を実現するには100万qubits以上必要だと

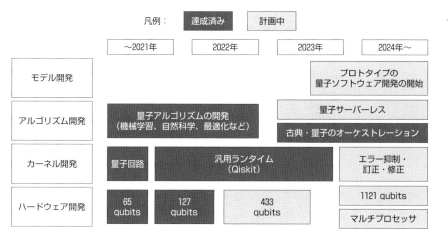

出典：IBM ニュースリリース「IBM、実用的な量子コンピューティングの時代に向けた新たなロードマップを発表：4,000 ビット超のシステムの提供を計画」を基に著者作成
URL：https://jp.newsroom.ibm.com/2022-05-13-IBM-Unveils-New-Roadmap-to-Practical-Quantum-Computing-Era-Plans-to-Deliver-4,000-Qubit-System

◆ **IBMによる量子コンピュータ開発ロードマップ抜粋**

いわれており、現時点の量子コンピュータは非常に原始的なものといえます。

　一方で小さい規模の量子コンピュータは、古典コンピュータ上でエミュレートできるため、現時点でも量子プログラミング自体の検証を行うことができます。既に量子プログラミング向けのフレームワーク・ライブラリもいくつか存在し、その中には同一コードで、異なるバックエンド（各メーカーの実機・エミュレータ）で動くものもあります。また得意な処理に合わせて、古典コンピュータと量子コンピュータを組み合わせて使うライブラリも存在します。

　このように量子コンピュータは、アプリケーション・アルゴリズム開発が実機と同時、もしくは先行して進んでいる特徴を持っており、これは過去の技術革新要素と異なります。

　現在は、エミュレータ・実機ともにIBM CloudやAWSなど各種クラウド経由で利用可能です。これらは**QCaaS**（Quantum Computing as a Service）と呼ばれることがあります。

金融業界での量子コンピュータの応用可能性

現時点において、金融業界における量子コンピュータの有力な利活用シナリオは、「ポートフォリオの最適化」「モンテカルロシミュレーションによるリスク管理」などが挙げられます。最適化問題は量子アニーリング方式で扱えるため、現時点でも実際に動かすことができます。シミュレーション問題は大量のシナリオを試行するため、量子ゲート方式に向いています。小さい規模であればエミュレータを用いて動かすことができます。いずれにせよ、各種技術革新に合わせて自社のユースケースの検証を繰り返し行うことで応用可能性を測ることができるでしょう。

量子分野に対する日本の立ち位置の理解と情報収集

日本ではアカデミアやスタートアップでの量子コンピュータ研究が進んでおり、世界的に見ても十分な競争力があります。セミナーやコミュニティなどの一次情報の収集は特に有用です。また、量子コンピュータに関する記事も多くなっています。見出しや表面上の文言・表現にとらわれず、事実を中心に注目することをおすすめします。

他にも量子分野に関する国家戦略の検討も継続的に行われています。内閣府などの定期的に更新される情報源をチェックしておくと良いでしょう。

人材育成と教育

量子コンピュータを深く理解し、利用するためには、科学的なバックボーンが必要です。このような人材を「量子人材」と呼びます。過去に登場した単語「IT人材」「AI人材」などと同様に、将来的に必要不可欠な人材と期待されています。情報通信研究機構（NICT）による量子ICT人材育成プログラムなど、既に量子人材の教育に関するコンテンツも整備されつつあるので、必要に応じて利用してください。

索 引

参考文献一覧

第1章

- 公益財団法人金融情報システムセンター（編）『令和2年版 金融情報システム白書』（財形詳報社）
- 酒井良清、鹿野嘉昭『金融システム（第4版）』（有斐閣）
- 大和総研『ITレジリエンスの教科書 止まらないシステムから止まっても素早く復旧するシステムへ』（翔泳社）
- 大和総研（編著）『FinTechと金融の未来 10年後に価値のある金融ビジネスとは何か』（日経BP）
- デュワイト・B・クレイン他（著）、野村総合研究所（訳）『金融の本質―21世紀型金融革命の羅針盤』（野村総合研究所）
- 中島真志、島村高嘉『金融読本（第32版）』（東洋経済新報社）
- 経済産業省 情報処理振興課「情報処理技術者試験について」
  https://www.meti.go.jp/committee/kenkyukai/shoujo/security_jinzai/pdf/001_04_00.pdf
- 独立行政法人情報処理推進機構「試験制度の沿革」
  https://www.ipa.go.jp/shiken/about/enkaku.html
- 独立行政法人情報処理推進機構「情報処理技術者試験 情報処理安全確保支援士試験 統計資料」
  https://www.ipa.go.jp/shiken/reports/hjuojm000000liyb-att/toukei_r05h.pdf
- 深見泰孝、二上季代司「大和証券の躍進を支えたシステム開発の歴史―大隅偉延氏証券史談（上）―」（『証券レビュー』第57巻第6号）
  https://warp.da.ndl.go.jp/info:ndljp/pid/11119319/www.jsri.or.jp/publish/review/pdf/5706/03.pdf
- 深見泰孝、二上季代司「大和証券の躍進を支えたシステム開発の歴史―大隅偉延氏証券史談（下）―」（『証券レビュー』第57巻第7号）
  https://warp.da.ndl.go.jp/info:ndljp/pid/11119319/www.jsri.or.jp/publish/review/pdf/5707/03.pdf
- 星野武史「若手が知らないメインフレームと銀行系システムの歴史＆基礎知識」
  https://atmarkit.itmedia.co.jp/ait/articles/1609/07/news007.html

第2章

- 中島真志、宿輪純一『証券決済システムのすべて』（東洋経済新報社）
- 三好秀和（編著）『【新版】ファンドマネジメント大全～資産運用会社の経営と実務～』（同友館）
- 室勝『図解で学ぶSEのための銀行三大業務入門［第3版］』（きんざい）
- 安留義孝『BNPL後払い決済の最前線 急成長する市場と日本・世界の先進事例50』（金融財政事情研究会）
- finAsol HP
  http://www.fina-sol.com/
- 株式会社エクサ「クレジットソリューション【UCAS】」
  http://www.exa-corp.co.jp/solutions/finance/ucas.html
- 株式会社こたらHP
  https://www.cotra.ne.jp/

- 金融庁「顧客本位の業務運営に関する原則」
  https://www.fsa.go.jp/news/r2/singi/20210115-1/02.pdf
- 公正取引委員会「QRコード等を用いたキャッシュレス決済に関する実態調査報告書」
  https://www.jftc.go.jp/houdou/pressrelease/2020/apr/chouseika/200421_houkokusyo_2.pdf
- 全国銀行資金決済ネットワーク「全銀システム利用金融機関一覧」
  https://www.zengin-net.jp/zengin_system/member/
- 全国銀行資金決済ネットワークHP
  https://www.zengin-net.jp/
- 第一生命保険株式会社「基幹系システム・フロントランナー・サポートハブ最終報告」
  https://www.fsa.go.jp/news/r3/sonota/20220531-2/01.pdf
- 投資信託協会HP
  https://www.toushin.or.jp/
- 日経xTECH HP「金融業界の業務とシステムを知る Part1　証券会社編（1）注文から約定，決済など，証券業務の基本的な流れを知る」
  https://tech.nikkeibp.co.jp/it/article/lecture/20070227/263037/
- 日経xTECH HP「金融業界の業務とシステムを知る Part2　証券会社編（2）株式売買に伴うシステムの処理を理解する」
  https://tech.nikkeibp.co.jp/it/article/lecture/20070227/263423/
- 日本アクチュアリー会IT研究会第4グループ「保険業界における SoE・SoR の在り方」
  https://www.actuaries.jp/lib/IT_ronbun/pdf/IT2020-1.pdf
- 日本銀行協会「決済統計年報」
  https://www.zenginkyo.or.jp/stats/year1-01/
- 日本投資顧問業協会HP
  http://www.jiaa.or.jp/
- 鈴木淳也「カードのセキュリティを強化する『3Dセキュア』の最新トレンド」（「Impress Watch」2020年12月4日）
  https://www.watch.impress.co.jp/docs/series/suzukij/1293033.html
- ヤマト運輸「クレジットカード決済とは？　仕組みやメリットをわかりやすく解説」
  https://business.kuronekoyamato.co.jp/promotion/learning/payment/what-is-payment-creditcard/index.html

第3章

- Aaron Fisher, Cynthia Rudin, Francesca Dominici, "All Models are Wrong, but Many are Useful: Learning a Variable's Importance by Studying an Entire Class of Prediction Models Simultaneously", 2018.
- A. Dosovitskiy, L. Beyer, A. Kolesnikov, D. Weissenborn, X. Zhai, T. Unterthiner, M. Dehghani, M. Minderer, G. Heigold, S. Gelly, J. Uszkoreit, and N. Houlsby, "An Image is Worth 16x16 Words: Transformers tor Image Recognition at Scale", ICLR, 2021.
- A. Krizhevsky, I. Sutskever, and G. E. Hinton, "ImageNet classification with deep convolutional neural networks", NeurIPS, pp. 1106-1114, 2012.
- Brown, T. B., Mann, B., Ryder, N., Subbiah, M., Kaplan, J., Dhariwal, P., Neelakantan, A., Shyam, P., Sastry, G., Askell, A., Agarwal, S., Herbert-Voss, A., Krueger, G., Henighan, T., Child, R., Ramesh, A., Ziegler, D. M., Wu, J., Winter, C., Hesse, C., Chen, M., Sigler, E., Litwin, M., Gray, S., Chess, B., Clark, J., Berner, C., McCandlish, S., Radford, A., Sutskever, I. and Amodei, D., "Language models are few-shot learners",

Proceedings of the 34th Conference on Neural Information Processing Systems, 2020.
- Devlin, J., Chang, M.-W., Lee, K. and Toutanova, K., "BERT: pre-training of deep bidirectional transformers for language understanding", Proc. 2019 Conference of the North American Chapter of the Association for Computational Linguistics: Human Language Technologies 1, pp. 4171-4186, 2019.
- Emmanuel Ameisen（著）、菊池彰（翻訳）『機械学習による実用アプリケーション構築 事例を通じて学ぶ、設計から本番稼働までのプロセス』（オライリージャパン）
- Kudo, T., and Richardson, J., "Sentencepiece: A simple and language independent subword tokenizer and detokenizer for neural text processing", Proceedings of the 2018 Conference on Empirical Methods in Natural Language Processing: System Demonstrations, pp. 66-71, 2018.
- K. Fukushima, "Neocognitron: A self-organizing neural network model for a mechanism of pattern recognition unaffected by shift in position", Biological Cybernetics, 36, pp. 193-202, 1980.
- Vaswani, A., Shazeer, N., Parmar, N., Uszkoreit, J., Jones, L., Gomez, A. N., Kaiser, L. and Polosukhin, I., "Attention is all you need", Proceedings of the 31st International Conference on Neural Information Processing System, pp. 6000-6010, 2017.
- アビームコンサルティング P&T Digitalビジネスユニット Advanced Intelligenceセクター『企業ITに人工知能を生かす AIシステム構築実践ノウハウ』（日経BP）
- 有賀康顕、中山心太、西林孝『仕事ではじめる機械学習 第2版』（オライリージャパン）
- 大坪直樹、中江俊博、深沢祐太、豊岡 祥、坂元哲平、佐藤 誠、五十嵐健太、市原大暉、堀内新吾『XAI（説明可能なAI）〜そのとき人工知能はどう考えたのか？〜』（リックテレコム）
- 澁井雄介『AIエンジニアのための機械学習システムデザインパターン』（翔泳社）
- 高柳慎一・長田怜士（著）、株式会社ホクソエム（監修）『評価指標入門〜データサイエンスとビジネスをつなぐ架け橋』（技術評論社）
- 福岡真之介『AI・データ倫理の教科書』」（弘文堂）
- 古川直裕、渡邊道生穂、柴山吉報、木村菜生子『Q&A AIの法務と倫理』（中央経済社）
- 森下光之助『機械学習を解釈する技術　予測力と説明力を両立する実践テクニック』（技術評論社）
- AI 原則の実践の在り方に関する検討会　AI ガバナンス・ガイドライン WG「AI 原則実践のためのガバナンス・ガイドラインVer. 1.1」
https://www.meti.go.jp/shingikai/mono_info_service/ai_shakai_jisso/pdf/20220128_1.pdf
- AIネットワーク社会推進会議「AI利活用ガイドライン〜AI利活用のためのプラクティカルリファレンス〜」
https://www.soumu.go.jp/main_content/000637097.pdf
- AIネットワーク社会推進会議「国際的な議論のためのAI開発ガイドライン案」
https://www.soumu.go.jp/main_content/000499625.pdf
- Christoph Molnar「Interpretable Machine Learning: A Guide for Making Black Box Models Explainable」
https://hacarus.github.io/interpretable-ml-book-ja/
- European Commission「Ethics guidelines for trustworthy AI」
https://digital-strategy.ec.europa.eu/en/library/ethics-guidelines-trustworthy-ai
- European Commission「Regulatory framework proposal on artificial intelligence」
https://digital-strategy.ec.europa.eu/en/policies/regulatory-framework-ai

- Hugging Face Hp
  https://huggingface.co/
- IEEE「ETHICALLY ALIGNED DESIGN First Edition」
  https://standards.ieee.org/wp-content/uploads/import/documents/other/ead1e.pdf
- Marcella Cornia, Matteo Stefanini, Lorenzo Baraldi, Rita Cucchiara, University of Modena and Reggio Emilia "Meshed-Memory Transformer for Image Captioning"
  https://arxiv.org/pdf/1912.08226.pdf
- MEMEPLEX.APP
  https://memeplex.app/
- Microsoft「The Microsoft Responsible AI Standard」
  https://www.microsoft.com/en-us/ai/principles-and-approach
- Microsoft Azure "Machine learning operations"
  https://learn.microsoft.com/en-us/azure/cloud-adoption-framework/ready/azure-best-practices/ai-machine-learning-mlops#seven-principles-of-machine-learning-operations
- Microsoft HP「新しいBingがOpenAIのGPT-4上で稼働」
  https://news.microsoft.com/ja-jp/2023/03/15/230315-confirmed-the-new-bing-runs-on-openais-gpt-4/
- OECD「Recommendation of the Council on Artificial Intelligence」
  https://www.fsmb.org/siteassets/artificial-intelligence/pdfs/oecd-recommendation-on-ai-en.pdf
- Open AI HP「GPT-4 Technical Report」
  https://cdn.openai.com/papers/gpt-4.pdf
- 一般社団法人データサイエンティスト協会プレスリリース「データサイエンティストのミッション、スキルセット、定義、スキルレベルを発表」
  https://prtimes.jp/main/html/rd/p/000000005.000007312.html
- ソニーグループ株式会社「ソニーグループのAIへの取り組み」
  https://www.sony.com/ja/SonyInfo/csr_report/humanrights/AI_Engagement_within_Sony_Group_Ja.pdf
- 統合イノベーション戦略推進会議「人間中心のAI社会原則」
  https://www.cas.go.jp/jp/seisaku/jinkouchinou/pdf/aigensoku.pdf
- 富士通株式会社「富士通グループAIコミットメント」
  https://pr.fujitsu.com/jp/news/2019/03/13-1a.pdf

第4章

- dataway「FICO Score XD：クレジットヒストリーがない人向けの信用スコア」
  https://www.dappsway.com/entry/fico-score-xd
- R&Cマガジン ファイナンス「信用情報機関とは？ あなた個人の銀行や借入先によって開示請求先は変わります！」
  https://www.randcins.jp/fin/loan/credit-information/#i0
- SATORI「RTB（Real-Time Bidding）とは？ を初心者にも分かりやすく解説します」
  https://satori.marketing/marketing-blog/rtb/
- 一般社団法人全国銀行協会「ローンの種類」
  https://www.zenginkyo.or.jp/article/tag-d/5201/
- 一般社団法人日本クレジット協会「不正利用の現状」
  https://www.j-credit.or.jp/security/status.html

- 一般社団法人日本クレジット協会「不正利用はどのようにして起きているか？」
  https://www.j-credit.or.jp/security/how.html
- 一般社団法人日本クレジット協会「不正利用防止の取組」
  https://www.j-credit.or.jp/security/efforts.html
- 金融庁「金融機関におけるマネロン・テロ資金供与・拡散金融対策について」
  https://www.fsa.go.jp/policy/amlcftcpt/index.html
- 週刊アプリを作ろう。「アプリの歴史｜日本でiPhoneが発売されてから12年をインフォグ
  ラフィックで振り返る」
  https://app-tsukurou.com/infographic/apphistory/
- 証券取引等監視委員会「不公正取引について」
  https://www.fsa.go.jp/sesc/support/hukousei/hukousei.html
- 生命保険協会「生命保険制度の悪用（モラルリスク）への対応」
  https://www.seiho.or.jp/activity/moral/
- デジタルマーケティングラボ「日本のインターネット広告の歴史」
  https://dmlab.jp/web/history.html
- 電通ニュースリリース「2022年　日本の広告費」
  https://www.dentsu.co.jp/news/release/2023/0224-010586.html
- 日本銀行金融機構局「住宅ローンのリスク管理～金融機関におけるリスク管理手法の現状
  ～」
  https://www.boj.or.jp/research/brp/ron_2007/data/ron0703c.pdf
- 日本証券業協会「証券業界におけるマネー・ローンダリング及びテロ資金供与対策への取
  組み」
  https://www.jsda.or.jp/about/torikumi/amlcft/index.html
- 日本損害保険協会「保険金不正請求通報制度」
  https://www.sonpo.or.jp/about/guideline/kyodoriyou/0013.html
- 日本損害保険協会「保険金不正請求の早期検知システムを構築～ビッグデータをAIが分
  析し、不正請求疑義検知アルゴリズムを作成～【No.20-01】」
  https://www.sonpo.or.jp/news/release/2020/2004_01.html
- 日本損害保険協会「保険金不正請求への対応」
  https://www.sonpo.or.jp/about/efforts/reduction/fuseiseikyu/index.html
- 日本取引所グループ「相場操縦取引」
  https://www.jpx.co.jp/regulation/preventing/manipulation/index.html
- 三菱UFJ信託銀行「信用スコアとは？　メリットや上げ方を知って試してみよう！」
  https://magazine.tr.mufg.jp/90511

第5章
- Satoshi Nakamoto, "Bitcoin: A Peer-to-Peer Electronic Cash System", 2008.
- アンドレアス・M・アントノプロス（著）、今井崇也・鳩貝淳一郎（訳）『ビットコインと
  ブロックチェーン　暗号通貨を支える技術』（NTT出版）
- 赤羽喜治、愛敬真生（編著）『ブロックチェーン　仕組みと理論　増補改訂版　サンプル
  で学ぶFinTechのコア技術』（リックテレコム）
- 内野逸勢「金融DXで明らかになる有望な金融ビジネスモデル～問われる稼ぐ力の強化と
  の整合性～」（『大和総研調査季報2022年4月春季号（Vol.46）』）
- 加嵜長門、篠原航『ブロックチェーンアプリケーション開発の教科書』（マイナビ出版）
- 大和総研（編著）『FinTechと金融の未来　10年後に価値のある金融ビジネスとは何か』（日

404

経BP）
- 大和総研フロンティア研究開発センター『図解まるわかり NFTのしくみ』（翔泳社）
- 鳥谷部昭寛、加世田敏宏、林田駿弥『スマートコントラクト本格入門　FinTechとブロックチェーンが作り出す近未来がわかる』（技術評論社）
- ローレンス・レッシング（著）、山形浩生（訳）『コモンズ ネット上の所有権強化は技術革新を殺す』（翔泳社）
- Axie Infinity HP
  https://axieinfinity.com/
- BAKONG「The Next-Generation Mobile Payments And Banking」
  https://bakong.nbc.gov.kh/en/
- CoinDesk Japan株式会社「暗号資産の期末時価評価課税の見直しが正式に実現――国税庁が通達」
  https://www.coindeskjapan.com/191096/
- CoinDesk Japan株式会社「セキュリティ・トークン最前線」
  https://www.coindeskjapan.com/securitytoken/
- ConsenSys「ConsenSys GoQuorum」
  https://docs.goquorum.consensys.net/
- eNaira HP
  https://enaira.gov.ng/
- Ethereum Foundation「Layer 2」
  https://ethereum.org/en/layer-2/
- Ethereum Foundation ETHEREUM DEVELOPMENT DOCUMENTATION
  https://ethereum.org/en/developers/docs/
- Ethereum Improvement Proposals「ERC-20: Token Standard」
  https://eips.ethereum.org/EIPS/eip-20
- Ethereum Improvement Proposals ERC-721: Non-Fungible Token Standard: Token Standard
  https://eips.ethereum.org/EIPS/eip-721
- Hyperledger Foundation「BUILDING BETTER TOGETHER」
  https://www.hyperledger.org/
- Hyperledger Foundation「GSBN SIMPLIFIES GLOBAL TRADE WITH HYPER LEDGER FABRIC」
  https://www.hyperledger.org/case-studies/gsbn-case-study
- IBM「Hyperledger Fabricとは」
  https://www.ibm.com/jp-ja/topics/hyperledger
- IBM「鉱物資源の『責任ある調達』に取り組むRSBN」
  https://www.ibm.com/blogs/solutions/jp-ja/consortium-supported-blockchain-applications-responsible-sourcing/
- NRI「着々と拡大するデジタル人民元経済圏（2023.08.18）」
  https://www.nri.com/jp/knowledge/blog/lst/2023/souhatsu/china_trends/0322
- R3 HoldCo LLC「Corda」
  https://corda.net/
- SBI R3 Japan株式会社HP
  https://sbir3japan.co.jp/
- 一般社団法人日本STO協会HP

https://jstoa.or.jp/
- 一般社団法人日本暗号資産取引業協会「新規暗号資産の販売に関する規則」
  https://jvcea.or.jp/cms/wp-content/themes/jvcea/images/pdf/B04_jvcea202005.pdf
- 一般社団法人日本暗号資産取引業協会「日本暗号資産取引業協会会員 暗号資産取り扱い状況」
  https://jvcea.or.jp/cms/wp-content/uploads/2023/08/20230808.xlsx
- 株式会社DMM Bitcoin「IEOとは何か？ ICOとの違いは。」
  https://bitcoin.dmm.com/column/0173
- 金融庁「事務ガイドライン 第三分冊：金融会社関係」
  https://www.fsa.go.jp/common/law/guide/kaisya/index.html
- 自由民主党デジタル社会推進本部 web3 プロジェクトチーム「web3ホワイトペーパー〜誰もがデジタル資産を利活用する時代へ〜」
  https://storage.jimin.jp/pdf/news/policy/205802_2.pdf
- スウェーデン国立銀行（リクスバンク）「E-krona」
  https://www.riksbank.se/en-gb/payments--cash/e-krona/
- 大和証券株式会社「金融・証券用語解説［電子記録移転有価証券表示権利等］」
  https://www.daiwa.jp/glossary/YST3526.html
- 大和証券株式会社「セキュリティ・トークン」
  https://www.daiwa.jp/products/securitytoken/
- 大和総研WORLD「ステーブルコイン」
  https://www.dir.co.jp/world/entry/stable-coin
- ディーカレット「デジタル通貨フォーラム」
  https://www.decurret-dcp.com/dc-forum/
- 日本銀行「中央銀行デジタル通貨とは何ですか？」
  https://www.boj.or.jp/about/education/oshiete/money/c28.htm
- 『日本経済新聞』（2022.07.07）「ドル支配とデジタル人民元 カンボジアが挑む通貨独立」
  https://www.nikkei.com/article/DGXZQOUC0562R0V00C22A7000000/
- ブロックチェーン技術の活用可能性と課題に関する検討会「ブロックチェーン技術の活用可能性と課題に関する検討会報告書—ブロックチェーン技術が銀行業務に変革をもたらす可能性を見据えて—」
  https://www.zenginkyo.or.jp/fileadmin/res/abstract/council/blockchain/blockchain_report.pdf

第6章

- CRN「5 Big Pros And Cons Of ChatGPT For Cybersecurity」
  https://www.crn.com/news/security/5-big-pros-and-cons-of-chatgpt-for-cybersecurity
- Cyberhaven「11% of data employees paste into ChatGPT is confidential」
  https://www.cyberhaven.com/blog/4-2-of-workers-have-pasted-company-data-into-chatgpt/
- Microsoft「Introducing Microsoft Security Copilot」
  https://www.microsoft.com/en-us/security/business/ai-machine-learning/microsoft-security-copilot
- Microsoft「Introducing Microsoft Security Copilot: Empowering defenders at the speed of AI」
  https://news.microsoft.com/ai-security-2023/

- National Institute of Standards and Technology「Cybersecurity Framework」
  https://www.nist.gov/cyberframework
- National Institute of Standards and Technology「NIST's dedicated EO 14028 web-based portal」
  https://www.nist.gov/itl/executive-order-improving-nations-cybersecurity
- National Institute of Standards and Technology「NIST SP 800-53 Rev. 5 Security and Privacy Controls for Information Systems and Organizations」
  https://csrc.nist.gov/pubs/sp/800/53/r5/upd1/final
- National Institute of Standards and Technology「NIST SP 800-161 Rev. 1 Cybersecurity Supply Chain Risk Management Practices for Systems and Organizations」
  https://csrc.nist.gov/pubs/sp/800/161/r1/final
- National Institute of Standards and Technology「NIST SP 800-171 Rev. 2 Protecting Controlled Unclassified Information in Nonfederal Systems and Organizations」
  https://csrc.nist.gov/pubs/sp/800/171/r2/upd1/final
- National Telecommunications and Information Administration「Survey of Existing SBOM Formats and Standards - Version 2021」
  https://www.ntia.gov/files/ntia/publications/sbom_formats_survey-version-2021.pdf
- Nuspire「ChatGPT in Cybersecurity: Benefits and Risks」
  https://www.nuspire.com/blog/chatgpt-in-cybersecurity-benefits-and-risks/
- ZDNET「ChatGPT and more: What AI chatbots mean for the future of cybersecurity」
  https://www.zdnet.com/article/chatgpt-and-more-what-ai-chatbots-mean-for-the-future-of-cybersecurity/
- 一般社団法人金融ISAC HP
  https://www.f-isac.jp/index.html
- 一般社団法人日本経済団体連合会「経団連サイバーセキュリティ経営宣言 2.0」
  https://www.keidanren.or.jp/policy/2022/087.html
- 金融情報システムセンターHP
  https://www.fisc.or.jp/
- 金融庁「金融分野におけるサイバーセキュリティ対策について」
  https://www.fsa.go.jp/policy/cybersecurity/index.html
- 金融庁「主要行等向けの総合的な監督指針　令和 5 年 6 月」
  https://www.fsa.go.jp/common/law/guide/city/
- 金融庁「中小・地域金融機関向けの総合的な監督指針　令和 5 年 6 月」
  https://www.fsa.go.jp/common/law/guide/chusho/index.html
- 経済産業省「サイバーセキュリティ経営ガイドラインと支援ツール」
  https://www.meti.go.jp/policy/netsecurity/mng_guide.html
- サイバーセキュリティ戦略本部「重要インフラのサイバーセキュリティに係る行動計画」
  https://www.nisc.go.jp/pdf/policy/infra/cip_policy_2022.pdf
- 産業サイバーセキュリティ研究会ワーキンググループ 1（制度・技術・標準化）　ワーキンググループ 1（分野横断サブワーキンググループ）「サイバー・フィジカル・セキュリティ確保に向けたソフトウェア管理手法等検討タスクフォース」
  https://www.meti.go.jp/shingikai/mono_info_service/sangyo_cyber/wg_seido/wg_bunyaodan/software/index.html
- 総務省『令和 4 年版 情報通信白書』
  https://www.soumu.go.jp/johotsusintokei/whitepaper/ja/r04/pdf/01honpen.pdf

- 独立行政法人情報処理推進機構「情報セキュリティ10大脅威 2022〜誰かが対策をしてくれている。そんなウマい話は、ありません！！〜」
  https://www.ipa.go.jp/security/10threats/ps6vr7000000auts-att/000096258.pdf
- 独立行政法人情報処理推進機構「情報セキュリティ10大脅威 2023〜全部担当のせいとせず、組織的にセキュリティ対策の足固めを〜」
  https://www.ipa.go.jp/security/10threats/ps6vr70000009r2f-att/kaisetsu_2023.pdf
- 独立行政法人情報処理推進機構「セキュリティ関連NIST文書について」
  https://www.ipa.go.jp/security/reports/oversea/nist/about.html
- 独立行政法人情報処理推進機構　産業サイバーセキュリティセンター　中核人材育成プログラム　5期生　ゼロトラストプロジェクト「ゼロトラスト移行のすゝめ」
  https://www.ipa.go.jp/jinzai/ics/core_human_resource/final_project/2022/ngi93u0000002ko3-att/000099778.pdf
- 内閣サイバーセキュリティセンター「重要インフラグループ」
  https://www.nisc.go.jp/policy/group/infra/index.html
- 内閣サイバーセキュリティセンター「内閣サイバーセキュリティセンター（NISC）について」
  https://www.nisc.go.jp/about/index.html
- 防衛装備庁「防衛産業サイバーセキュリティ基準の整備について」
  https://www.mod.go.jp/atla/cybersecurity.html

第7章
- Askery Canabarro, Taysa M. Mendonça, Ranieri Nery, George Moreno, Anton S. Albino, Gleydson F. de Jesus, Rafael Chaves "Quantum Finance: a tutorial on quantum computing applied to the financial market" arXiv:2208.04382, 2022.
- Daniel J. Egger, Claudio Gambella, Jakub Marecek, Scott McFaddin, Martin Mevissen, Rudy Raymond, Andrea Simonetto, Stefan Woerner, Elena Yndurain "Quantum Computing for Finance: State of the Art and Future Prospects" arXiv:2006.14510, 2020.
- Dylan Herman, Cody Googin, Xiaoyuan Liu, Alexey Galda, Ilya Safro, Yue Sun, Marco Pistoia, Yuri Alexeev "A Survey of Quantum Computing for Finance" arXiv:2201.02773, 2022.
- Roman Orus, Samuel Mugel, Enrique Lizaso "Quantum computing for finance: overview and prospects" arXiv:1807.03890, 2018.
- アクセンチュア（監修）『5G×産業変革』（日本経済新聞出版）
- 片桐広逸『決定版 5G：2030年への活用戦略』（東洋経済新報社）
- 大和総研フロンティア研究開発センター『図解まるわかり NFTのしくみ』（翔泳社）
- Amazon Braket
  https://aws.amazon.com/jp/braket/
- IBMニュースリリース「IBM、実用的な量子コンピューティングの時代に向けた新たなロードマップを発表：4,000ビット超のシステムの提供を計画」
  https://jp.newsroom.ibm.com/2022-05-13-IBM-Unveils-New-Roadmap-to-Practical-Quantum-Computing-Era-Plans-to-Deliver-4,000-Qubit-System
- IBM ニュースリリース「東京大学と日本IBM、127量子ビットのプロセッサーを搭載した量子コンピューターの導入に合意」
  https://jp.newsroom.ibm.com/2023-04-21-The-University-of-Tokyo-and-IBM-agree-to-install-a-quantum-computer-with-127-qubit-processor

- IT Leaders「ノーコードツールでDXを加速！ モバイルアプリで現場業務を改善するPlatio、データ連携で業務を自動化するASTERIA Warp」
  https://it.impress.co.jp/articles/-/22787
- Matthew Ball（2020.01.13）「The Metaverse: What It Is, Where to Find it, and Who Will Build It」
  https://www.matthewball.vc/all/themetaverse
- mckinsey-digital「Low-code/no-code: A way to transform shadow IT into a next-gen technology asset」
  https://www.mckinsey.com/capabilities/mckinsey-digital/our-insights/tech-forward/low-code-no-code-a-way-to-transform-shadow-it-into-a-next-gen-technology-asset
- nashtechglobal「Low code development platforms」
  https://www.nashtechglobal.com/our-thinking/insights/what-is-a-low-code-development-platform/
- 大木晴一郎「ノーコード・ローコードとは？ それぞれの違いと気を付けたい『落とし穴』」（Qbook）
  https://www.qbook.jp/column/1368.html
- 株式会社NTTドコモ「5Gの高度化と6G」
  https://www.docomo.ne.jp/binary/pdf/corporate/technology/whitepaper_6g/DOCOMO_6G_White_PaperJP_20221116.pdf
- 株式会社日本総合研究所先端技術ラボ「量子コンピュータの概説と動向〜量子コンピューティング時代を見据えて〜」
  https://www.jri.co.jp/page.jsp?id=36731
- 川村健一郎「金融機関におけるメタバースの活用」
  https://www.nri.com/-/media/Corporate/jp/Files/PDF/knowledge/publication/kinyu_itf/2022/11/itf_202211_06.pdf
- 経済産業省『『仮想空間の今後の可能性と諸課題に関する調査分析事業』を取りまとめました』
  https://www.meti.go.jp/press/2021/07/20210713001/20210713001.html
- 国立研究開発法人農業・食品産業技術総合研究機構「スマート農業実証プロジェクト」
  https://www.naro.go.jp/smart-nogyo/
- 総務省『令和5年版 情報通信白書』
  https://www.soumu.go.jp/johotsusintokei/whitepaper/ja/r05/pdf/00zentai.pdf
- 内閣府「統合イノベーション戦略」
  https://www8.cao.go.jp/cstp/tougosenryaku/index.html
- 内閣府「量子技術イノベーション」
  https://www8.cao.go.jp/cstp/ryoshigijutsu/ryoshigijutsu.html
- 野村総合研究所 ナレッジインサイト「用語解説 量子コンピュータ」
  https://www.nri.com/jp/knowledge/glossary/lst/ra/quantum_computer
- 平河拓郎「ローコード開発とは？ DXを加速させる純国産ローコード開発プラットフォーム」（住友電工情報システムHP）
  https://www.sei-info.co.jp/framework/keyword/lowcode-platform.html
- 三菱総合研究所 コラム「量子コンピューターの何が『すごい』のか─従来のコンピューターとの違いとは」
  https://www.mri.co.jp/50th/columns/quantum/no01/

大和総研

社会・経済全体の方向性を分析・提言する「リサーチ」、組織の成長戦略・事業戦略を提案する「コンサルティング」、組織の戦略をITで実現する「システム」の3分野のスペシャリストが連携し、互いの知を結集。

大和証券グループを含む金融業界、さまざまな業種の事業会社、行政機関などに長年ご利用いただいてきたサービスに基づくノウハウ・技術力に加え、先端ITを活用した高度なデータ分析・AI・DXテクノロジーを融合し、最適かつ革新的なソリューションを提供している。

大和総研フロンティア研究開発センター

先端IT技術の活用・ビジネスの推進を担う研究開発部門。データサイエンス技術のビジネス活用が注目され始めた2015年から、先端IT分野の調査・技術検証を開始。以来、ビジネスニーズに即応することを主眼に、AIやブロックチェーンなどを活用したソリューションの研究開発に取り組む。

2021年、今後の研究開発活動を一層加速させるため、部署横断的な研究開発組織「総研ラボ」を設立。総研ラボでは、対応難易度と希少性が共に高いテーマに中長期で取り組むことで、他社が容易に追随できない将来のコアコンピタンスとなるソリューションの開発を進めている。

第1章　金融ビジネス、金融ITの変遷と現状

システムコンサルティング第二本部	主事	石井　裕仁
ビジネスソリューション本部	次長	池田　恭彬
	次長	光原　圭祐
	次長	森田　大二郎
リサーチ本部	主任	藤原　翼

第2章　金融業界のシステム

システムコンサルティング第一本部	次長	本間　剛
システムコンサルティング第二本部	次長	垣平　卓宏
ビジネスソリューション本部	担当部長	生源寺　一正
	次長	梶原　慎一
	次長	仲川　加奈
	上席課長代理	宮城　正吾
プラットフォームソリューション本部	次長	及川　涼太
	次長	山田　悠里
	次長	渡邉　開
	課長代理	安部　洋介
	課長代理	中山　美波
	課長代理	山口　勇太

第3章　金融ビジネスを支えるデータサイエンス手法

フロントィア研究開発センター	部長	坂本　博勝（第4章兼務）
	チーフグレード	加藤　惇雄
	チーフグレード	竹内　祥人
	チーフグレード	松井　亮介
	チーフグレード	參木　裕之
	シニアグレード	鎌田　紀彦
	次長	田川　いづみ
	課長代理	内田　裕太
	課長代理	張　豪逸
	主任	池谷　友弥
	主任	漆原　昂
		齋藤　仁
ビジネスソリューション本部	課長代理	庄司　佳史

第4章　データサイエンスによって実現される金融ビジネス

フロントィア研究開発センター	次長	吉田　寿久
	次長	梶山　優
	次長	佐藤　祐輔
	次長	二ノ宮　智大
	上席課長代理	各務　公将
	スペシャリストグレード	瀬口　大介
	課長代理	菅野　祐太郎

第5章　デジタル資産とブロックチェーン

フロントィア研究開発センター	次長	木下　和彦
	スペシャリストグレード	桑木　大輔
	課長代理	坂本　真司
	課長代理	田中　誠人（第2章兼務）

第6章　金融業界におけるサイバーセキュリティ

フロントィア研究開発センター	副部長	水谷　浩樹
	副部長	蓮見　将生
	次長	持田　徹
	次長	横平　健
システムコンサルティング第一本部	課長代理	濱田　竜人

第7章　その他の注目すべき技術と金融ビジネス

フロントィア研究開発センター	チーフグレード	森岡　嗣人
	次長	水谷　皓太郎
	次長	石井　最澄
	次長	大堀　由里子
	次長	金　錦花
	上席課長代理	山内　咲
	課長代理	榮　宏晃
	課長代理	渡邉　彩華

装丁・本文デザイン	FANTAGRAPH（ファンタグラフ）
カバーイラスト	岡村 慎一郎
DTP	一企画

エンジニアが学ぶ金融システムの
「知識」と「技術」 第2版

2023年11月13日　初版第1刷発行

著 者	大和総研フロンティア研究開発センター
発行人	佐々木 幹夫
発行所	株式会社 翔泳社（https://www.shoeisha.co.jp）
印刷・製本	株式会社 加藤文明社印刷所

©2023 Daiwa Institute of Research Frontier Technologies Research Center

ISBN978-4-7981-8090-8　　　　　　　　　　　Printed in Japan